U0934340

全国革命老区县发展史丛书——福建卷

福清市革命老区发展史

福清市老区建设促进会 编

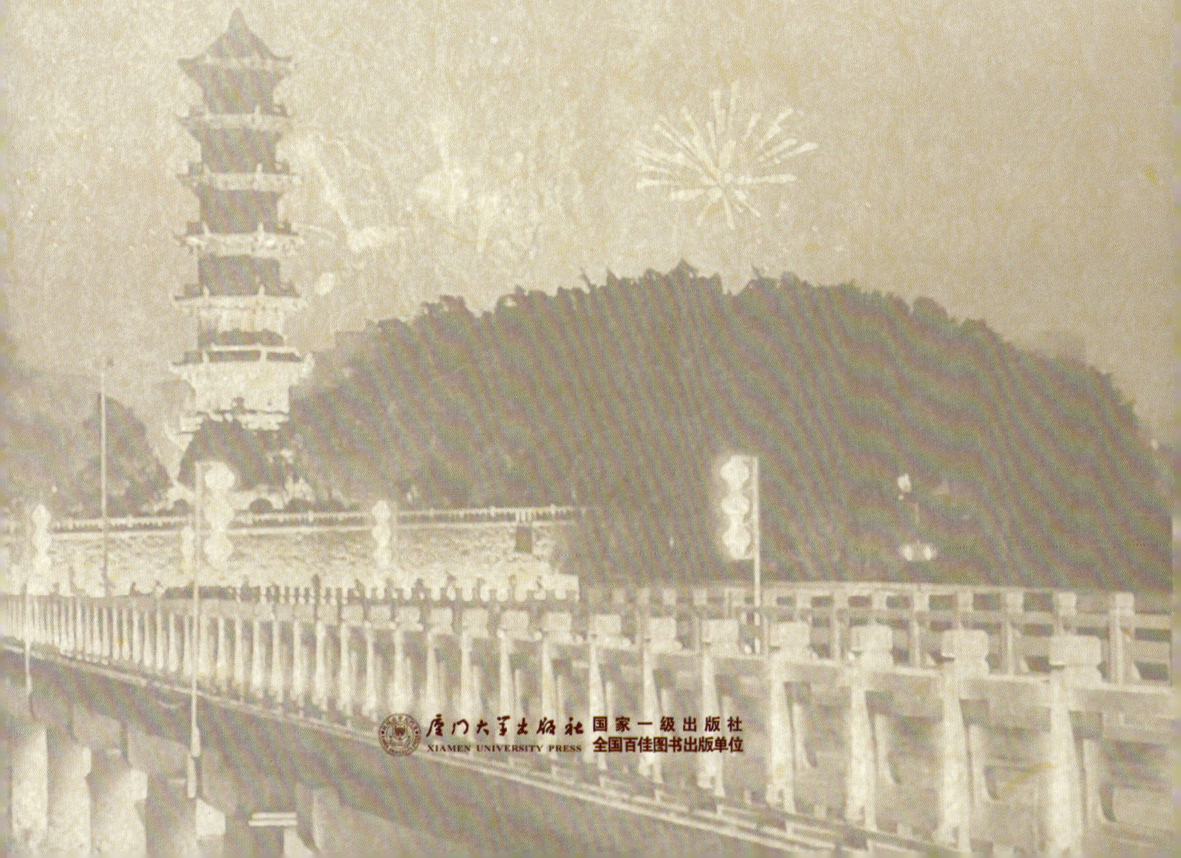

厦门大学出版社 XIAMEN UNIVERSITY PRESS
国家一级出版社
全国百佳图书出版单位

图书在版编目(CIP)数据

福清市革命老区发展史/福清市老区建设促进会编.—厦门:厦门大学出版社,2020.12

(全国革命老区县发展史丛书.福建卷)

ISBN 978-7-5615-7909-1

Ⅰ.①福…　Ⅱ.①福…　Ⅲ.①福清—地方史　Ⅳ.①K295.74

中国版本图书馆 CIP 数据核字(2020)第 179141 号

出版人　郄文礼
责任编辑　章木良
封面设计　李嘉彬
技术编辑　朱　楷

出版发行　厦门大学出版社
社　　址　厦门市软件园二期望海路 39 号
邮政编码　361008
总　　机　0592-2181111　0592-2181406(传真)
营销中心　0592-2184458　0592-2181365
网　　址　http://www.xmupress.com
邮　　箱　xmup@xmupress.com
印　　刷　厦门兴立通印刷设计有限公司

开本　720 mm×1 000 mm　1/16
印张　16
插页　19
字数　216 千字
版次　2020 年 12 月第 1 版
印次　2020 年 12 月第 1 次印刷
定价　84.00 元

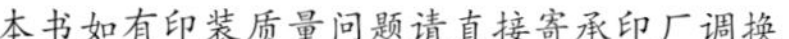
本书如有印装质量问题请直接寄承印厂调换

厦门大学出版社
微信二维码

厦门大学出版社
微博二维码

★《福清市革命老区发展史》编纂委员会

顾　问：林学铿　刘常平　王言霖

主　任：林　珍

副主任：严金荣　严国平　高居华　林玉水

成　员：陈国洪　陈国安　何秋金　李树仁

★《福清市革命老区发展史》编纂组

主　编：林爱和

副主编：王华民　魏名庆

编　辑：翁其孝　范海霞　施文兵

彩页设计：商家云　林和安

CHENGXIANG XINMAO

腾飞的福清·城乡新貌

今日福清，为全国综合实力百强县市第18名、全国县域经济百强县第18名。

瑞云塔 福清传统城标

明万历三十四年（1606）叶向高之子、府丞叶成学与知县凌汉翀募捐鸠工，名匠李邦达负责设计施工，费时十年建成。瑞云塔逐渐成为福清城标志，曾引无数文人骚客吟诗作文。相传卜基之日，五色祥云自太保山而来覆其上，烂漫辉映，故名“瑞云塔”。

CHENGXIANG XINMAO

腾飞的福清 · 城乡新貌

福清市区虎溪公园

福清是全国首批综合改革试点县市，在时代大浪潮中，海内外福清人砥砺奋进、踏浪前行，侨乡优势得到了前所未有的发挥。“福清速度”抒写了时代一个又一个的奇迹，在“新福建”和“有福之州”建设中持续走在前列，成为东南沿海、福州南翼最具活力的新兴港口工业城市。

腾飞的福清 · 城乡新貌

CHENGXIANG XINMAO

龙江市民休闲公园

秀美宜居的城市景观体系与和谐清新的生态空间是福清的鲜明标志。短短几年间，龙江公园、环石竹湖北岸休闲步道、龙江生态文化园、市民休闲公园、五马山休闲栈道等项目的竣工，形成一个绿意盎然的大都市湿地景观。2018年福清获评省级“森林城市”称号，仅2019年上半年，福清市建成区新增绿地面积30公顷，新增公园绿地面积5公顷。福清通过深入开展全域综合治水，以湖库水系连通建设和污水零排河百日攻坚行动等为抓手，开展一村一池塘建设、百村万人清渠行动等活动，内河净了，水脉相连了。如今，福清青山绿水间，一幅人与自然和谐发展的壮丽画卷正向地平线徐徐延伸。

福清灵石公园

福清滨江公园一角

CHENGXIANG XINMAO

腾飞的福清·城乡新貌

龙田镇闻读村

近年来，福清实施乡村振兴发展战略，坚持以党建引领为保障，推出“党建引领、多维治理”行动，全力打造产业兴旺、生态宜居、乡风文明、治理有效、生活富裕的美丽乡村，诸多乡村入列福州市、福建省乃至国家级先进的行列。

新厝镇江兜村

阳下溪头村

“两馆一中心”（华侨博物馆、体育馆、文化艺术中心）

左页上图为福建技术师范学院（原福建师大福清分校）。左页下图为北师大福清附属学校。

上图为福清市医院。左图为福清市妇幼保健院。

TONGTU ZONGHENG

腾飞的福清·通途纵横

滨海大通道建成，贯穿10个镇街，成为一条集交通、旅游、观光、防洪等多种功能于一体的沿海交通大动脉。沈海高速镜洋互通建成通车，长福高速A3标段主体工程建设完成，福厦高铁福清西站交地建设。持续推进连接城乡干线建设。2018年，完成国省县道改造，新建、改拓建农村公路。高速公路、高速铁路、深水码头四通八达，全国首个水路A类通用机场建设如火如荼。海、陆、空齐全的立体交通网络在加快形成，成为福清经济发展输送养料的经济大动脉，带动福清加速发展。

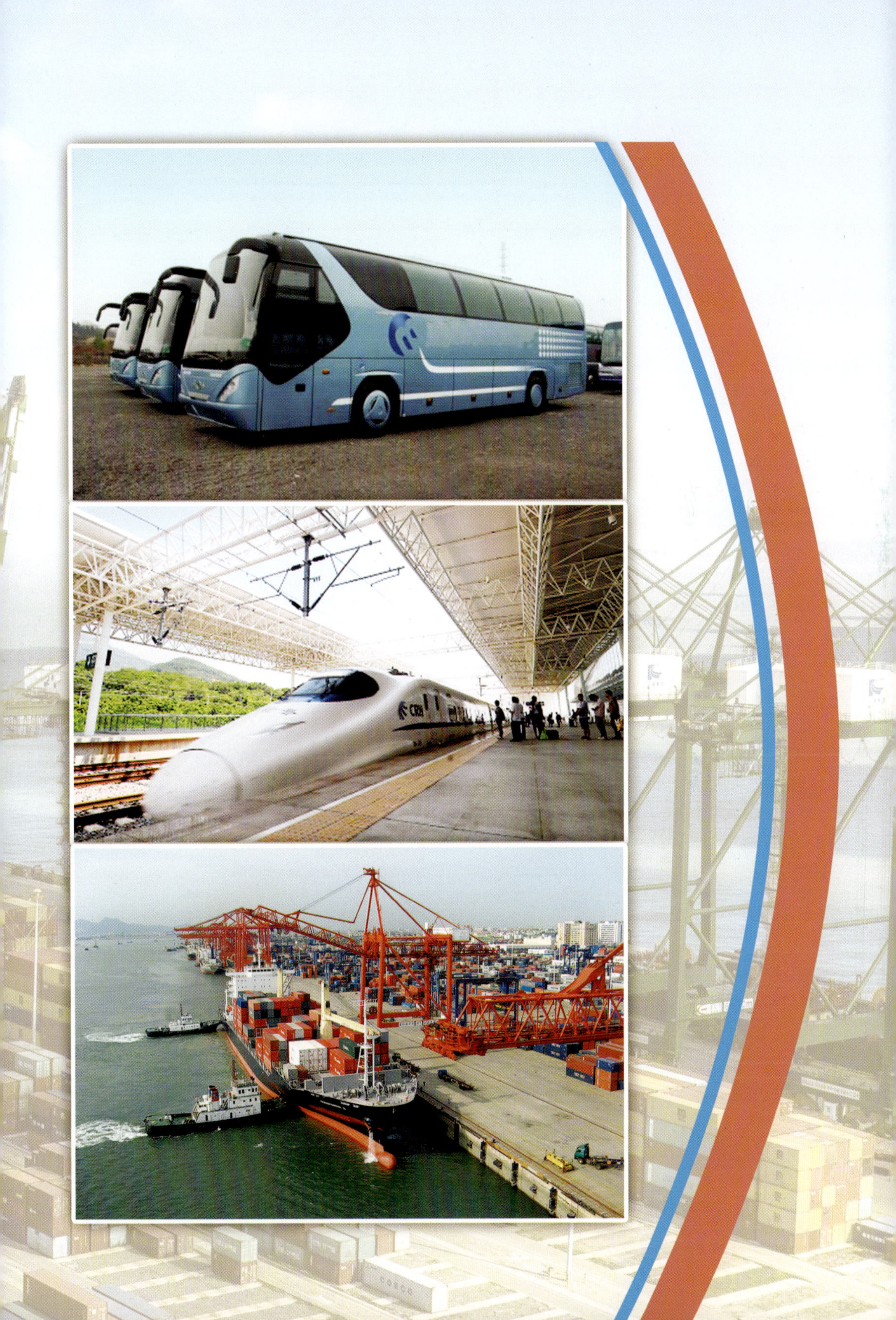

古有唐代的天宝陂水利灌溉工程，泽被至今；20世纪50年代建有东张水库，库容量近2亿立方米，破了十年九旱的历史；20世纪90年代有闽江调水入融工程，年调水量4.5亿立方米，成为福清全面加快发展的一个丰碑。

闽江调水纪念碑

福清风电项目分布在高山、三山、东瀚、沙埔等乡镇。

福清核电站位于福清市三山镇前薛村，共规划6台百万千瓦级二代改进型压水堆核电机组，实行一次规划，连续建设，总投资近千亿元。福清核电预计将于2021年全面建成，投产后年发电量可达500亿千瓦时。截至2018年11月21日，福清核电站累积安全发电770亿千瓦时。

唐代天宝陂

腾飞的福清·经济奇迹

迅猛发展壮大的四大园区

1.融侨经济技术开发区

融侨经济技术开发区创建于1987年，1992年经国务院批准成为国家级经济技术开发区，是全国第一个以“侨”命名的工业园区。拥有“国家级经济技术开发区、国家显示器产业园、国家新型工业化产业示范基地、国家平板显示高新技术产业化基地”4张国家级名片。入选福建省十大开发区，综合发展水平位列全国219国家级经济技术开发区第91位，培育了福耀玻璃、冠捷科技、京东方等一批重大项目。电子信息、精密汽车部件、光学产业不断发展壮大，如今已形成强大的光电科技产业集群，一个千亿级产业园呼之欲出。

2.江阴港城经济区

福州江阴港城经济区创办于2001年，2016年经国家发改委批准为省级经济开发区。位于福清东南部江阴半岛，拥有迄今为止“全国少有，福建最佳”的天然良港。总规划面积168.85平方公里，现已开发35.26平方公里。近年来，园区以中石化、福能化学园等项目为龙头，打造千亿化工新材料产业园，同步培育装备制造、航运物流、整车进口等产业专区。

3.元洪投资区

1992年元洪投资区经国务院同意创办，2005年由国务院正式核准为国家级工业园区，2017年10月设立福州区福清功能区管委会。目前园区正专注食品产业，全力推进元洪国际食品产业园建设，致力于打造食品产业生态链和食品食材供应链，建设专业、绿色、创新型的国际化食品高端园区，逐步形成全国乃至世界最大的食品食材进出口集散交易中心。

4. 闽台（福州）蓝色经济产业园

以江镜华侨农场为依托，打造闽台海洋经济合作的新高地。这里以中铝等项目建设为契机，积极探索推进产业综合体建设，实行先租后让，吸引项目直接进驻，培育装备制造、新材料、海洋工程、海洋生物等新兴产业。

JINXI GUANCHUAN

腾飞的福清·今昔贯穿

1.老区：史迹护卫

福清今日的发展巨变，呈现出这个时代福清人敢为天下先的精气神，也连接着革命时期的优良传统。不少革命斗争的遗址与精神同在，在人们的眼前发光，在歌里传颂，在心中激扬！

图示说明：

	4
1 2	3
	5

1.闽中游击队第五大队驻地旧址龙卧寺

2.闽中游击队与当地群众在东关寨与反动势力进行过两场战斗取得完胜

3.红色旧址高山薛港堂

4.海口镇斗垣村革命妈妈夏淑琼故居

5.革命遗址沙埔西叶龙潭寺

薛港堂
拓路凭神力庇护辖境德被千秋
建坊献爱心造福梓桑功垂百世

JINXI GUANCHUAN

腾飞的福清·今昔贯穿

2.老区：永恒纪念

图示说明：

1 2
3456

1.福清市东阁小学校园矗立的革命烈士陈金来雕像
2.福清革命历史纪念碑
3.福清市革命烈士陵园
4.龙高革命烈士纪念碑
5.陈炳奎烈士陵园
6.余长钺烈士陵园

福清革命历史纪念碑
龍高革命烈士紀念碑
余长截烈士纪念碑

JINXI GUANCHUAN

腾飞的福清 · 今昔贯穿

2.老区：永恒纪念

福清市漈头革命历史纪念馆2005年建成，是年清明节正式对外开放

江镜镇南宵老区村革命历史纪念馆

海口镇斗垣革命烈士纪念室

闽中工农红军游击队第一支队根据地旧址罗汉里，2015年修建为福清市爱国主义教育基地

JINXI GUANCHUAN

腾飞的福清·今昔贯穿

3.老区：精神传承

江阴下垄老区村红色文化长廊

福清市东阁小学校园里的革命历史教育宣传栏

高山镇后安老区村革命历史简介墙

高山镇后安老区村新貌

腾飞的福清·今昔贯穿

4.老区：与时俱进

图示说明：

1	4	3	
2	5	6	7

1.南岭老区镇大姆山草场发展畜牧业和旅游业

2.一都后溪老区村依托旅游景区及温泉民宿产业推动休闲旅游发展

3.上迳梧岗老区村生态公园和千亩农田

4.沙埔镇江南老区村绿叶农业公司蔬果喜人

5.镜洋波兰老区村26度休闲农庄成功举办首届中国农民丰收节

6.一都后溪村东方第一漂

7.2019年8月，首届福清开渔节暨海洋文化旅游节在沙埔牛峰老区村举办

東方第一漂

腾飞的福清·今昔贯穿

4.老区：与时俱进

江镜南宵老区村

沙埔镇牛峰老区村开发的虎头湾度假村

南岭梨洞老区村

渔溪镇建新老区村

江镜镇南宵老区村
下和洋古民居

总 序

在举国欢庆新中国成立70周年前夕，中国老区建设促进会王健会长请我为“全国革命老区县发展史丛书”作序，作为一名在老区战斗过并得到老区人民生死相助的老兵，回首往事，心潮澎湃，感慨万千，深感义不容辞，欣然应允。

中国革命老区，是以毛泽东为代表的中国共产党人在领导人民推翻帝国主义、封建主义和官僚资本主义三座大山，争取民族独立和人民解放伟大斗争中建立的革命根据地。在这片红色的土地上，诞生了无数可歌可泣的革命英雄儿女，为后人树起了一座不朽的丰碑，她是新中国的摇篮，是党和军队的根。

在艰苦卓绝的战争年代，老区人民把自己的命运与中华民族的命运紧紧地联系在一起，与中国共产党和人民军队的命运紧紧地联系在一起，他们生死相依，患难与共。我曾亲历过战争年代，并得到过老区红哥红嫂的救助，切身感受到发生在身边的一幕幕撼天动地的革命故事。在那极其艰难的条件下，老区人民倾其所有、破家支前，不怕艰难困苦，不怕流血牺牲。“最后一碗米送去做军粮，最后一尺布送去做军装，最后一件老棉袄盖在担架上，最后一个亲骨肉送去上战场”，这是当时伟大的老区人民为建立新中国做出巨大牺牲的真实写照，它将永远镌刻在中国共产党、中国人民解放军、中华人民共和国的历史丰碑上。他们的光辉业绩永载史册，他们的革命精神必将影响一代又一代的革命新人，造就一代又一代的民族脊梁。

在社会主义革命和建设时期，革命老区和老区人民响应党的号召，面对落后的面貌、脆弱的经济、恶劣的生态环境，他们本色不变，精神不丢，自力更生，艰苦奋斗，干一行爱一行。始终坚持“革命理想高于天”，自觉做共产主义远大理想的坚定信仰者和忠实实践者，勇于向恶劣的自然环境和贫穷落后宣战。他们在各条战线上为国建功立业，用平凡的双手创造了一个又一个不平凡的奇迹，彰显了老区人的崇高精神和人格力量。

在改革开放的伟大进程中，老区人民解放思想、勇于创新、发愤图强、攻坚克难，老区的经济社会建设取得了辉煌成就。特别是在改变中国的面貌、中华民族的面貌、中国人民的面貌、中国共产党的面貌的伟大实践中发挥了至关重要的作用。老区人民既是改革开放的参与者，也是改革开放的推动者。

艰苦练意志，危难见精神。老区人民在近百年的革命战争、社会主义建设和改革开放的伟大实践中，孕育形成了伟大的老区精神：爱党信党、坚定不移的理想信念；舍生忘死、无私奉献的博大胸怀；不屈不挠、敢于胜利的英雄气概；自强不息、艰苦奋斗的顽强斗志；求真务实、开拓创新的科学态度；鱼水情深、生死相依的光荣传统。这是党和人民宝贵的精神财富、丰厚的政治资源，是凝心聚力、振奋民族精神的重要法宝，也是社会主义核心价值观的重要内容。

中国老区建设促进会怀着强烈的政治责任感和历史使命感，组织全国各地老促会人员克服困难，尽心竭力编纂“全国革命老区县发展史丛书”，记录老区的光辉历史和辉煌成就，传承红色基因，弘扬老区精神，是功在当代、利及千秋的一件大事。手捧这部丛书的部分书稿，读着书中的故事，我倍感亲切，深感这部丛书具有资政、育人、存史的社会功能，有着重要的时代和历史价值。它是不忘初心、牢记使命的源头活水；是赞颂共产党、讴歌老区人民的一部精品力作；是弘扬老区精神、传承红色记忆的丰厚载体；是一项继承优秀传统文化、弘扬革命文化、发展社会主义先进文化，坚定“四个自信”的宏大文化工程。它必将成为一种文化品牌，为各界人士了解老区、宣传老区、支持老区提供一部有价值的研究史料。希望读者朋友们能从中了解并牢记这些为党和民族的利益不断奉献的老区人民，从中得到教益，汲取人生奋斗的精神动力。

新时代赋予新使命，新起点开启新征程。让我们更加紧密地团结在以习近平同志为核心的党中央周围，坚持以习近平新时代中国特色社会主义思想为指导，增强“四个意识”，坚定“四个自信”，做到“两个维护”，弘扬老区精神，铭记苦难辉煌。为实现“两个一百年”奋斗目标，实现中华民族伟大复兴的中国梦做出新的更大的贡献！

迟浩田

2019年4月11日

序

洒尽热血为革命，山川垂泪染史章。

回顾福清近现代革命史，是一段血泪交织的历史。中国共产党成立不久，进步青年倪朝龙便率先在福清传播马克思主义。革命火种迅速点燃，以燎原之势燃遍玉融大地。在革命过程中，何文成、黄孝敏、陈炳奎、刘突军、陈金来、陈振先等革命志士，赴汤蹈火、出生入死，与日本帝国主义侵略者和国民党反动派进行英勇斗争，用鲜血和生命，换来福清革命的最终胜利，谱写了一首可歌可泣的红色赞歌。

革命成果来之不易。福清革命的胜利离不开老区的深情养育，离不开老区人民的倾情付出。当年，在艰苦卓绝的条件下，广大老区人民百折不挠、英勇奉献，为保障革命供给、掩护革命斗争、壮大革命力量，做出了巨大牺牲，做出了极大贡献，立下了不可磨灭的历史功勋。其光辉业绩和革命精神，彪炳史册，永放光芒。

习近平总书记指出，“革命老区是党和人民军队的根，我们永远不能忘记自己是从哪里走来的”。福清市老区建设促进会组织相关单位，倾注大量心血，历经 3 年时间，精心编撰《福清市革命老区发展史》，以弘扬革命精神和老区精神为主线，以丰富翔实的史料和事迹为支撑，以精益求精的态度和细腻朴实的笔锋，生动再现了福清市革命战争年代的光辉历程，全面展现了 70 年来福清市老区建设发展的瞩目成就，是一部兼具资政存史、教化育人功能的红色史籍，为弘扬光荣传统、传承红色基因，提供了一个新的窗口。

老区为革命胜利做出了突出贡献，无论什么时候，我们都要怀着强烈的责任感和使命感，大力推进老区建设和发展，在规划建设、产业发展、民生保障、资金扶持等方面，给予老区镇、老区村以重点支持，用最真挚的感情、最务实的举措、最高效的行动，帮助老区人民发家致富，坚决践行我们的庄重承诺。

精神在，力量就在。“面向群众、艰苦奋斗、不怕牺牲、开拓创新”的老区精神，激励着一代又一代人前仆后继、勇往直前，这是非常宝贵的精神财富。在新时代的今天，我们要认真学习好、践行好、弘扬好老区精神，以老区精神为动力，持续激扬斗志、激发动力、激情创业，为加快新福清高质量发展、争当省会新跨越排头兵，做出新的更大贡献！

中共福清市委

福清市人民政府

2020 年 5 月 28 日

编写说明

2017年6月，中国老区建设促进会组织全国各地老促会启动编纂“全国革命老区县发展史丛书”，按照“建立中国共产党、成立中华人民共和国、推进改革开放和中国特色社会主义事业”三大里程碑的历史脉络，系统书写革命老区百年历史，深入挖掘革命老区红色文化资源。这对于充实丰富中国革命史籍宝库、在新时代传承红色基因、弘扬革命精神、强固根本，对于激励人们在新的历史条件下夺取中国特色社会主义伟大胜利，实现中华民族伟大复兴的中国梦具有重要意义。

丛书编纂以习近平新时代中国特色社会主义思想为指导，以《中国共产党历史》《中国共产党的九十年》等重要文献为基本依据，以党的领导为核心，以老区人民为主体，以老区发展为主线，体现历史进程特征，突出时代发展特色，坚持辩证唯物主义和历史唯物主义相统一、历史真实性与内容可读性相统一的原则，书写革命老区从站起来、富起来到强起来的光辉革命史、不懈奋斗史、辉煌成就史，把老区人民的伟大贡献、伟大创造、伟大成就、伟大精神充分展示出来，形成一部具有厚重历史特征和鲜明时代特色的精品力作。这是一部培根铸魂、守正创新，既为历史立言，又为时代服务，字里行间流淌着红色血脉、催生着革命激情的传世之作。丛书的编纂出版将成为讴歌党、讴歌人民、讴歌时代、传播红色文化、为革命老区和老区人民树碑立传的重要载体。

丛书按照编年体与纪事本末体相结合、以编年体为主的编写体例确定框架结构;运用时经事纬、点面结合的方式记述史实;坚持人事结合、以事带人的原则处理人与事的关系;采取夹叙夹议、叙论结合、以叙为主的方法展开内容。做到了史料与史论、历史与现实、政治与学术统一,文献性、学术性、知识性相兼容。

为编纂好“全国革命老区县发展史丛书”,打造红色文化品牌,中国老区建设促进会认真组织、积极协调,提出政治立场鲜明、史料真实准确、思想论述深刻、历史维度厚重、时代特色突出、编写体例规范、篇目布局合理、审读把关严格、出版制作精良的编纂出版总要求,力求达到革命史籍精品的精神高度、思想深度、知识广度、语言力度,增强丛书的权威性和社会影响力。各省(区、市)、市(州、盟)、县(市、区、旗)老促会的同志,以强烈的使命感、责任感和紧迫感,勇于担当、积极作为、认真实施,组织由老促会成员、专家学者等参加的十余万人编纂队伍。编纂工作主体责任在县(市、区、旗)、省(区、市)、市(州、盟)组织协调、有力指导、审读把关。各方面人员以高度负责的精神和科学严谨的态度,满腔热情地投入工作,为丛书编纂出版做出了重要贡献。丛书编纂工作还得到了党和国家有关部委、地方各级党委政府及有关部门的大力支持和积极参与,社会各界也给予了热情帮助。中共中央政治局原委员、中央军委原副主席、国务委员兼国防部长迟浩田首长,对革命老区建设发展十分关注,对老区人民怀有深厚情感,欣然为“全国革命老区县发展史丛书”作总序。

丛书由总册和1599部分册(每个革命老区县编纂1部分册)组成,共1600册。鉴于丛书所记述的史实内容多、时间跨度长和编纂时间紧,不妥之处,敬请批评指正。

中国老区建设促进会

凡　例

一、本书定名为《福清市革命老区发展史》，纪事年限上自 699 年，下讫 2018 年 12 月，个别数据延至 2019 年。

二、本书以马克思列宁主义、毛泽东思想、邓小平理论、科学发展观、习近平新时代中国特色社会主义思想和辩证唯物主义、历史唯物主义观点为指导，以中共十九大以来党的重要方针政策为准绳来编纂。

三、本书设总序、序、编写说明、凡例、绪论、正文、后记。

四、本书以文字为主，辅以图片。采用语体文、记叙体，引用原文不在此限。

五、本书第六章中的英烈英模，收入土地革命时期至解放战争时期加入中国共产党，为革命事业奋斗终生的杰出代表人物，按出生年月为序编排。

六、在时间表述方面，中华人民共和国成立前尽可能采用帝号、甲子纪年加注公元纪年和民国纪年加注公元纪年的办法。中华人民共和国成立后，则一律用公元纪年。

七、在数字表述方面，遵循 2011 年发布的《中华人民共和国国家标准出版物上数字用法》。

八、计量单位尽可能采用公制。

九、在标点符号的使用方面，执行 2011 年发布的《标点符号用法》。

十、本书资料大部分来自各种档案、史籍、报刊，一部分来自实地采集调研，均经核实后载入，并尽可能注明出处。

目　录

绪　论 …………………………………………………………… 1

第一章　土地革命时期福清革命老区的创建和发展 ………… 11
　第一节　中共福清地方组织的建立和活动 ………………… 11
　第二节　龙高民变和农会的建立 …………………………… 12
　第三节　中共福清特支的建立和瑶山人民自治会 ………… 13
　第四节　中共福清县委的成立和南西亭暴动 ……………… 14
　第五节　罗汉里根据地的开辟和三年游击战争 …………… 15
　第六节　“泉州事件”和游击队改编 ……………………… 17

第二章　抗日战争时期福清的革命斗争 ……………………… 19
　第一节　轰轰烈烈的抗日救亡运动 ………………………… 19
　第二节　福清华侨全力支持抗战 …………………………… 21
　第三节　军民同仇敌忾御外敌 ……………………………… 22

第三章　解放战争时期福清的革命斗争 ……………………… 25
　第一节　建立边区工委,开展游击战争 …………………… 25
　第二节　发展游击武装,开展除恶反霸斗争 ……………… 27
　第三节　彻底消灭土匪,清除隐患迎解放 ………………… 28
　第四节　积极配合解放军,全面解放福清 ………………… 30

第四章　老区村对敌斗争显神威 …………………………………… 33
第一节　瑶山人民自治军打土豪 ……………………………… 33
第二节　斗垣村成为地下党指挥中心 ………………………… 34
第三节　后溪村的“红军楼” ……………………………………… 35
第四节　善山村革命群众坚持斗争迎接胜利 ………………… 37
第五节　金芝人民支持反“清剿”斗争 ………………………… 38
第六节　前张村民用生命保护游击队 ………………………… 40

第五章　福清市革命老区重大事件 ………………………………… 42
第一节　声势浩大的龙高民变 ………………………………… 42
第二节　河村桥伏击战 ………………………………………… 46
第三节　反攻融城保卫东张的战斗 …………………………… 48
第四节　琅尾港漂亮伏击战 …………………………………… 51
第五节　龙高暴动始末 ………………………………………… 53
第六节　万人截击国民党第九十六军的战斗 ………………… 56
第七节　解放福清的战斗 ……………………………………… 58

第六章　英烈英模　光耀千秋 ……………………………………… 61
第一节　革命先烈　浩气长存 ………………………………… 61
第二节　英雄模范　名垂青史 ………………………………… 85

第七章　福清市革命老区遗址和纪念场馆 ……………………… 96
第一节　革命老区遗址 ………………………………………… 96
第二节　革命纪念场馆 ……………………………………… 114

第八章　新中国成立后福清市革命老区的建设与发展 ……… 122
第一节　福清解放初期巩固人民民主政权的斗争 ………… 122

第二节　社会经济的恢复和发展 …… 129
第三节　社会主义建设在探索中曲折前进 …… 135
第四节　“文化大革命”的教训和实现伟大的历史转折 …… 143

第九章　伟大的历史转折与贯彻改革开放政策 …… 148
第一节　拨乱反正,实现工作重点转移 …… 148
第二节　经济调整和体制改革 …… 152
第三节　发展外向型经济和融侨开发区的诞生 …… 155

第十章　迈向改革开放和现代化建设新阶段 …… 159
第一节　撤县建市争创改革开放新优势 …… 160
第二节　为经济腾飞铸造坚实的基础 …… 168
第三节　持续推进农村改革,建设小康老区 …… 173

第十一章　推动经济社会发展,实现新时代新跨越 …… 179
第一节　坚持双轮驱动,实施大开放发展战略 …… 179
第二节　城乡统筹发展,创建文明宜居城市 …… 183
第三节　决胜全面建成小康社会,建设美丽富庶新福清 …… 185

第十二章　齐心协力攻坚战,老区旧貌换新颜 …… 195
第一节　福清市革命老区村的建设和发展 …… 195
第二节　福清市老促会助推老区建设大发展 …… 202
第三节　革命老区镇村旧貌换新颜 …… 214

结　语 …… 231

附　录 …………………………………………………………………… 232
福清县(市)革命老根据地建设委员会(领导小组)成员表 … 232
福清市老区建设促进会组成人员名单 ……………………… 233
福清市老区乡(镇)划分审定表 ……………………………… 235
福清市老区行政镇(村)分布情况表 ………………………… 235

参考文献 …………………………………………………………………… 237

后　记 …………………………………………………………………… 239

绪　论

福清雅称玉融，简称融，位于中国东南福建省沿海中部，闽江口经济圈南翼，海峡西岸核心区，东隔海坛海峡与平潭综合实验区相望，南临兴化湾，西南与莆田毗邻，西部、北部分别与永泰、闽侯两县接壤，东北部与长乐相连。全境东西宽46.5公里，南北长53.5公里，总面积约2430平方公里，其中：陆地面积1518.24平方公里（山地679.93平方公里、耕地283.7平方公里），海域面积911.52平方公里（浅海滩涂613.27平方公里）。海岸线绵亘曲折，长348公里，占全省的13%。特殊的地理位置和艰难的经济生活条件，使一代又一代福清人远涉重洋，闯荡世界，不仅历史悠久，而且人数众多，旅居海外乡亲近80万人，占境内人口的2/3，福清因此成为福建省乃至全国的著名侨乡。

福清历史悠久，新石器时代就有人类在这块土地上繁衍生息。唐武周圣历二年（699），析长乐县南部的万安（包括平潭岛）等8个乡置县。1990年12月26日，经国务院批准撤县建市，1991年5月5日正式挂牌成立，为省会福州市辖滨海侨乡县级市。2005年12月，镇街区划调整，辖7个街道、17个镇，32个居委会、438个村委会。截至2018年12月，全市总户数408123户，户籍人口1381462人，流动人口270252人。其中，城区总户数105876户，户籍人口585486人；乡镇总户数302247户，户籍人口795976人。

20世纪30年代，福清曾是我国南方三年游击战争时期闽中游击根据地所在的主要县份之一，也是福建省重点老区大县（市）之一。千千万万福清儿女为争取新中国的诞生浴血奋斗，不惜牺牲，做出了巨大贡献。全市共有144个老区村（自然村），其中革命基点村33个，老区行政村103个，老区户51536户，人口215613人，占全市总人口的15.6%；老区村耕地34.5万亩，山地27.3万亩，占全市3/5强。20世纪80年代评定革命“五老”2736人；2008年尚健在“五老”293人，遗偶524人；2018年，健在革命“五老”48人，遗偶232人；至2019年，健在“五老”39人，遗偶219人。

二

福清人民反抗外来侵略，保家卫国，世有忠烈。宋末有林同，以累世事宋，与妹夫刘仝祖置忠义局抗元，景炎元年(1276)事败，众劝同避之，同盛服坐堂上，咬破手指题诗壁上：“生为忠义臣，死作忠义鬼。草间足可活，吾不苟为尔。诸君何为者，自古皆有死！”兵至，不屈，死。亦有石竹商氏，世受宋恩，六进士同朝为官，第七位进士商景春官桃源县令，元兵南下挂冠归里，亦以忠义为号召，多发本族丁壮，依托石竹军寨，设忠义局拼死抗元，几近灭族。其弟商景夏与刘仝祖出亡，皆自尽死，以身殉国，浩气长存。

明嘉靖年间，倭寇乱我海疆，烧杀抢掠，福清人民奋起反抗，英风烈烈。嘉靖三十四年(1555)十一月间，倭寇进犯海口镇。海口民军首领林廷兴率部配合泉州卫指挥童乾震带领的三百多名官兵浴血奋战，“斩倭首二百级”。由于寡不敌众，二人被围，坚持到最后皆以身殉国。嘉靖三十七年(1558)倭变，县尹罗向辰立夏叔慎为千长，募兵守城，屡获功。嘉靖三十九年(1560)倭寇盘踞江阴，夏叔慎带儿子国、侄子朋、义男王二等二百多名壮士渡江抗倭，英勇作战，皆壮烈牺牲。嘉靖四十年(1561)，官路村民王杰、王橙，前薛村民薛廷泗，里美义士俞伯安等人也在抗倭中英勇牺牲。嘉靖四十三年(1564)，福清人民配合戚家军，终于平定为害福清近20年的倭患。

福清人民具有光荣的革命传统。早在20世纪20年代末，在外地读书的福清青年中，很多人接受了马克思主义。曾在省城读书的东张镇炭牙底人倪朝龙和东张小学教员魏云波、唐育孟等人积极赴广州黄埔从军，被编入国民革命军第一军。他们随北伐军攻克福州后，便退伍回到福清东张，继续走家串户宣传北伐，播种革命火种。

福清老区有着光荣的革命历史，福清人民的优秀儿女早在1929年就开始了地下革命活动。1930年秋，中共福建省委即派谢廷清回福清，在东张玉井庙成立中共福清党团混合支部，组建了福清有史以来第一个党的组织。此时倪朝龙等革命先驱撒下的革命火种在福清大地燃烧，发出耀眼的光和热。1931年8月，陈宏宇、俞奋初等爱国知识青年在海口镇发动群众，开展反对征收“百货捐”活动，迫使福建省政府撤掉海口货物检查站，取消“百货捐”。在土地革命时期蓬勃发展的革命形势和中国共产党方针政策的影响下，是年12月26日，龙高各村上万民众揭竿而起，爆发了大规模的农民武装起义，经过三天激战，歼灭省防军林靖部驻龙高两镇官兵近800名。这次震动八闽的民众暴动，史称“龙高民变”，亦称“龙高暴动”。

1932年，中共福州市委又派何文成回县组建中共福清特支。1934年1月，中共福清特支升格为中共福清县委，发动群众举行了永载史册的南西亭暴动。5月，中共福州中心市委遭到破坏，首任福清县委书记何文成被捕牺牲。8月，黄孝敏和刘突军组建中共福清中心县委，并于年底成立了工农红军福清游击大队，开辟了罗汉里游击根据地。1935年5月，福清中心县委与莆田中心县委联合成立中共闽中特委，福清游击大队改编为闽中工农游击队第一支队。在艰苦卓绝的三年游击战争期间，中共福清县委通过各种途径，筹集经费，输送武器弹药，支援闽中工农游击队第一支队开展反“清剿”斗争，打了30多场胜仗，为巩固和扩大罗汉里游击根据地做出贡献。1936年2月24日，第一支队在相思岭下的河村桥（又称河村桥）地段截击了国民政府福建省银行的运钞车，擒俘了国民政府福建省政府主席陈仪的内弟——省银行经理韩疆士等7名国民党重要官员，震慑了国民政府福建省政府。河村桥伏击战是闽中三年游击战争中，影响最大的一次战斗。罗汉里游击根据地的巩固和发展，使北起乌龙江、南到惠安县约150公里的福厦公路干线两侧地区，成为中国共产党领导的南方三年游击战争的15个战略支点之一。

抗日战争全面爆发后，福清县委根据福建省委指示，改组为中共福清中心县委，领导福清、平潭、长乐、闽侯等县的抗日救亡斗争。1941年4月，日本侵略者首次入侵福清、长乐、平潭等地。福清中心县委以隐蔽在海上的武装力量为基础，组建3支抗日游击队：陈金来在福清北区组建福平沿海抗日游击队第八中队；陈亨源在福清、长乐边界组建福长抗日游击大队；何胥陶在江镜组建福平沿海抗日游击队第三大队，多次袭击日本侵略者。当时，国共合作共同抗日，除配合国民党省保安团和县自卫队3次反攻融城外，中共地下党领导的抗日队伍，活跃在敌占区，频频出击，成功组织了长乐琅尾港、福清桂巷等伏击战，给日军以沉重打击。8月4日，陈金来领导的第八中队参加琅尾港伏击战，仅半个小时就结束战斗，击毙马营日军司令中岛中佐、分队长村野等官兵42人，我方无一伤亡。这次伏击战大获全胜，极大地鼓舞了全省人民的抗日斗志，受到中共华东局的表扬和中共福建省委的嘉奖，许多爱国华侨纷纷从海外寄来慰问信表示祝贺。这次伏击战有16名福清籍游击队员参加敢死队，起到骨干先锋作用，分别荣获金、银质奖章。福清人民威武不屈，顽强抗击野蛮残暴的敌人，付出了巨大的代价，做出了卓绝的贡献。1944年11月26日，日军第二次侵占福清县城，不敢久留，于11月30日弃城北撤而去，融城第二次被日军侵占前后仅5天时间。1945年5月18日，日军从福州撤退。

爱国爱乡、反抗侵略是福清华侨的优良传统。抗战期间，福清华侨对祖国抗战救国“咸保无穷之希望，捐钱出力均是踊跃”，在福清抗战史上写下浓墨重彩的一笔。海口镇印尼华侨陈亚泉，七七事变不久，即响应侨领陈嘉庚号召，呼吁华侨捐款救国，在他倡导下，当地华侨为抗日捐输了10多万银圆。

1941年4月，福清沦陷后，刚从印尼回国的松潭华侨周宏荣，在松潭、安民一带发动爱国归侨和华侨子弟近80人，于6月上旬成立福清华侨游击大队，自任大队长，与罗仲若“福平沿海抗日游击区指挥部”挂钩，接受指挥部指令，在松潭、安民一带伺机袭击日军，打击日伪活动。9月2日，日军撤出融城，华侨游击大队奉命占据钟山，阻击乘船撤往海口镇之敌。在抗击日军的同时，华侨游击大队还先后抓捕俞之春等3名汉奸，截留大批资敌物资。福清华侨游击大队在抗日战争中，发挥了重要的作用。

抗战胜利后，国民党强化对闽中地区的统治，中共闽中地委决定贯彻上级关于开展爱国游击战争的决定，在龙(田)高(山)地区发动群众举行武装暴动。但是，由于目标暴露，暴动尚未举行就遭到国民党保安队的“围剿”，地委书记黄国璋带领暴动队伍撤到高山镇牛头尾(今属沙埔镇)。老区群众冒着生命危险，下海借船，在牛头门至涵江口一带借到2条运货船，掩护黄国璋、林汝楠、陈振先等领导和部分游击队伍人员安全撤退到莆田。而随后搭另一条运木柴船的30名福清籍游击队员，在海面被截击，被迫停靠目屿岛，13名游击队员脱险，还有17名与敌人激战一夜，牺牲了3人，第二天14名福清籍游击队员被捕，押往高山镇，先后英勇就义。老区基点村群众因此也遭受严重摧残。

1948年7月，中共闽中地委机关搬到金芝山，进行“金芝调查”，发动群众发展党员，组织贫农团，开展借谷分粮斗争。并派俞洪庆、沈祖澄、沈祖夏、陈振亮、陈振标回福清恢复党的组织活动。重新组建的中共福清县委再次组织游击队，开展减租、减息、反霸、反“三征”斗争。1949年，中共福清县委领导福清游击队截击国民党第九十六军，攻占渔溪镇，破仓分粮，大力支持、积极配合人民解放军解放了福州、福清、平潭。福清地下革命武装坚持红旗不倒，迎来了中华人民共和国的诞生。

在20多年的艰苦斗争中，福清有罗汉里、角楼等3个老区基点村被夷为平地，378座房屋被烧为灰烬，32家灭门绝户；上千名共产党员、革命群众流血牺牲，其中，追认烈士234人；9名县委书记牺牲7人，县委委员、区级干部牺牲了10多人。

福清人民不会忘记，在艰苦卓绝的革命斗争年代，福清人民的优秀儿子，如倪朝龙、何文成、陈炳奎、佘长钺、陈金来、何胥陶、陈振先等革命先辈，为新中国的诞生，不怕牺牲，视死如归，用热血和生命谱写了可歌可泣的不朽篇章。

二

中华人民共和国成立后，面对十年九旱、农田荒芜、工业落后、商业萧条、民生凋敝、“番薯难果腹，糠菜半年粮”的困境，党领导福清人民迅速掀起恢复发展生产高潮，使福清的社会经济有了较大发展。当时，翻身农民有了赖以生存的土地，但在农业生产中普遍缺乏耕牛、农具、种子、肥料等，在频繁的自然灾害面前更是束手无策。1951 年 3 月，福清基本完成了土地改革运动，为党在农村组织领导翻身农民走互助合作道路打下重要基础。从 1951 年底的互助组到 1956 年的农业合作化高潮，即在国民经济恢复时期和第一个五年计划期间，福清社会经济发展较快。1952 年，全县地区生产总值为 3203.71 万元，比 1949 年增长 77.4%。第一个五年计划期间，地区生产总值年平均递增 17%。但在第二个五年计划期间，由于“大跃进”刮浮夸风，国民经济遭到重创。而 1966—1976 年的“文化大革命”使工农业生产又遭到严重破坏，1976 年福清地区生产总值为 1.21亿元，仅比 1966 年增长 37.4%。

粉碎“四人帮”后，中共福清县委在理论和实践两个方面同时着手，逐步扭转“文化大革命”造成的混乱局面，并以崭新的工作格局和良好的工作风貌迎接党的十一届三中全会的胜利召开。理论上，通过开展“真理标准讨论”补课活动，使全县党员、干部重新回到实事求是的思想路线上来，为全面进行社会主义现代化建设做好了思想和理论准备。实践上，一方面通过开展揭批“四人帮”与清查“三种人”，肃清帮派分子在福清的流毒影响；另一方面通过对“文化大革命”时造成的大量冤假错案的平反，落实党的侨务、知识分子等政策，逐步解放出一批干部和知识分子，为革命和建设做好了人才准备。工农业生产和各项社会事业得到恢复和发展。

1977年，福清县又掀起农业学大寨运动，农业生产战胜了各种自然灾害，获得大丰收，实现了季季丰收、社社增产，粮食总产量达42700万斤，亩产超千斤，总产比1976年增长26.7%，结束了13年来粮食总产在3.6亿～3.9亿斤徘徊不前的状态。粮食征购超额完成任务190万斤，入库量比1976年增加一倍。

同年，中共福清县委通过对工业生产的初步整顿，恢复了民主管理制度，调动了广大工人的生产积极性，促进了全县工业生产的恢复和发展。福清糖厂通过扩大生产能力，日榨甘蔗量达到600吨，成为福建省制糖工业的中型糖厂，年产值达364万元，创税利185.7万元，一举扭亏为盈。1977年全县工业企业143个，利润428.62万元，其中，国营工业企业利润272.66万元，集体工业企业利润155.96万元。工业总产值达到4500多万元，比1976年增加35.76%。1978年10月筹建高山异型玻璃厂，次年投产，是为福耀玻璃前身。

粉碎"四人帮"后，广大知识分子欢欣鼓舞。尤其是1978年3月全国科学大会的召开，扭转了多年来对知识分子的"左"倾政策，迎来了科学的春天，福清科教文体全面发展，欣欣向荣。

1977年，福清县毛泽东思想文艺宣传队改为福清县闽剧团，很快就排演了《十五贯》等传统剧目，开始为丰富群众文化生活服务；福清县电影工作站将福清旅社礼堂改造为大众电影院，有920个座位，当年全县放映电影14142场，观众1667.05万人次。

1978年，福清业余体校恢复，开设排球、田径、射击、体操4个班，招收学生近百人。9月30日至10月6日，福清县第七届人民体育运动大会在县人民体育场举行，参赛的有全县15个公社、东阁农场、福清实小、福清一中、福清二中和福清红卫中学等20个单位670名运动员。

1978年9月，仙游师范大专班迁入福清原昌檀中学校址，改名莆田师范专科学校，招收中文、英语、数学3个专业学生。

1978年12月18—22日，党的十一届三中全会在北京召开。党的十一届三中全会后，改革开放大幕开启。中共福清县委领导全县全面平反冤假错案，对“陈至铿公司”假案进行了平反；处理了地下党历史遗留问题；贯彻“调整、改革、整顿、提高”的经济方针；贯彻《中共中央关于加快农业发展若干问题的决定》，活跃农村经济；全面推进综合改革。中共福清县委团结和带领全县人民走进新时代，紧紧抓住发展新机遇，解放思想、实事求是、敢拼敢闯，创造出一个又一个的发展奇迹。

1990 年 12 月 26 日，国务院批准福清撤县设市，实现了福清历史的伟大转折。

三

改革开放以来，福清经济社会得到长足发展，城乡居民生活发生了翻天覆地的变化，实现从“地瓜县”向全国“百强县市”的华丽转身。

四十年来，福清经济实力实现了从全省倒数第三的“地瓜县”向全国综合实力百强县市、全国县域经济百强县第十九位的跨越；四十年来，福清产业结构实现了从农业主导向三产联动发展的转变；四十年来，福清城乡建设开发实现了从农业小镇向城乡统筹的转变；四十年来，福清对外交流实现了从相对封闭向全面开放的转变。

这一张张亮眼“成绩单”的背后，无不闪烁着以浩然大气勇立时代潮头，敢为天下先、巧做大文章的“福清哥”的身影，无不凝聚着海内外三大福清人群体的心血和汗水，无不体现了“融和向阳，搏拼天下”的福清精神。

福清人保持了善于抢抓机遇、敢为人先的勇气。在改革开放初期“摸着石头过河”的年代，福清人敢为人先，发挥侨乡、区位优势，实施亲情招商，政策助力，机制灵活，全方位营造良好的营商环境，开创园区经济，创办中外合资企业，走在全省乃至全国前头。1987 年 7 月，在宏路上郑村划出 1 平方公里土地供外商投资办厂，开全省由外商成片开发土地的先河。这 1 平方公里土地成了福清改革开放的“试验田”。在这里，福清人积极探索并成功实践了“五带七自”“侨台港外联合开发”等发展模式，创造了令人瞩目的“福清速度”“福清效益”。融侨开发区因此被誉为“不是特区的特区”。

打造优质投资软环境，福清更是不甘人后、不遗余力。从“一幢楼”办公到成立市行政服务中心，实行一站式服务，深化行政审批体制改革，推出“一表申请、一口受理、一章审批”和超时默认、超限追责等审批机制，实行集中审批联合办公、流水式审批作业等。项目审批时限从原来的 109 个工作日压缩到现在的 26 个日历日，真正兑现“马上就办，办就办好”的诺言。

在经济发展、城乡建设、社会民生、对外开放、民主法治、党的建设等诸多领域，福清同样敢为人先：深化体制机制改革，推出多项创举，创出许多经验。探索区镇合一管理体制，推进简政放权，力求做到“审批不出园区”，大大激发园区发展活力。在全省率先推进“多规合一”试点，整合平台，实现规划体系、布局总图、基础数据、信息平台、运用成果、管理机制“六个统一”，实现互联共享。深入推行自贸区体制机制改革，先后推出创新举措 20 项，有 4 项为全国首创，为外向型经济发展增添动力。

福清人保持了挥洒大手笔、巧做大文章的豪气。招商引资兴业之初，福清人就体现大气魄，引进或创办了如冠捷科技、福耀玻璃等大项目，创办了融侨开发区。1992 年 5 月，国务院原则同意在福清东部与长乐交界处规划出一片面积达 50 平方公里的外商投资区，即元洪投资区，这也是全国最大外商成片开发的工业集中区。

乘着改革开放春风的福清更是再接再厉，乘势而上，相继创办了江阴港城经济区、福清出口加工区、蓝色经济产业园和福州保税港区等，吸引了福清核电、江阴国电、京东方及石化新材料等一批批大项目、好项目相继落户福清，为福清工业向园区集中搭建平台、奠定基础。随着大量的人流、物流、信息流、资金流加速向产业园区集聚，一批优势产业快速崛起，福清形成了电子信息、玻璃、食品、医药、化工新材料、塑胶管材、电力及新能源等八大产业集群。

正因此，福清从一个贫穷落后、远近闻名的“地瓜县”脱胎换骨成为全省“出口大市”。2017 年，福清经济发展实现了具有里程碑意义的“十百千万”重大突破，全市地区生产总值达 993.4 亿元，规模以上工业总产值达 1862.45 亿元，一般公共预算总收入突破 100 亿元，比 1978 年分别增长几百倍甚至几千倍；固定资产投资突破 1000 亿元。

福清人保持了高瞻远瞩、怀抱大志向的志气。福清人创业总是从远处着眼，深谋远虑，从兴建东张水库到闽江调水，再到实施湖库水系连通工程；从创办经济开发区到以港立市，再到建设国际港湾城市，每一件都是功在当代、利在千秋的事业。

新中国成立以来，历届历任县（市）领导都十分重视老区镇村建设，老区镇村的基础设施、社会事业与人民生活都得到改善与提高。尤其是党的十八大以来，老区建设更是日新月异，市委、市政府在新农村建设、实施乡村振兴战略等工作中，把老区镇村列入重点支持对象，推动老区镇村建设更上一层楼，老区人民的幸福感不断提升，正朝着新时代社会主义的康庄大道阔步前进。

如今，新一届市委、市政府提出建设富庶、文明、开放、和谐、美丽的“新福清”，积极抢抓“五区叠加、一区毗邻”机遇，全力推动福清融入福州、联动平潭、对接台湾、走向全国、接轨国际，力促福清在更广空间、更大范围实施对外开放。积极搭建开放性平台，国际食品产业园、聚龙国际创业小镇、国际深水大港、国际跨境电商平台、国际港湾城市这“五个国际”建设如火如荼地展开，其中，国际食品产业园获批国家水果和肉类进境指定口岸。深化融台交流合作，强化与台湾电子信息、现代农业等产业对接，并建立融台人文交流常态化机制，打造石竹山梦文化节、融台宗鹤拳武术交流大会等品牌，主动融入“一带一路”发展倡议，深化同 21 世纪海上丝绸之路沿线国家和地区合作，打造 21 世纪海上丝绸之路重要节点城市。可以预见，未来，福清外向型经济“蛋糕”将越做越大，福清经济实力也将大幅度跃升。

改革不停顿，开放不止步。站在新的起跑点上，福清人必将以自己的智慧、胆略和敢闯敢拼的冲劲，朝着实现全面建成小康社会目标阔步前行，继续谱写福清经济社会发展的绚丽华章！

第一章　土地革命时期福清革命老区的创建和发展

1921年7月中国共产党的诞生，给古老的中国带来了新的生机与活力，马克思主义思想在中国共产党人的传播下，成为有志于改变积弱积贫旧中国现状的广大志士仁人手中的战旗，席卷中国这片古老的大地，掀起激昂澎湃的革命浪潮。在外求学的福清东张镇进步青年倪朝龙率先在福清的土地上传播马克思主义，点燃了革命的火种。其后，在福州读书的何希銮、陈炳奎等融籍学生也接受了地下党组织的教育引导，加入共产主义青年团组织，在共青团福州市城区区委领导下进行活动。1929年到1930年初，何希銮根据组织指示，在福清建立了进步团体“人道互济会”和“革命同志社”，宣传马克思主义、传播革命思想，为中共福清地方组织的建立打下良好的群众基础。1934年1月，中共福清县委顺利宣告成立，在首任县委书记何文成带领下，发动群众举行了永载史册的南西亭暴动。从此，福清人民在中国共产党的领导下，掀开了福清革命老区发展的光辉篇章。

第一节　中共福清地方组织的建立和活动

福清老区有着光荣的革命历史。20世纪20年代末，在外地读书的福清青年中，很多人接受了马克思主义。早在1927年，在福州读书的何希銮、陈炳奎等融籍学生就接受了地下党组织的教育引导，成为地下党外围组织“人道互济会”的成员，随后加入共产主义青年团组织，在共青团福州市城区区委领导下进行活动。1929 年到 1930 年初，何希銮根据组织指示，在福清建立了进步团体“人道互济会”和“革命同志社”。较早加入这两个进步团体的进步青年有俞建曦、张端哲、王道秋、郭则贵、林秉钧、陈绍琛、陈子和、吴秉宝等人。他们遵照中共福州市委的指示，揭露国民党的罪行，宣传马克思主义，为福清党团组织的成立准备了条件。

1930 年 5 月，中共福州市委宣传委员黄孝敏派何希銮回福清开展建团工作。何希銮回福清后不久，先后成立了县中学、汽车站和宏路圣来小学 3 个团小组。1930 年端午节龙舟竞渡前夕，各小组在瑞云塔周围和利桥街上张贴大量进步标语，并从瑞云塔顶撒下大量革命传单，制造宣传声势，影响很大。

1930 年秋，中共福建省委委员李国祯派 1929 年入党的进步青年谢廷清回福清开展党的工作。谢廷清回福清后以明义中学教员身份为掩护，积极联络，与何希銮及其领导的团小组接上了关系，在东张玉井庙成立了中共福清县委。这个由 5 位进步青年组成的中共福清县委中，谢廷清(时任书记)、陈子和是共产党员，何希銮、郑致中、王道秋是共青团员，所以只能算是党团混合的组织。

福清党团混合支部成立后，先后在瑞云塔、积翠园和吴氏祠堂开了 3 次会议，决定吸收进步青年加入，深入农村组织农会，开展抗租抗税活动。

1930 年底，谢廷清被捕，何希銮迫于形势赴沪升学，福清开天辟地第一次建立的党团组织夭折了。但一部分党团员仍然坚持斗争，他们是福清革命继续发展的中坚力量。

第二节　龙高民变和农会的建立

在全国土地革命时期蓬勃发展的革命形势和中国共产党方针政策的影响下，1931 年 12 月 26 日，龙高各村上万农民群众揭竿而起，爆发了大规模的农民武装起义，经过三天激战，歼灭林靖部驻龙高两镇官兵近800名。这次震动八闽的民众暴动，史称“龙高民变”，亦称“龙高暴动”。因林靖部从莆仙调来，群众亦称“打兴化兵”。

林靖部横行肆虐福清之时，中共福清地方组织虽已解体，但何胥陶、陈行福、张端哲等中共党员仍然在龙高地区坚持活动。他们积极参加暴动前的发动、组织工作。何胥陶在江镜一带利用自己的身份，与各乡的富绅联系，向他们借出枪支、弹药，武装民众团体，并以个人名义与地下党员张端哲、陈行福等同志，满腔热血，投身声势浩大的龙高暴动。这一战，歼灭林靖部驻扎龙田、高山两镇两营近800人，击毙营长凌志雄及大小官佐几十人，收缴的枪支弹药后来装备了地下党游击队。

1932年1月，中共福州市委派宣传委员黄孝敏来福清总结龙高暴动的经验教训，共青团员余长钺把他带到海口镇斗垣村，向从融美中学回来过寒假的陈振芳了解情况，并请其祖父陈国祥为自己治病。黄孝敏在陈家小阁楼住下，边治病边传播革命思想，开辟了福清第一个革命基点村。是年暑假，陈振芳在母亲支持帮助下，在斗垣陈氏祠堂开办了民众夜校，成立了秘密农会，同时建立了斗垣村地下交通站，革命妈妈夏淑琼任交通站站长。余长钺也在北区阳下村，通过民众夜校，成立了秘密农会，发展了一批农会会员，点燃了福清土地革命的星星之火。

第三节　中共福清特支的建立和瑶山人民自治会

1932年4月20日，入闽作战的中央红军攻克漳州。中共中央指示厦门、福州市委，要求“火速派遣大批干部到那些农民斗争特别发展的地方（如长乐、福清、连江、莆田、仙游等）去，发展这些地方的农民斗争与游击战争”。根据中央指示，福州市委决定尽快在福清重建党组织，并把这个任务交给共产党员何文成。

何文成，又名何开涛、何幻，1909年生于福清东张镇华石村，

1928—1930年就读于福建省立福州高级中学——乌石山师范学校，积极参加学生运动和进步活动，1931年加入中国共产党，是福清早期的党的优秀领导人。他一回到福清，即与原有的地下党员取得联系，于1932年7月成立了中共福清特支，何文成任书记，余长钺、陈炳奎为委员。在中共福清特支的努力下，1933年5月成立了中共龙田支部，不久又成立了斗垣、北郭两个支部。中共龙田支部成立后，何文成通过地下党员发动群众，以瑶山村为基地，在沁塘、瑶山、玉田等村秘密组织瑶山人民自治会，开展革命活动。中共福清特支决定，趁寒冬将至，贫苦农民无钱取当、无衣御寒之际，发动群众打福瑞当铺，帮助贫苦农民度荒。10月10日，由港头沁塘村陈行福（共产党员）带领数十位瑶山人民自治会会员，以"打当铺，抓老板，凭票无偿取当"为口号，打着"红军第一旅第一队"旗号，冲进杭下村福瑞当铺，解除守铺民团武装，打开库房、金柜，抄出收当物件，让群众凭当票领回。打当铺后，瑶山人民自治会武装人员集中在福兴寺，白天训练，晚上打土豪、开展经济斗争，打击封建剥削势力。周围的土豪地主纷纷联名上告福清县国民政府。11月上旬，福清县县长甘沄率驻军（十九路军两个连）"围剿"扑空，恼羞成怒，下令纵火焚烧福兴寺。大火烧了三天三夜，108间殿舍成了废墟。

不久，国民政府派兵抓捕了瑶山、杭下、前薛等村的所谓"抢劫"当铺嫌疑人101名，并枪杀了参加打当铺的农民王妹昌等人，但扑灭不了福清人民斗争的烈火。瑶山人民自治会的斗争是中共福清地方组织发动农民群众武装打击国民党反动统治及封建势力的第一次尝试，扩大了党在贫苦农民中的影响。福清农民革命斗争进入一个新阶段。

第四节　中共福清县委的成立和南西亭暴动

1934年1月，在中共福州中心市委的领导下，中共福清县委成立，何文成任书记，余长钺、陈炳奎、陈金来、何胥陶等为委员，福清特支和渔溪特支随即撤销。福清县委召开扩大会议，确定把工作重点转移到农村。县委领导分头深入各地，发动农民、组织农会，准备在南西亭、北西亭等地举行暴动，建立游击队和游击根据地。

1934年4月，福州中心市委被破坏，书记陈之枢等人被捕，白色恐怖波及闽中各县，福清县委与上级的联系中断。在失去上级领导、危机四伏的情况下，县委坚持既定方针，何文成去龙田地区组织南西亭暴动。举事前，他派陈金来去小麦屿策动高诚学部参加暴动。高诚学派了一个班的武装人员参加，发挥了重要的作用。

6月28日，南西亭暴动的号角吹响。下午两点多，由龙田、江镜、郑盛、蟹屿等地赶来的农会会员与高诚学部的武装人员共100多人开进官元村，揪斗了富豪吴阿泉，缴枪6支、黄金10两、银圆数百块。第二天，队伍又到塔石、山兜、蟹屿、海头村打土豪。在两天的暴动中，共没收黄金0.5公斤、白银数公斤；收缴长短枪20多支、子弹1000多发；焚烧了大量借据契约。队伍还把没收地主陈驴仔、倪狗仔的5000多公斤粮食分给贫苦农民。

7月1日，福清县当局派兵到南西亭地区"围剿"暴动队伍。何文成急令高诚学部的10多个武装人员抢占制高点，阻击来犯之敌，掩护缺乏战斗经验的农民撤退隐蔽。随后，高诚学部的10多个武装人员也迅速撤出战斗。反动当局见大兵团作战没占到便宜，就变换策略，派小股侦骑到处拘捕暴动参与者，福清的革命逐渐转入低潮。

南西亭暴动是福清地下党领导的农民武装向农村的封建势力发起的规模最大的一次进攻，充分显示了觉醒起来的贫苦农民团结战斗的巨大力量，为福清游击队的建立和开展武装斗争打下了坚实的基础。

第五节　罗汉里根据地的开辟和三年游击战争

南西亭暴动后一个月，中共福清县委书记何文成被捕。在福州被抓后脱险来到福清的刘突军接任县委书记，领导福清人民继续斗争。同年8月，原福州中心市委宣传部部长黄孝敏也转移到福清来，与刘突军一起，成立中共福清中心县委，统一领导福清、长乐、闽侯、永泰等县的斗争。在中心县委的领导下，1934年底成立的工农红军福清游击大队开进西区，进驻角楼村，并派陈云飞进入罗汉里，策动土匪刘春水的残部弃暗投明，带枪参加游击队，随后又消灭了几股土匪，进而开辟了罗汉里游击根据地。从此，福清革命进入了艰难困苦的三年游击战争阶段。

1935年5月，中共莆田、福清中心县委在镜洋掌溪召开联席会议。会议决定撤销中共莆田、福清中心县委，成立中共闽中特委。推选王于洁任书记，黄孝敏、潘涛、刘突军、余长钺、陈炳奎为委员。福清、莆田红军游击大队整编为闽中工农红军游击队第一支队和第二支队。中共福清中心县委撤销后，即成立中共福清县委，特委委员陈炳奎兼任县委书记，陈金来任副书记。8月29日晚，陈金来带领20多位游击队员包围了溪头村大地主马土地山的大院，搜缴了5支步枪、千余发子弹。马土地山交出1公斤黄金、3000块大洋，解决了游击队的经费问题。

为了打击国民党反动统治，扩大影响，从1935年10月到1936年初，闽中游击队发起5次较重要的战斗。

一是奔袭莆田田赋处大洋分柜。1935年10月5日，刘突军、吴德标率领80余名游击队员包围了莆田田赋处大洋分柜，全歼了粮务队，镇压了作恶多端的铺差方春霖。

二是攻打东关寨。1935年11月的一天，罗汉里游击队30多位队员到东山村东关寨打击反动恶霸地主。游击队搜出大批契约，当场烧毁。

三是袭击大义乡民团。1935年12月，游击队消灭了盘踞在闽侯县大义乡十八姓祠堂内的大义乡民团，缴了80多名团丁枪支，放了被拘禁的壮丁70多人，按老例烧毁壮丁的花名册，解除了其对罗汉里根据地的威胁。

四是攻打扈屿镇。闽侯县扈屿镇地主和民团、保安队互相勾结，横行乡里。1936年2月，旧历年关在即。闽中特委发动罗汉里根据地群众，配合第一支队攻打扈屿镇，刘突军、杨采衡带领的部分队员攻进地主豪绅的住宅，尽力将粮食、布匹等财物搬回罗汉里根据地，分给农民，过了个欢乐年。

五是河村桥伏击战。1936 年 2 月 24 日，游击队在河村桥打了个漂亮的伏击战，抓获国民政府福建省银行总经理韩疆士、大田县县长萨福筹、国民党第五次代表大会代表郑其妙等 7 名官员，击毙两名押车宪兵，缴获一批枪支弹药、黄金、钞票，给国民政府福建当局一次沉重打击。

1936 年 6 月上旬，闽中工农游击队第一支队和第二支队合并为中华人民抗日救国义勇军闽中第二支队。中旬，第二支队袭击了仙游国民党保安队，缴枪 18 支。下旬，袭击了国民政府莆田第三区公署黄石镇，毙敌 5 人，缴枪 30 支。罗汉里游击根据地的巩固和发展，使北起乌龙江、南到惠安县约 150 公里的福厦公路干线两侧地区，成为中国共产党领导的南方三年游击战争的 15 个战略支点之一。

第六节　“泉州事件”和游击队改编

1936 年 10 月，闽中特委派黄孝敏赴香港向“南临委”汇报工作。11 月，黄孝敏等人自香港返回闽中，给特委带来中国工农红军三大主力胜利会师的喜讯和中共中央关于逼蒋抗日的指示。

1937 年 2 月 16 日，闽中特委决定在莆田召开会议，学习西安事变以来党中央的一系列指示。由于叛徒薛宝泉的出卖，特委委员王于洁、黄孝敏、余长钺、潘涛在开会时被捕，接着敌人又诱捕了陈炳奎。特委委员军事部部长刘突军没有收到开会通知得以幸免。全面抗战爆发前夕，5 位坚贞不屈的革命者在福州西门外鸡角弄刑场英勇就义。闽中特委 5 位领导人被捕之后，幸存的特委委员刘突军当机立断，召集有关党员干部开会，决定成立中共闽中工作委员会接替特委的领导，刘突军任工委书记，黄国璋、苏华为委员。

全面抗战开始后，闽中工委贯彻执行抗日民族统一战线方针，与国民政府莆田当局进行合作抗日谈判并达成协议，义勇军被改编为国民革命军八十师特务大队。由于刘突军等未能完全彻底坚持独立自主原则，特务大队被八十师以金门沦陷、闽南时局紧张为借口调进泉州驻防，刘突军接通知上师部开会途中被敌人秘密杀害，并被毁尸灭迹，“特务大队”也被缴械软禁。史称“泉州事件”。

“泉州事件”发生后，经新四军驻福州办事处反复交涉，国民政府才不得不把部队和被缴去的武器全部交出来。1938年4月，中华人民抗日救国义勇军闽中支队从福州洪山桥出发，北上皖南，编入新四军军部特务营。福清北上参加新四军的有洪家声、林清城、陈德胜、陈佃官等23人。他们在苏北、皖南前线英勇杀敌，为夺取全民族抗战的胜利做出了积极的贡献。

第二章　抗日战争时期福清的革命斗争

1931 年 9 月 18 日，日本侵略者发动“九一八”事变，进而侵占中国东北。1937 年 7 月 7 日，日本侵略者炮轰宛平县城进攻卢沟桥，发动全面侵华战争。在中国共产党倡导建立的抗日民族统一战线的旗帜下，中国人民毅然奋起，英勇抵抗。1938 年 8 月，中共福建省委决定撤销闽中工委，分设福清、莆田、泉州 3 个中心县委领导抗日，福清中心县委辖福清、平潭、长乐、闽侯等县。闽中地区国共合作抗日达成协议后，陈振芳在福州组织“融岚旅榕同学会”，组成抗日宣传队，由马飞海带回福清、平潭进行全面抗战宣传。从此，福清抗敌后援会、剧社、读书会等抗日救亡团体纷纷成立，福清抗日武装力量日益壮大，抗日救亡运动在福清大地上全面发展。在中共福清中心县委坚强领导下，福清军民与海外华侨全力投入抗日救亡运动中，不屈不挠、同仇敌忾，给予日本侵略者迎头痛击，也付出巨大的牺牲，终于迎来了抗日战争的伟大胜利。

第一节　轰轰烈烈的抗日救亡运动

1938 年 8 月，中共福建省委决定撤销闽中工委，分设福清、莆田、泉州 3 个中心县委领导抗日。福清中心县委辖福清、平潭、长乐、闽侯等县，陈金来任福清中心县委书记，陈振芳任副书记，委员陈亦桂、陈亨源、池亦妹仔。闽中地区国共合作抗日达成协议后，陈振芳在福州组织“融岚旅榕同学会”，组成抗日宣传队，由马飞海带回福清、平潭进行全面抗战宣传。自此，抗敌后援会、剧社、读书会等抗日救亡团体纷纷成立，抗日救亡运动掀起新高潮。

抗战时期，福清先后有《融报》《海岸线》《青年报》《抗战日报》《原野》等报刊，刊登大量抗日救亡文章，如《打倒日本帝国主义才有出头》《日本你看错了》《农夫从军曲》《怒吼吧！福清青年》等，这些抗战宣传文章激励斗志、鼓舞人心。由明义中学学生吴端升、吴干民等发起组织的原野读书会创办的《原野》半月刊，发表了很多思想性、战斗性较强的文章，暴露社会黑暗面，揭露汉奸卖国贼的罪行，出版 312 期，在国内发行至 15 个省份，在海外发行到印尼泗水、印度加尔各答等地，发行量由 200 份扩增到 1000 多份，在海内外影响很大。

福清党组织派出一批共产党员，加入县抗敌后援分会及龙田、高山、东张、海口等区镇的抗日后援支会，组织各种群众救亡团体，开展多方面的救亡运动。仅剧社就有福清抗日救亡剧团、东张救亡剧社、高山抗建剧社、海口抗建剧团、阳下溪头小学抗建剧团等近 10 个。他们自编自导自演了很多战斗性很强的剧目，起到很好的宣传鼓动作用。在这些救亡剧社中，由福清早期共产党员、曾任《南方日报》编辑的倪秉钧发起组建的东张救亡剧社坚持时间最长，发挥的作用也最大。剧社以群众奋起抗日为题材，创作了《风雨金门》《自家人还是自家人》等闽剧，在东张地区义演几十场，还应邀到福州台江天华戏院演出，均大受欢迎。

上省城公演载誉归来后，东张救亡剧社又到各地演出数十场次，场场都得到好评。剧社从 1938 年下半年成立到 1941 年 4 月福清沦陷时解散，坚持了近三年，在福清革命史上留下浓墨重彩的一页。

除宣传抗战外，从 1938 年 2 月至 1940 年 10 月，福清城乡开展了轰轰烈烈的募捐运动，出现了很多慷慨捐献的感人事迹。如在“献金救国”活动中，城关中心小学 3 天募集黄金 30 两，侨贤俞宏瑞家属将福清各界追悼俞宏瑞的祭礼全部“发充寒衣代价，寄汇前方”。

第二节　福清华侨全力支持抗战

抗战期间，福清华侨对祖国抗战救国“咸保无穷之希望，捐钱出力均是踊跃”，在福清抗战史上写下浓墨重彩的一笔。侨贤俞宏瑞自“抗战以来，输财救国尤其努力，所有捐资达数十万元之巨”，在他带动下，印尼泗水埠“认捐万元者多人”。海口镇印尼华侨陈亚泉，七七事变后不久，即响应侨领陈嘉庚号召，呼吁华侨捐款救国，在他倡导下，当地华侨为抗日捐款 10 多万银圆。

爱国爱乡、反抗侵略是福清华侨的优良传统。融侨中不少进步青年回国参军参战。旅居新加坡的华侨仓夷，原名郑贻进，原籍渔溪苏田。1938 年，年仅 16 岁的他就回国参加抗日救亡工作。1939 年，他来到晋察冀敌后抗日根据地，加入中国共产党，成为“晋察冀边区最年青、最优秀的新闻记者和报告文学作者之一”（仓夷遗著《幸福》前言——周扬）。出生于印尼富商家庭的俞鸿模回国读完大学后，留在上海工作，后来回南洋安顿好妻儿，即回国参加抗日。侨贤俞昌檀之子俞兆斌回国参加抗日，到西安八路军办事处工作，1940 年被国民党特务逮捕，经陈嘉庚营救释放后，赴印尼参加印尼共产党领导的抗日救亡工作。

1941 年 4 月，福清沦陷后，刚从印尼回国的松潭华侨周宏荣，在松潭、安民一带发动爱国归侨和华侨子弟，于 6 月上旬成立福清华侨游击大队，自任大队长，副大队长周宏达，下辖 3 个中队、9 个分队，全大队近 80 人。华侨游击大队与罗仲若“福平沿海抗日游击区指挥部”挂钩，接受指挥部指令，在松潭、安民一带伺机袭击日军，打击日伪活动。1941 年 7 月 12 日夜，华侨游击大队配合福平沿海抗日游击区指挥部所属的兄弟游击队，冲上被 40 余名日军占据的松潭乡后钟山顶，毙敌 2 名，伤敌 11 名。敌突围下山，夺船横渡龙江撤回融城。8 月 2—24 日，华侨游击大队先后夜袭敌北山尾炮兵阵地、利桥哨所和霞楼炮兵营地，摧毁敌炮垒 3 座。9 月 2 日，日军撤出融城。华侨游击大队奉命占据钟山，阻击乘船从龙江撤往海口镇之敌。在抗击日军的同时，华侨游击大队还先后抓捕俞之春等3名汉奸，截留大批资敌物资。隶属于福平沿海抗日游击区指挥部的福清华侨游击大队在抗日战争中，发挥了重要的作用。

第三节　军民同仇敌忾御外敌

1937年7月7日，北平卢沟桥事变后，全面抗日战争开始。1938年8月，中共福清县委升格为中共福清中心县委，陈金来任福清中心县委书记，陈振芳任副书记。9月，国共第二次合作开始，中国抗日民族统一战线正式形成。在中共福清中心县委的统一领导下，福清、平潭、长乐等县的抗日救亡运动迅猛发展。1938年底，全县成立了近30个农会。通过农会，开展减租减息工作，推动了农业生产，支援了抗日战争。

1941年4月19日凌晨，日军入侵福清，20日融城沦陷。从4月底到8月底，日军先后进犯城头、东张、渔溪等地，大肆烧杀淫掠，犯下滔天罪行。福清人民奋起抗击日本侵略军，他们自发拿起各种武器抵抗下乡作恶的日军。4月29日，4个日本兵到海口镇五龙村(今属城头镇)抢掠，五龙村民群起而攻之，王三妹用手中锄头击倒一个，郑敬炉即用夺来的枪刺向敌人咽喉，敌人当场毙命；另一佩刀敌人被陈世炎兄弟数人合力击毙于小店前；还有两个正在陈常喜家搜刮细软的敌人闻声逃逸，被追赶而来的村民和增援的岩兜村群众堵在小港中活活打死。后埋尸灭迹，日军始终找不到踪影。

7月1日，盘踞融城的日军纠集炮兵300余人携10余门大炮，兵分两路袭击东张塔山。驻守塔山的省保安二团第一中队上尉中队长刘兴安率队阻击，与敌人展开殊死搏斗，守住了阵地。驻扎在塔山上的省保安二团一个加强中队，在中队长肖仲光的率领下，在塔山半山腰设下埋伏，待日军进入伏击圈时，轻重机枪齐发，把敌人打得溃不成军。这场战斗中日军死伤100余人，日军联队长秋元一员被击毙。日军只得丢下87具尸体，狼狈逃窜。不甘失败的日军于7月16日重新集结队伍再次进犯东张。福清游击队埋伏要冲袭击，激战竟日，打退敌军。

7月18日，日军炮轰东张半岭，准备进攻县政府驻地里坪，遭保安团阻击，未果。7月19日，另一路日军以猛烈炮火向半岭发动攻击，省保安一团第九中队中尉分队长刘振德率队在半岭埋伏下来进行还击。激战中，刘振德腹部中弹，仍忍痛指挥，后腿部受伤，失血过多，壮烈捐躯。士兵们含泪冲杀，守住了阵地。7月20日，北西亭游击队20余人在崎岭亭设伏，伏击了驰援东张日军的百余名日寇，他们凭借熟悉地形的优势与敌人周旋，激战半小时，毙敌5人、战马1匹。日军在消耗了大量武器弹药后仍未能进抵东张，只得撤退回福清海口。在战斗中，游击队员陈训增、陈景浩、陈齐昌、陈训顺、陈朝彬阵亡，陈训水中弹被捕，英勇就义。

7月24日，津川联队出动步骑兵300余人向东张进犯。敌人向塔山阵地发起了猛烈轰击，连续发炮300余发，其中毒气弹40余发，有一部分保安官兵中毒，但爱国官兵的斗志丝毫没有动摇，他们拼死抵抗，日军只得败退。

侵占福州地区的日本侵略军，连续6次进攻东张后方，每次均遭到福清军民的强烈抗击，每次均以敌人的失败而告终，这在江右地区是罕见的。

8月25日，日军准备撤出闽海地区，投入即将发动的太平洋战争。第二十五集团军下令趁机袭击日军，消耗敌人兵力。于是，省保安纵队以5个中队兵力，再次反攻融城。9月2日，日军军心动摇，突围出城，从水陆两路往海口镇溃退。是晚，融城光复。9月3日，海口镇日军全部上船出海，海口镇亦收复。

福清第一次沦陷期间，国共合作共同抗日，除配合国民党省保安团和县自卫队3次反攻融城外，中共地下党领导的抗日队伍活跃在敌占区，频频出击，成功组织了长乐琅尾港、福清桂巷等伏击战，给日军以沉重打击。党领导的抗日游击队有陈金来任中队长的福平沿海抗日游击队第八中队，有陈亨源组建的福长抗日游击大队，有何胥陶拉起的福平沿海抗日游击队第三大队。陈金来的第八中队多次袭击小股日军,打击了敌人的嚣张气焰。陈亨源的抗日游击大队曾重创伪军,公审枪决汉奸邱玉霖。何胥陶在江镜拉起的福平沿海抗日游击队第三大队曾在下和洋伏击到江镜扫荡的日军,使江镜地区的群众避免了一场劫难。1941 年 8 月 4 日,长乐抗日游击总队获悉当天将有日军汽艇两艘经过琅尾港水域,决定进行伏击。长乐抗日游击总队挑选 48 名游击队员组成敢死队,其中福清队员 16 名,由陈金来率领。敢死队埋伏在琅尾港南岸的橘林里,布下天罗地网。当晚 10 时许,成功伏击日军。是役击毁敌艇 1 艘,击毙田中岛中佐、河野分队长等日军官兵 42 名,我方无一伤亡。这次伏击战受到中共华东局的表扬和中共福建省委的嘉奖,许多爱国华侨纷纷从海外寄来慰问信表示祝贺。福清籍战士 16 名参加敢死队,起到骨干先锋作用,分别荣获金、银质奖章。

福清人民威武不屈,顽强抗击野蛮残暴的侵略者,付出了巨大的代价,做出了卓绝的贡献。1944 年 11 月 26 日,日军第二次侵占福清县城,不敢久留,于 11 月 30 日弃城北撤而去,融城第二次被日军侵占前后仅 5 天时间。

1945 年 5 月 18 日,日军从福州撤退。8 月 15 日,日本天皇裕仁发表停战诏书,宣布无条件投降。福清人民和全国人民取得了抗日战争的伟大胜利。

第三章　解放战争时期福清的革命斗争

抗战胜利后，国民党反动派蒋介石背信弃义，撕毁《双十协定》，准备进攻解放区。1946 年 6 月，全面内战爆发。国民政府福建当局在闽中设立“绥靖区”，对各县实行严密“清剿”。为了粉碎反动派的阴谋，闽中特委决定撤销福清中心县委，分别成立福长、福平、福长林 3 个边区工委，在国民党统治力量薄弱的边界地区发动群众，发展武装力量，建立根据地，开展游击战争。1947 年 2 月，闽中特委改为闽中地委，领导各县开展抗丁、抗粮斗争，组织游击队，做好发动武装斗争的准备。1947 年 10 月 10 日，中共中央以“中国人民解放军”名义发表宣言，发出了“打倒蒋介石，解放全中国”的号召。闽中地委积极响应，发动群众开展除恶反霸斗争，组织武工队，果断地镇压了几十个罪大恶极、坚决与人民为敌的叛徒、特务、恶霸和反动保长，消灭盘踞在山区海岛的土匪，清除隐患，做好解放福清的准备。1949 年 8 月 15 日，福清游击队配合人民解放军第二十九军八十五师攻打县城，8 月 16 日，县城解放。在解放福清的战斗中，配合部队作战的游击队员有 1000 多人。老区人民英勇奋战，福清古邑彻底获得新生。

第一节　建立边区工委，开展游击战争

抗日战争时期，中共福清地方组织受到严重摧残。抗战胜利后，国民政府福建当局积极部署内战，在闽中设立“绥靖区”，对各县

实行严密“清剿”。为了粉碎反动派的阴谋，闽中特委决定撤销福清中心县委，分别成立福长、福平、福长林3个边区工委，在国民党统治力量薄弱的边界地区发动群众，发展武装力量，建立隐蔽的根据地，开展游击战争。福长林工委书记俞洪庆，委员沈祖澄、郑长奇，负责领导福清的北区、西区，长乐的玉田和林森的七里等地区；福长工委书记陈亨光，委员林德利、俞建海，负责领导福清的海口、城头、七社和长乐的江田地区；福平工委书记陈振先，委员陈水仙、谢俤俤，负责领导福清的龙高地区和平潭县的斗争。城工部系统也派人到福清开展武装斗争，成立了福长平工委、福清工委。

1947年2月，闽中特委在林森县（今闽侯县）尚干夏淑琼交通站召开会议，宣布闽中特委改为闽中地委，黄国璋任书记。会议要求各地大力发动群众，开展抗丁、抗粮、积极筹款筹枪运动，组织游击队，做好发动武装斗争的准备。为适应武装斗争的需要，还成立了以黄国璋为司令的闽中军分区军事委员会。3月20日，闽中地委会议决定分别在晋江安海和福清龙高地区举行武装暴动，建立闽中游击队，挺进戴云山，与左丰美带领的闽浙赣游击纵队会师，建立戴云山游击根据地。

同月，中共闽浙赣区党委在林森县召开会议。会议宣布撤销闽江工委，成立中共闽浙赣区党委城市工作部。3月底，在东张灵石山据点成立闽浙赣地下军闽海纵队和中共福长平工作委员会，曾焕乾任纵队司令兼政委，辖4个支队1个独立团。福清工委书记陈振华，下辖龙高、东张、琯口3个区工委。至3月底，龙高区工委已发展100多名武装人员，他们大多是不脱产的农民，平时分散，需时集中。

1947年3月，闽中地委派陈振先回到龙高地区，在江德乡（即江镜）一带进行减租、反霸、反“三征”宣传活动，在群众基础较好、斗争情绪较高的江镜、谢塘、树下、海瑶等基点村，发动群众筹款、筹枪，建立江镜游击队和闽海纵队第七大队两支游击队，共50多人，准备举行龙高暴动。龙高区工委遵照黄国璋的指令，也派出10多名武装人员参加。

由于目标暴露，暴动尚未举行就遭到国民党保安队的“围剿”，地委书记黄国璋带领暴动队伍撤到高山镇牛头尾(今属沙埔镇)。老区群众冒着生命危险，下海借船，在牛头门至涵江口一带借到2条运货船，掩护黄国璋、林汝楠、陈振先等领导和部分游击队员安全撤退到莆田。而随后搭另一条运木柴船的30名福清籍游击队员，被迫停靠目屿岛，与敌人激战一夜，第二天，14名福清籍游击队员被捕，押往高山镇，英勇就义。老区基点村群众因此也遭受严重摧残。

第二节　发展游击武装，开展除恶反霸斗争

1947年8月28日，福建省委在闽侯尚干召开会议，检讨总结在发动、开展游击战争中存在的问题。会议强调，必须发动群众进行生存斗争。闽中地委贯彻“八二八”会议精神，派俞洪庆、陈振亮等人回福清县开展工作。俞洪庆等人针对福清基层反动势力猖獗的情况，组织武工队，果断地镇压了几十个罪大恶极、坚决与人民为敌的叛徒、特务、恶霸和反动保长，狠煞反动派的嚣张气焰，从而打开了胜利的局面，恢复了停止一年多的党组织活动。

1948年5月26日至6月23日，闽中地委在林森县召开会议。会议确定了“发动群众，扩党练干，打杀恶霸，反对‘三征’”的方针，提出“依靠贫雇农，冲破围墙，挖蒋根基”的口号。会后，地委机关人员组成4个工作队，分赴福清、莆田、林森、长乐等县开展工作。陈亨源带二三十名武装人员到福长边界的七社村，抓捕薛联康、薛联永等7名叛徒，在长乐东湖处决。沈祖夏带地委工作队在福林边界的七里地区，发动群众镇压了恶霸地主黄永康。7月，闽中地委机关搬到金芝山，进行“金芝调查”，发动群众组织贫农团，发展党员开展借谷分粮斗争。8月15日，陈振亮、陈振标在海口镇车头村镇压了汉奸、国民党福清县参议员谢锡奎。接着，福清党的武装人员又先后镇压了国民党特务林学尚、云中洋反动保长戴水来等人。1949

年初，出卖陈振先等人的叛徒何祖庆、郭祥厚和反动保长谢依乔、陈鼎宜等人也先后被福清地下党消灭。3月24日晚，县委委员沈祖夏、陈振标带领11名游击队员，攻打林森县兰圃林氏祠堂，击毙保安中队长刘仕春，缴获轻机枪1挺、步枪10多支、子弹100多发。3月28日凌晨，天章区委组织力量攻打渔溪镇，缴获长短枪16支、手榴弹50多枚、子弹几千发；还缴获5万多公斤粮食，当场分给贫民。4月，南区区委镇压了高山镇反动镇长翁其仁和福清反动国民党参议员何秋基，天章区委镇压了外坑村恶霸、反革命分子林华。5月中旬，南区游击队攻下高山镇公所，破仓分粮5万多公斤。5月22日，南区游击队智取龙田镇，缴枪近百支。6月初，平化游击队捅开国民党县自卫大队长翁秉乾家的大门，缴获长短枪6支和准备运往南竿塘、白犬岛当军粮的大米2000公斤。7月7日，盘踞融城的国民党部队派一个团的兵力“清剿”云中洋。云中洋游击队在各界的支援下，占据有利地形，奋力阻击，越战越勇，最后敌人丢下二三十具尸体，退回县城。

第三节　彻底消灭土匪，清除隐患迎解放

1949年初，东张土匪头子黄阿大的儿子黄亮苏，伙同王立朝、刘文根等人打着中国共产党的旗号在东张地区欺骗群众，发展组织，浑水摸鱼拼凑了一支近50人的武装队伍，号称“中国共产党闽中别动支队”。黄亮苏任支队长，王立朝任政委，刘文根任参谋长，陈清霖任政治部主任。别动支队盘踞黄仑村，骚扰四周群众，经常杀猪宰羊，大吃大喝，严重败坏共产党游击队的名誉。

六七月间，别动支队不仅杀害了一名游击队员，还公开搞宗派，“号召福清人民团结起来，赶走兴化共产党”，并扬言要进攻大洋，截劫游击队运往大洋的粮食。事实证明，黄亮苏的队伍没有丝毫共产党游击队的样子，而是地地道道的国民党别动队、土匪武装人员，如不剿灭，势必成为解放福清的障碍。

为了清除隐患、扫除障碍，福清县工委派原城工部人员王重清、王家星等人打入黄亮苏部，详细了解该部的组织情况和武装人员数量。鉴于游击队在东张地区人数不多、力量有限的实际情况，县工委制订了谈判收编与武装进剿相结合的方案。为加强东张地区的武装力量，县工委派余孔华回南区调集人马。南区区委又抽调100多名武装人员交余孔华带到香山村。

7月9日，俞洪庆选派民运组郭茂沂、张超然两人代表工委到黄仑村去，动员黄亮苏一伙认清形势，接受整编，在闽中支队司令部统一领导下为解放福清做贡献，并邀请他们到后华村香山寺与福清工委领导人商谈整编事宜。黄亮苏接受了郭、张的意见，决定派陈清霖、王立朝、刘文根等4人到香山寺谈判。

7月14日傍晚，陈清霖等人来到香山寺。谈判中，王立朝坚持人事和队伍编制原封不动，只更改名称。俞洪庆见对方不肯就范，就以“阴谋混进革命队伍，伺机叛变”的罪名把4人全部扣押。

次日凌晨一点多，游击队兵分四路，围攻黄仑村。一路从正面进村，直捣“支队部”。黄亮苏从睡梦中惊醒，立即带主力从村后上山。埋伏在山上的另三路游击队，由于天还没亮，看不清楚，过早开枪，结果让熟悉地形的黄亮苏人马钻了空子，大部分逃脱。游击队“只抓到一些小头目和几个队员，缴获到几条破枪”。

黄亮苏狼狈不堪带着别动队残余投奔国民党第七十三军，后被编入福清自卫队。7月底，黄亮苏自卫队参与进攻大洋的战斗，彻底暴露了其反革命本来面目。

被游击队抓到的小头目王立朝是国民党福建保安司令黄珍吾线上的人，反动透顶，7月15日就被游击队枪毙。陈清霖、刘文根被扣留到7月底国民党杂牌军进攻大洋时，也被游击队枪决。

王立朝被枪毙后，东张地区的“土豪和他的脚手都软下来了，不像以前那样强硬、可恶”，民运组配合游击队进行的宣传和建政工作开展得比较顺利，里坪、岭下、华石、道桥等4个自然村都建立了人民委员会。

第四节　积极配合解放军，全面解放福清

1949 年 5 月，中国人民解放军通过渡江和上海战役，歼灭了国民党军队主力 40 余万人。上海战役后，蒋介石将其大本营迁往台湾，企图以台湾为基地，指挥其在大陆的残余势力与人民解放军继续周旋，等待国际形势的变化。

为了不失时机地歼灭残敌，中央军委决定派人民解放军第三野战军提早入闽，解放福建，为渡海解放台湾准备进攻阵地。7 月上旬，第十兵团首长根据福建敌军态势，决定集中兵力，采取向南钳形迂回包抄的攻击战略，首先断敌陆海退路，尔后歼福州守敌，解放福州，再乘胜南进，解放泉州、厦门，全歼福建之敌。

作战方案确定后，第二十九军即派先遣部队到闽中地区了解敌情、社情，协助游击队肃清土顽武装力量。第十五师接受任务后，各师一面组织部队全副武装进行爬山演习，以适应山地行军作战；一面准备粮食、弹药，以保证后勤供应。

7 月中旬，闽中工委根据省委指示派祝增华、蔡先周、高飞率队前往尤(溪)闽(清)永(泰)边界，迎接第十兵团第二十九军侦察科长所率的先遣队部分人员。

7 月 25 日，中国人民解放军第二十九军先遣部队侦察营一个连到达莆田大洋，与闽中游击队会师。先遣连的侦察排在福清游击队支持配合下，进入宏路、渔溪附近与融城周围各军事要地侦察敌情，测绘军用地图，做好解放福清的准备工作。

7 月 28 日，敌以省保安团为主力，纠集福清、莆田、永泰、仙游 4 县的交通警察、自卫队共 3000 多人，从 4 个方向同时进攻闽中游击支队司令部所在地大洋，妄图一举消灭闽中游击武装力量。这时，大洋我军只有第二十九军先遣侦察营的 1 个连加上闽中游击支队警卫营和 4 个中队的游击队，总兵力不到 500 人。面对强敌，大洋军民毫不畏惧，他们在支队司令部统一指挥下，团结一心，英勇地迎

击来犯之敌。

7月30日,四路敌军合攻大洋,闽中游击支队警卫营和福清、莆田游击队与第二十九军先遣部队紧密配合,并肩战斗,连续打退敌军3次进攻后撤往支队司令部驻地渡口。进犯大洋之敌仅待了一夜,便在8月1日匆匆撤走,大洋又回到游击队手里。

8月5日,第八十五师前卫第二五四团从尤溪出发向福清方面开进。6日,师部率第二五三、二五五团跟进。部队经长林、嵩口、梧桐尾、大渡口直插大洋。11日,第八十六师攻占永泰县城后进兵一都、悍溪。第八十五师随后于14日抵达大洋、金芝一线,做好解放福清准备。福清县工委组织向导队为解放军带路。

8月15日,福清游击队配合人民解放军0019部队,攻打县城,16日,县城解放。融城攻克后,第八十五师追击部队即沿福(清)海(口)公路向东推进,与敌在高地及东头一线对峙;师部以第二五五团主力队正面攻击,第二五四团第一营迂回逼近。该营在镇西山地为敌所阻,未能切断海口镇敌军东逃之路。第三营从镇西侧翼攻击时,适遇涨潮,只能通过龙江桥进镇。敌以轻重机枪封锁桥面,三营两次突击均未奏效,第三次猛冲才占领龙江桥,进入海口街,歼敌20余人。

黄昏前,敌主力沿海堤海滩撤往松下,第八十五师师部令第二五五团猛追。该团追至城头附近时,天色已晚,且部队连续作战极为疲劳,因而停止追击,就地宿营。是晚,敌2000余人窜至松下,次日渡海逃往吉钓、平潭。

18日,向海口镇方向窜逃之敌,在金翅山、黄金岭一带被第二五四团拦截,4700多名官兵全部放下武器投降。23日,福清全县解放。

在解放福清的战斗中,配合第八十五师作战的游击队有1000多人,其中,俞洪庆、沈祖夏、沈祖澄、陈振亮等带领的福清游击队400多人;康金树带领的闽中游击队300多人;林汝梁、张风带领的莆田游击队200多人。

在中国共产党福清地方组织的直接领导下,福清人民前赴后继，经过20年艰苦奋斗，终于翻身解放，成了国家的主人。

在20年的斗争中，福清地方党组织3次被破坏，几度受重挫，仍不断发展壮大。到新中国成立前夕，全县有5个区委、2个总支、22个支部、7个乡工委，党员由1930年的6名发展到400多名（已恢复党籍300多人）。全县参加革命的同志和游击队员1700多人，其中，单输送给闽中游击支队司令部的就有700多人。144个革命游击村和基点村遍布22个乡镇，革命烈火燃遍全县。20年里，为了福清的解放，党组织和老区人民付出了惨重的代价：全县有3个村被夷为平地，378座房屋被烧为灰烬，32家遭灭门绝户，上千名革命群众和共产党员流血牺牲。全县已追认烈士234人（其中因公牺牲的22人）。9个县委书记牺牲了7个，县委委员、区级干部牺牲了10多人。

烈士的鲜血染红了玉融大地。

烈士的生命换来了幸福的今天！

20年的光荣历程和烈士们的丰功伟绩证明，福清地方党组织不愧是光荣、正确、伟大的中国共产党的一个组成部分。没有共产党就没有新中国，没有共产党也就没有新福清！

第四章　老区村对敌斗争显神威

福清老区有着光荣的革命历史，在长期对敌斗争中，发展了103个老区村、33个基点村。全县参加革命的同志和游击队员有1700多人，他们在中国共产党领导下，依托老区村，宣传革命思想，点燃革命火种，带领广大群众，因地制宜展开对敌斗争，打出声威，打出一片新天地，极大地鼓舞广大群众坚定信心、坚持斗争，夺取革命的最后胜利。

第一节　瑶山人民自治军打土豪

瑶山村为今港头镇沁塘村的一个自然村。1933年春，中共福清特别党支部书记何文成等人，根据中共福州中心市委关于开展春荒斗争，发动群众组织武装，成立游击队，开展分粮反捐斗争的指示，以瑶山村为基地，组织了瑶山人民自治会。10月初，发展会员80多名。何文成从中物色了一批立场坚定、态度坚决的农民，秘密组织了瑶山人民自治武装——瑶山人民自治军，着手武装斗争的准备。

离瑶山村约6里的杭下村，有一家叫"福瑞"的典当店。店老板心狠手辣，压价收当，民愤很大。中共福清特支决定趁冬季将至，贫苦农民无钱到福瑞当铺取回御寒衣被之际，发动群众打击福瑞当铺，夺取店老板的不义之财，渡过难关。

10月10日，数十名自治军战士由共产党员陈行福任总指挥，打着"红军第一旅第一队"的旗号，包围了福瑞当铺，解除了护店的民团武装，让群众无偿取回典当物。这次行动还缴获长短枪7支、子弹数千发、黄金44两、杂银80多斤。随后，瑶山人民自治军进驻杭下村东南面的福兴院。队伍白天训练，晚上开展政治经济斗争。

11月，福清当局派兵"清剿"福兴院。农民武装人员闻讯，立马分散隐蔽。敌人扑了个空，放火烧了福兴院，并到瑶山、杭下、前薛等村，抓捕所谓抢劫当铺嫌疑人101名，枪杀了参与打当铺的农民王妹昌等人，但白色恐怖扑不灭熊熊的革命烈火。

第二节 斗垣村成为地下党指挥中心

斗垣村在海口镇，是福清湾边的一个只有100户人家500多人口的小村庄。村民们亦农亦渔，过着饥寒交迫的生活。小村里有一个伟大的母亲叫夏淑琼，她哺育了陈振芳（程序）、陈振先、陈振亮、陈辉容、陈辉明5个子女。在波澜壮阔的革命洪流中，他们个个英勇战斗，有的甚至献出了宝贵的生命。从20世纪30年代初到解放战争期间，中共福建省委、闽中特委和福清中心县委的何文成、刘突军、余长钺、陈炳奎、何胥陶、陈金来、池亦妹仔、陈云飞、黄国璋等领导人都曾在这里开会或交换情报，或隐蔽养伤。夏淑琼的家成为我党地下活动的指挥部、隐蔽所和交通站。

1932年9月，斗垣村农会在这里成立；1934年，塔坪寺暴动计划在这里拟定；1935年，从连罗苏区转来的红军西南团骨干在这里与福清县委领导接上关系；1936年，闽中特委派往香港寻找中央南方临时工委的领导黄孝敏在这里化装出发。

从20世纪30年代初到解放战争期间，夏淑琼的家里涌现出几位优秀的革命战士。夏淑琼的丈夫陈宏宇，积极参加反"百税捐"斗争和抵制日货运动，惨遭敌人毒打，遍体鳞伤，英年早逝。夏淑琼的公公陈国祥，担任党的地下联络工作，为掩护游击队员，被国民党保安队抓去吊打，伤重惨死。夏淑琼本人积极参加地下革命工作，意志坚定、不屈不挠，是一个优秀的革命者。

夏淑琼的长子陈振芳，1932 年 9 月不足 14 岁就召集本村 12 个农民，成立斗垣农会，发动农民进行抗租抗税斗争。1933 年底，担任中共福清中心县委委员，兼任共青团福清县委书记。1937 年 10 月，担任福清县委书记。1938 年调到南平，任中共闽江工委委员、组织部部长，领导沙县、永安等县的抗日救亡工作。1939 年参加中共福建省党员代表大会，被选为中共七大代表。1940 年奔赴延安，先后在马列学院、中央党校学习，参加延安整风运动和大生产运动。1945 年奉命挺进东北，参加东北三年解放战争。

夏淑琼的次子陈振先，1936 年加入中国共产党，1940 年参与组织原野读书会，出版《原野》半月刊，宣传抗日文化。1941 年 8 月 4 日，参加琅尾港伏击战，获银质奖章。1947 年 5 月，因叛徒出卖，被敌人抓捕，10 月 30 日被敌人杀害。

夏淑琼的三子陈振亮在解放战争中发动斗垣村贫苦农民，组织地下游击队，镇压汉奸恶霸，击毙叛徒。1949 年 8 月，积极带领游击队员配合解放军攻打融城。

在白色恐怖的岁月里，斗垣村付出了巨大的代价，陈国辉、陈振先、陈吓垱、陈天恩、陈吓述、陈后房 6 位革命者先后壮烈牺牲。但是，斗垣村人民没有屈服，没有退缩，他们百折不挠、顽强战斗，终于迎来光明，迎来解放。

第三节　后溪村的“红军楼”

一都镇后溪村与永泰塘前村接壤，这里山高林密，古木参天。1936 年 2 月，罗汉里红军游击队在河村桥伏击得手，国民政府福建当局调动 3000 多兵力“围剿”罗汉里革命根据地。游击队与敌周旋一个多月，4 月间的一个夜晚，刘突军等领导带领部分战士秘密转移到后溪村，在吉坑山上的几间草寮隐蔽下来。原来，此前不久，游击队领导发现吉坑山地形复杂，易守难攻，便派人在山上盖了几间牢固的草寮，并储存了一些粮食，以备急用。

第二天早上，刘突军一边与战士们一起吃饭，一边议论这几间草寮。刘突军提议把这几间草寮称为“红军楼”，大家一致同意。从此，“红军楼”这名字就在根据地传开了。这几间草寮的修建者是几位当地的游击队员，其中就有连大妹的儿子郭永星。

连大妹，1883 年出生于福清一都后溪董斜村（1958 年前属永泰县管辖）一个贫农家庭。婚后，丈夫常年多病，不能劳动，全家 9 口人的生活重担都压在她的肩上。家境困顿，借贷无门，为谋求生路，她含泪忍痛先后把 5 个女儿卖给人家来维持生计。

1935 年 5 月，中共闽中特委成立后，福清和莆田两支游击队整编为闽中工农游击队第一支队和第二支队，第一支队以罗汉里为根据地开展游击战争。革命的烈火燃烧到连大妹家乡，她获悉儿子郭永星已与游击队领导人黄孝敏取得联系，走上为穷人谋解放的道路后，十分高兴，自己也全身心地投入革命工作中。

1936 年春，河村桥伏击战后，国民政府福建当局调动 3000 多军警“清剿”罗汉里游击根据地。连大妹房子被烧，儿子郭兴来在反“清剿”斗争中不幸牺牲。国难家仇集于一身，连大妹革命意志更加坚定。罗汉里反“清剿”斗争持续了近两个月，各路红军游击队的力量基本保存下来，只有支队长魏耿叛变。魏耿叛变后，带领发动武装人员到罗汉里抓捕游击队员和革命群众，对游击队造成极大威胁。刘突军、吴德标只好告别后溪村和“红军楼”，带领队伍转移到莆永（莆田永泰）边界。仲夏，闽中工农游击队第一支队撤出罗汉里，要转移到永泰旗插安开辟新的根据地。连大妹建议几位领导化装成商人和裁缝师，自己一马当先在前引路，沉着冷静地掩护游击队领导翻越 30 多公里山路，闯过道道难关，安全到达目的地。

1936 年秋，闽中工农游击队第一支队政委刘突军率领的 60 多名红军游击队战士，被敌人围困在笕头山上，水断粮绝，情况危急。连大妹连夜蒸了两桶番薯，沿着崎岖狭窄的山间小路，绕过敌人的岗哨，送到七八里外的笕头山。几天以后，红军突围成功。

1938 年 6 月，中共闽浙赣省委成立。中共闽中特委与设在闽北的中共闽浙赣省委之间的通信、联络工作多数由连大妹来担负。她多次化装成乞丐、难民，蓬首垢面，辗转千里，往返于闽中、闽北，出色完成递送重要情报、文件任务，1939 年受到省委表扬。1940 年，她光荣加入中国共产党，成为一名自觉的坚强的革命战士。

1942 年，长乐“江田事件”发生后，闽中特委驻在后溪。连大妹因工作需要，与特委机关接触更加频繁，引起敌人怀疑。敌人把她抓去严刑拷打，逼她供出地下党机关情况和儿子郭永星的去向。她坚贞不屈，不吐一字。敌人要她找熟人保释，她识破敌人放线钓鱼诡计，义正词严地回绝：“我没有罪，也没有熟人，不需要保释！”敌人无计可施，只好将她释放。同年 11 月，闽中特委决定在后溪扩大武装力量，急需派人到福州取回地下党员刘润世隐藏下来的 4 支手枪。连大妹主动承担取枪重任，第二天化装成神志不清的疯婆，从永泰塘前出发到福州湾边，寻访了两天，才找到接头户，弄到枪。她将 4 支手枪捆绑在身上，巧妙躲过敌人的盘查，顺利送到特委机关。

1944 年 10 月，日军再次侵占福清、长乐等县，抗日烽火又起。闽中特委要急送一份密件给长乐南阳村陈亨源。连大妹接受任务后，连夜出发，从五龙乡后山翻越过去，进入长乐境内。黎明前，被一排巡逻的敌军拦住盘问，她连忙呼天喊地，放声啼哭，说是丈夫死亡，儿子在长乐做棕衣，要找他回去收埋。敌军信以为真，放她走了。

新中国成立后，连大妹不居功自傲，从不伸手向党、向国家要名要利，依然过着粗茶淡饭的清贫生活，还常常教育子女安心务农。1967 年，这位革命的老妈妈因病逝世，终年 84 岁。

第四节 善山村革命群众坚持斗争迎接胜利

1936 年 2 月 24 日，闽中工农游击队第一支队在相思岭下的河村桥地段截击了国民政府福建省银行的运钞车，捕获国民党官员 7 名，击毙两名宪兵，缴获大量战略物资。河村桥伏击战惊动国民政府福建当局。3 月初，国民政府福建当局调动了 3000 多人的兵力，对罗汉里根据地进行大规模“清剿”。在强敌压境的危急时刻，游击队只好分散活动,保存有生力量。

4月下旬的一天,黄孝敏、陈金来率领60多名游击队员来到善山村。善山村群众连夜筹集粮食,赶制军用物资支援游击队,使这支游击队得以转移到后溪潜伏下来。第二天,一都乡国民党地方武装力量包围善山村,烧毁房屋8间,枪杀了3名年轻人。

1948年5月初,闽中游击队决定在善山村组建游击小队。该村张美英、张长楼、李孙书、李吓祥、张德清、张孔炎、张吓龙、李万春、张敬永等青年农民参加了游击队。不久,陈吓珠、张长武、张孔瑜、李庆亮等几十名青年也陆续参加了游击队。7月下旬,善山村游击小队参加了攻打国民党一都粮仓的战斗。11月下旬,参加了破坏国民党交通线的战斗。

1949年5月上旬,游击队员李庆亮在向后溪押运粮食途中与敌遭遇,不幸牺牲。6月上旬,游击队在嵩山、龙潭地段阻击国民党军队,陈吓珠、张长武、张孔瑜、李亦弟、李庆瑶被俘,押往平潭,陈吓珠、张长武、张孔瑜被杀,李亦弟、李庆瑶在被押上轮船准备送往台湾的过程中,联络、说服同船壮丁,杀死船上押运的国民党士兵,死里逃生,回到游击队。

8月19日,中国人民解放军第八十五师二五三团在东山村歼灭国民党第二十五军某部1000余人,残部400多人逃进善山村附近的山林中,被当地青年农民陈春水发现,火速报告游击队。二五三团第三营与游击队配合,由陈春水做向导,在利岭歼灭了这股敌人,生擒敌少将军长陈士章、副军长任培生等人。8月下旬,张美英、吴梅金等游击队员抓获当地土匪头子吴守师,予以公审枪决。自此,善山村人民迎来解放,翻身做主人。

第五节 金芝人民支持反“清剿”斗争

金芝村位于东张镇南部,四面环山,海拔680米,是福清市海拔最高的山村,东邻本市渔溪镇,西与莆田泗洋接壤,东北与本镇双溪村相连。有井头、下路、树围里、石壁顶等13个自然村。2017年有238户1023人，耕地51.8公顷，果园23公顷，林地1809.6公顷。

金芝村地处偏僻山区，抗日战争和解放战争时期，是闽中游击队基点村。1943年，中共天章区委书记官阿干到金芝山，发动贫苦农民参加游击队，先后在金芝村建立3个游击据点：在宫后海拔600米处用石块构建一个占地近1公顷的防御工事；在旧厝林构建一个占地为0.6公顷的工事，作为老百姓转移时的落脚点；在际里地方依山洞建红军厝，至今仍保留完整。

1945年9月，国民政府福建当局设立闽东、闽北、闽中、闽西、闽南5个“绥靖区”，对共产党组织和游击队加紧“清剿”。10月，闽中特委决定，把闽中游击队分成4路，隐蔽在附近各县的边境地区。其中，一路由饶云山、康金树带领，隐蔽在金芝等地。金芝在东张镇西南部，与莆田毗邻。这里重峦叠嶂，植被繁茂，交通不便，不容易被发现。游击队发动群众，利用山地资源，开展生产自救，建立了鱼水深情；并发展了60多名游击队员，在大洋、江口一带活动，参加江口会战，消灭萩芦国民党土匪郭楼古。1946年1月的一天，闽中特委得到情报：福建省银行将从福州运钞票到厦门。闽中特委当即研究决定，由黄国璋、林汝楠、康金树、施章干等人带领精干小分队执行劫钞任务，以解决省委的经济困难。他们到了莆田江口，布下天罗地网。1月27日下午3时，运钞车进入伏击圈。指挥员一声令下，机枪手施章干立马向运钞车开火，加上手榴弹的火力，押车宪兵猝不及防，吓得屁滚尿流，逃之夭夭。游击队缴获伪币3850万元。执行任务的小分队回到金芝村后，隐蔽在山上的草棚。这次行动得到金芝村群众的大力支持。

国民政府福建当局派兵抓捕劫钞者，他们来到金芝村，挨家挨户搜查，毫无踪迹。抓走10多名群众，严刑拷打，但他们无一吐露真情，凭借顽强、坚定的意志保住党的机密。

1948年7月，中共闽中地委搬到金芝山，进行“金芝调查”，发展党员，组织贫农团，开展借谷分粮斗争。1949年3月，金芝游击队攻打渔溪警察所，为解放战争立下汗马功劳。

第六节　前张村民用生命保护游击队

镜洋镇前张自然村，坐落于崇山峻岭中。村后有个能容纳20多人的大石洞，是前张游击区领导成员居住长达3年之久的革命指挥部。1947年，正月初十日晚上，中共福清西区书记戴教温和沈祖澄、沈祖夏委派磨石村黄迪椹、黄迪立两人秘密来到前张村，动员郭品森、陈水龙、郭来顺参加游击队，得到3人的同意。这3位同志还积极宣传发动，使前张自然村成年人都愿意参加革命。

正月十三日晚上，在苏杰民家召开秘密会议，郭品森、陈水龙等15人参加会议。会议决定成立前张村游击小组，由黄迪椹、黄迪立两人领导。由于附近磨石村有几个大地主恶霸仇视革命，为了安全，二月初一日，在前张村全体游击队员的掩护下，磨石村游击分队领导秘密转移到前张村的大石洞里。在长达3年的游击战争的艰苦时期，游击队领导的安全由前张村男游击队员保护，一日三餐由女游击队员沈南楼妹、邱宝采等人负责送去。梨洋村游击队的一次活动被发现，小队长谢祥铨、谢祥瑞等3人也转移到大石洞，长达40天，由女队员谢梨洋妹负责送饭。所有往来信件由勇敢的17岁女交通员薛美宋送达。有一次往北西亭送文件，途中遇到保安队严密搜查，她急中生智，假装大便，躲到偏僻的地方，把文件用草纸包好绑在下部，这才化险为夷，安全抵达目的地。送往大洋的信件，要经过三天三夜的长途跋涉，走小路，穿林海，越大山，涉溪流，要避开敌人，躲过猛兽毒蛇，忍受蚊虫叮咬，战胜严寒酷暑。面对这些困难，女游击队员们都能一一克服。送往各地的枪支弹药，都由郭来顺、陈木花、陈水龙在三更半夜秘密进行。站岗放哨，也由前张村游击队员承担。

1948年秋收时节，由于游击队驻地暴露，国民党部队分两路进逼前张。紧急关头，全村人员转移到大山深处，但财产来不及藏匿。敌兵进村见空无一人，怒火冲天，见牛杀牛，见猪杀猪，包围山头，胡乱放枪，长达两个小时。游击队接头户黄梅宋未满周岁的小女孩被枪声吓哭，为了游击队和全体村民的生命安全，黄梅宋万般无奈，用手捂住女儿嘴巴，不让她发出哭声，待敌人走后，才发现女儿已经没有了气息。1949 年上半年的一天，游击队抓获一个国民党军官的老婆，关押在郭品森家中。经过谈判，十几天后，国民党部队用 3 挺机关枪、2 支步枪、500 发子弹换回这个女人。

1949 年 5 月的一天，游击队在福厦路上拦截了一批国民党部队的布匹，全部送往大洋游击队驻地。新中国成立后，福建省政府授予前张村“老区村”的光荣称号，全村人受到极大鼓舞。

第五章　福清市革命老区重大事件

福清革命老区人民在创建和发展革命根据地过程中，发生了许多影响福州乃至福建的重大历史事件。在这些重大的历史事件中，老区人民在共产党领导下，以大无畏的革命精神，反抗国民党反动统治，狠煞敌人的嚣张气焰，不断壮大革命力量；面对残暴的日本侵略者，更是同仇敌忾，团结一切可以团结的力量，共同打击日本侵略者，谱写了可歌可泣的历史篇章。

第一节　声势浩大的龙高民变

1931年，福清龙田、高山两镇，爆发了震动八闽围歼福建省防军第二支队林靖部驻军的大规模农民武装起义，史称“龙高民变”，亦被称为“龙高暴动”。由于林靖部队的官兵多是说兴化话的莆（田）仙（游）人，当地群众也把这次暴动称为“打兴化兵”。

1931年9月，福建省防军第三旅旅长、福建第八防区“剿匪”指挥官、莆仙善后处处长何显祖为了要统一莆仙，委任仙游民团总处主任林靖为福建省防军第二支队队长，令其所部开赴福清接受改编，并驻防福清。是年10月9日，林靖部3000人进驻福清县。

林靖，原名林继增，仙游人，因投靠仙游民军统帅堂叔林寿国起家。1931年春，联合地方武装成立了仙游民团总处，自任为民团总处主任，并正式改名为林靖。又招编了永春、德化县民军，改编仙游散匪，称霸于仙游境内，辐射到周边各个县府。林靖部一到福清，地方财政就先垫付了军费和接待费4000元大洋。但他们仍不满足，巧设名目，敛财有方，擅立田亩捐、房捐、灶捐、赌捐和营业税等名目，开放烟赌，包庇花会，到处设立捐局、税所，横征暴敛。一是借口修公路，要求某些祠堂、祖坟、民房拆迁，若想保留，要向公路局交巨款，作为公路改线的补偿。二是组建筹饷委员会，横征烟苗捐、船捐、码头捐、宰牛捐、华侨保护捐等。三是借口整顿金融业，勒索票号商。如，高山镇各票号商被勒索11810元，光票号商翁鹏就被勒索7600余元。全县总计被勒索10余万元，造成32家票房相继倒闭。四是以办案为名，巧夺豪取。11月24日（农历十月十五日）下元节凌晨3时，郑翼冲营部200余人“剿办”下桥村，进村之后，分散到各家各户去抢劫财物，奸淫妇女。所抢的财物，则用好几只驴运到福清城内去。此外，郑翼冲部还拘捕了村民数十人（其中有些是小孩，如俞云寿当时才10岁），关在俞牳妹等人家中进行勒赎，根据各家条件不同，每人赎金10余元至数十元大洋不等。此次所谓“剿办”，为期长达10天左右。后由该村出面筹款赎人，送上8000元车马费方才收队。

除了巧夺豪取，林靖部士兵更是在驻防地敲诈勒索，抢劫财物，奸淫妇女，滥杀无辜，弄得龙高半岛鸡犬不宁。林靖部的种种暴行，使福清上至豪绅巨贾，下及平民百姓，莫不深受其害而恨之入骨。时港头商绅王鸿才，小名香猴，在厦门开设“华美客栈”，与“太利船舶”公司挂钩，同时也接送沿线的归国或出国的华侨，此前亦遭林靖所部在海口镇设立的检查处盘剥，对林靖部队深恶痛绝，遂邀集在厦的同村人王希灼、东营余长贵等人策划驱林。一帮人于1931年12月18日（农历十一月初十日），秘密携带与林靖有过节的福建省防军第一混成旅旅长陈国辉暗助的万余发步枪子弹，乘“鹭江”号客轮返回福清港头，召集同村的王基添、王长光、王鸿熊、王吓昌等人，到王长光经营的“元泰当店”开会，密谋举事。会后分头发动，并秘密组织“驱林敢死队”，名曰“破刀水”。

林靖所部横行肆虐福清之时，中共福清地方组织虽已解体，但何胥陶、陈行福、张端哲等中共党员仍然在龙高地区坚持活动。他们以个人名义参加暴动和暴动前的发动、组织工作。何胥陶在江镜一带利用自己富豪子弟的身份，与各乡的富绅联系，向他们借出枪支、弹药，武装民众团体。嘉儒村民众同仇敌忾，派代表到各村串联，发誓打“兴化兵”愿当敢死队。各村民众深受感动，纷纷表示要参与暴动。

1931 年 12 月 26 日(农历十一月十八日)，海口、龙田、高山三镇的林靖部队互相调防。李升营部调防海口，凌志雄营部调防龙田，郑翼冲营部调防高山。民变的策划者获悉，立即决定趁换防兵对新营地不熟悉的机会，分头同时举事。傍晚，各乡以参加“破刀水”的敢死队为骨干，以“除一人，救万民，消灭林靖匪部”为口号，组织本村丁壮，手持刀、枪、叉、棒，整合队伍到指定地点集中，集中的队伍达数千人。除了敢死队统一调配以外，靠近龙田的各乡队伍，负责进攻龙田；靠近高山的各乡队伍，负责进攻高山。

进攻龙田的主要有港头、江镜、东营等乡及其附近各村的队伍，下桥(嘉儒)、三山也有一部分参加进攻龙田。其中三山、下桥、港头、东营的队伍集中在前林村“保林寺”，江镜地区的队伍集中在“积仓宫”。然后，同时到江镜“院后埔”会合，分为 4 队，冒着蒙蒙细雨，于当晚 11 时左右开抵龙田，约定各队联络暗号如下：打何厝祠队为 31 号，打登龙门队为 32 号，打张厝祠队为 33 号，打方厝祠、文昌阁队为 34 号。战斗打响，进攻方厝祠时塘沁村陈福官冲锋在前，在“薯栽衕”至大街转弯处中弹牺牲。林靖所部以为是乌合之众，不堪一击，边打边说：“该死福清哥，又唤我发财！”岂知暴动民众前仆后继，像潮水一样涌至，锐不可当。登龙门敌兵死伤逾半，余者退入何厝祠拒守。天亮后，民众越集越多，敌兵力不支，转移到方厝祠，企图顽抗，最后又缩到文昌阁，固守待援。延至午后，外援不至，成了瓮中之鳖。

双方僵持至下午 3 时左右，兼任融美初中卫生课的医生吴长源(岭头村人，曾在北伐军中担任过军医)，丢下家中正在分娩的妻子，带领几个义兵持枪弯腰从西南角沿着一条短墙的墙根，逼近阁西厨房门对面，挖个墙洞，向厨房内打枪。又在阁前围墙下，对准大门和两个小门的地方各挖了一个枪眼，封住文昌阁 3 个出口。这些敌兵见情势危急，冲出几个，绕到文昌阁东面融美初中东面的围墙下，企图打个墙洞，进占该校，与文昌阁互为犄角。民众立即把这些兵打死打跑，并把敌兵尚未挖成的墙洞掏大，占领了该校的3座楼房，居高临下，把露台上的敌兵压了下去。傍晚，许多义兵聚集在文昌阁四周的围墙下，决定用火攻解决战斗。下桥村（即嘉儒村）青年农民俞齐篮仔，顶着湿棉被，持一箱煤油，沿梯登屋，掀开屋瓦，倒进煤油，又投进点燃着的沾有煤油的草鞋，引起大火。他正要退下，不料臂上中弹，从梯上摔下，幸好梯下人多把他接住。这时，文昌阁内浓烟弥漫，敌兵被呛得憋不过气来，冒死从3个门突出。齐篮仔也不顾臂上的创伤，操起梭镖，冲上去与匪兵肉搏，壮烈牺牲。突围的少数敌兵且战且走，除了有五六人从福庐山附近的下庐村逃回县城外，其余全部被义兵歼灭。后来，善后委员会雇人就海埕挖坑掩埋尸体，纵横各五丈余，掩埋费每具大洋两元，总共掩埋400余具。

进攻高山的主要有后安、瑟江、薛港、东郭、海瑶、埕边等乡及其附近各村的队伍。他们集中在城山寺，待至10时左右，以敢死队为前导，分路进击高山关帝庙营部、刘厝祠、永太厝和琯下村敌兵据点，联络暗号为“井”字。他们击毙街头哨兵，长驱直入。刘厝祠、永太厝匪兵较少，迅速被歼。琯下村的敌兵驻在王亦宋（甘厝下人）新建的棺材店内，暴动群众纵火焚烧了棺材店，烧死敌兵数人，余下敌兵逃到海滩上，全部被追上的群众打死。关帝庙的敌兵见义军人多势猛，不敢抵抗，向义兵求降，但敢死队没有停止进攻。敌兵见势不妙，急忙关上庙门，进行还击，以致先冲进去的20余名敢死队员被困在庙中，全部壮烈牺牲。

20余名敢死队员遇难后，后续义兵虽把敌营团团围住，却不得其门而入，相持许久，义兵乃搬来几架云梯，登屋抛进大量的火药和燃烧着蘸了煤油的棉团、草鞋，焚烧关帝庙。敌兵被迫冲出，夺路奔逃。其中奔向海头村的10多个敌兵，因无人截击，竟被逃脱，余下的且战且走，向龙田方面转移。撤逃的敌兵，每过一个村庄，都要遭到附近民众的猛烈围攻截击，死伤惨重。27日午后，退至港头西芦的荒野地方，又被打死数十人，营长郑翼冲坐在竹兜上，也被击毙，残余的敌兵一路狂奔，到了沁塘村前面的荒野，以为逃脱，又被四乡围上的民众斩尽杀绝。

经过两天多的战斗，几乎全歼林靖所部驻龙田、高山的两营官兵近 800 人。又经过一个多月的斗争，林靖所部终于被赶出福清。

龙高民变后，福清各地曾广泛流传一首民谣《打林靖》：

民国二十年，林靖到福清。伊是土匪底，满心想做官。
下乡去办案，强抢连强奸。百姓心不愿，起义各乡间。
十一月十八夜，民变好惨惊。火烧文昌阁，火舌红丹丹。
猪高瓜稍高，这是福清山。是你气数满，乞鬼拖落坑。
拍死三五百，身尸排满山。乞犬拖满处，人讲兴化仔。
请人驮去埋，一个两块番。有的嫌毛局，气得用篓担。
救兵到闻读，又犹毛相干。百姓逐上去，退抵安民山。
去请教导团，开队到福清。驱逐这林靖，平定这治安。

第二节　河村桥伏击战

在福清革命历史的峥嵘岁月中，1936 年 2 月 24 日的河村桥伏击战，截击了敌人的两辆汽车，擒俘国民政府福建省政府主席陈仪的内弟——福建省银行经理韩疆士等 7 名国民党重要官员，震慑了福建省政府，是闽中三年游击战争中影响最大的一次战斗。

2 月 22 日，闽中工农游击队司令部从特委宣传委员潘涛处获悉：从广东开会归来的国民政府福建省银行经理韩疆士及其他重要官员，24 日将乘坐长途汽车从福厦公路返榕，闽南各县和厦门市的银行上送福建省银行的钞票也放在这辆汽车上。司令部当即开会研究对策，会上，大家一致认为，如果能把敌人的这辆汽车截住，既可以解决游击支队的一部分经费问题，又能给敌人以沉重的打击，进一步扩大游击队的政治影响。会议决定，采取隐蔽埋伏的方式，截击敌人的汽车。当天，参谋长杨采衡带领几个精悍的队员，穿上便衣，前往琯口北面的相思岭一带察看地形，根据实地侦察确定，在相思岭下福清和闽侯交界处的河村桥设置障碍物，截击敌人。

23日下午，司令部领导对参加伏击战的战士进行动员，宣布行动纪律，特别强调一切缴获要归公。午夜，编为3个小队的70多名游击队员，在吴德标、杨采衡等人率领下，冒着寒风，摸黑穿过双坑、半岭，越过茶山头、牛坪，经过两个多小时的急行军，跋涉30多里的坎坷山路，于拂晓前到达河村桥附近隐蔽休息。天刚蒙蒙亮，3个小队就分别进入预先选定的阵地：第一小队埋伏在河村桥以北约1里的灌木丛中，任务是阻击可能从福州方向开来的敌人援兵；第三小队埋伏在河村桥南面约1里的灌木丛中，严阵以防可能从莆田江口方向开来的敌人援兵。此外，一、三小队还负责封锁公路，禁止行人来往，以免泄露风声。第二小队是主力，担负截击汽车、擒俘敌人的任务。为了挡住敌人的汽车，第二小队战士一到河村桥，就从山上砍下两棵大树，横放在桥的两头。一切准备就绪后，第二小队便埋伏在大桥南面二三十米远的狭长小高地上的灌木林中，等待敌人的到来。战士们忍受着饥饿和寒冷，从24日清晨一直等到晌午，却连敌人的影子也没有见到。战士们等待得有点不耐烦了，这时吴德标来到小高地上，他要求大家镇定、沉着，相信党组织的决定，耐心等待，坚持到底。指挥员的话抑制了战士们的急躁情绪。

24日下午4点，公路南边方向传来了汽车的喇叭声，一辆宏（路）—峡（南）区间车和押运钞票的福泉联运快车飞驰而来。当前面的一辆区间车进入游击队的伏击圈时，吴德标一声令下，霎时，“冲啊！冲啊！”“停车！停车！不停车就打死你们”的喊叫声惊天动地。车上的敌人被这突如其来的呼喊声吓得丧魂落魄。区间车妄想加大油门冲过桥去，却被桥上的障碍物挡住去路，想后退也不可能，只好刹车。联运快车急转车头，妄图往南逃窜。只听“呯！呯！”两声枪响，汽车左前轮被我游击战士击中，瘪了气，车子前冲了几步，就一动不动地斜歪在公路上。这时，第二小队战士就像猛虎般急速从小高地上冲了下来，把两辆汽车团团围住。吴德标命令敌人举手下车，并警告说：“谁敢顽抗，死路一条！”敌人无可奈何地一个个举手下车。两辆车上都有4个国民党士兵(其中两个是宪兵)。有个宪兵下车后双手捧起驳壳枪,两膝跪在地上磕头求饶,我方战士立即上前缴了他的枪。放下武器的8名敌兵,在游击战士的监视下,乖乖地站在路边。一个官员模样的敌人下车时,慢条斯理,左顾右盼,似乎在打着什么鬼主意,游击战士把枪口对准他的胸膛,大声喝道:“站住!不许动!举起手来!”这个身穿长袍的国民党官员,连忙摘下高帽,双手捧着放在胸前,低着头,懊丧地哀求:“你们不要打,有什么事好说……好说……”吴德标厉声斥责道:“给我老实点!不然就打死你!叫什么名字?共产党宽待俘虏!”这个家伙有气无力地嘟囔道:“是,是,我投降,我投降,我叫韩疆士。”边说边举起手来。原来,这个人就是韩疆士。

这次伏击战,除了抓获韩疆士和8名国民党兵外,还抓获国民党大田县县长萨福畴(又说叫萨桓),国民党驻菲律宾总支部主任、总工程师、电报股股长和省警备司令部官员等;缴获长短枪8支、钞票200万元、银圆几十块、金裤带1条、金戒指10只。战斗结束后,第二小队立即发出信号,召唤南北两个小队撤到河村桥集中。下午5时许,3个游击小队押着俘虏,背着战利品,雄赳赳气昂昂地返回罗汉里根据地。

第三节　反攻融城保卫东张的战斗

在1941年融城首次沦陷期间,福清民众、福清游击队配合国民党驻军、省保安纵队,三次反攻融城,沉重地打击了日本侵略军的气焰。其中有几场战斗发生在东张镇,现在就让我们来一起拂去历史的尘埃,还原那段金戈铁马的悲壮岁月。

4月20日下午4时许,日军津川联队400余人从里美分兵三路入侵县城,并于20日全部占领县城。融城沦陷前一天县政府已迁往东张里坪(今玉林),城区居民逃难至偏僻山村。日寇在城区焚烧房屋,破坏古迹、杀人抢劫、奸淫妇女,同时四出骚扰,进犯海口、城头、五龙一带村庄。7月间，又袭击东张、宏路一带。8月下旬，袭击斗垣、城里、前村、牛宅等村，杀害群众50多人。

日军侵占融城的第四天，由于国民党驻军第七十五师焦克功团在日军入侵时，不战而退，国民党第二十五集团军司令部责令其在5天之内收复失地。焦克功遂与福清县县长吕思义在宏路召开军事会议，布置反攻。反攻发起时间定于4月24日凌晨5点。由于融城日军据险死守，并得到驻海口镇日军的及时增援，加上焦克功延迟至五点半天亮时才发出进攻信号，暴露了目标，伤亡很大，反攻失败。

5月初，驻福州日军抽调兵力进犯泉州、厦门、漳州。国民党第二十五集团军为牵制敌人，决定反攻福州，命令省保安纵队在江右地区反攻福清县城，江左地区部队同时反攻连江，与江右互相策应，配合主力反攻福州。省保安纵队司令黄珍吾受命后，在东张镇香山成立江右地区抗战指挥部，并把保一团、保二团、保三团调来福清参战。

第二次反攻是在5月13日晚午夜后打响。省保安一团、二团、三团，福清县保安队和以群众性武装面目出现的共产党领导的游击队，在当地民众的配合下，分路反攻福清。困守融城日军向福州日军发电告急。由于江左部队没有同时反攻连江，牵制日军，福州日军接电后，即抽调大批兵力，于15日晨分两路南来救援，一路二三百人出峡兜直奔琯口；一路乘汽船到永泰塘前，登陆后，直扑东张王坑，抄袭野战医院。在13日晚，担任攻击中路第一线受伤的省保安团机枪中队中队长韩郁文刚住进医院，因伤重无力退避，仍手握刺刀，从病床上跃起，刺死一敌后被残杀；进攻玉屏山负伤的保二团中尉中队长黄平，自知无法脱险，持短枪卧床不动，待敌军至床前时，出其不意，开枪击毙敌首后，自己亦身中10余弹，气绝犹怒目切齿僵坐床上；身中三弹的少尉分队长洪磊也惨遭杀害。

保安纵队司令黄珍吾得到福州日军抄袭侧后的消息后，即放弃攻城，命令部队马上撤出融城，转移到后方去，截击东张增援之敌。县保安队分别撤向渔溪、宏路、塘头一带，阻击日军掩护主力部队。

至此，第二次反攻又以失败告终。

经过我军民两次猛烈反攻，日军只好龟缩融城。7 月，不甘失败的日寇集结援军 4 次进犯东张后方营地，皆被我军民击退。7 月 1 日，盘踞福清的日军为巩固西北外围，打击抗日军民和抢掠粮食等军需物资，纠集炮兵 300 余人携 10 余门大炮兵分两路袭击东张塔山。一路进攻进入东张的必经之路真武殿方向，一路迂回包抄龙臂岭，企图以两侧合围，一举拿下扼守东张的关键阵地塔山。驻守塔山的省保安二团第一中队上尉中队长刘兴安率队阻击。刘兴安腿部受伤，仍继续指挥作战，又身受 10 余处重伤后牺牲，死时怒目圆睁。战士们目睹此情此景，无不义愤填膺，与敌人展开殊死搏斗，守住了阵地。驻扎在塔山上的省保安二团一个加强中队，在中队长肖仲光的率领下，在塔山半山腰设下埋伏，待日军进入伏击圈时，轻重机枪齐发，把敌人打得鬼哭狼嚎，溃不成军。这场战斗日军死伤 100 余人，还击毙了日军联队长秋元一员，取得了塔山阻击战的胜利，日军只得丢下 87 具尸体，狼狈逃窜。

不甘失败的日军于 7 月 16 日重新集结队伍再次进犯东张。福清游击队埋伏要冲袭击，激战竟日，打退敌军。19 日，另一路日军以猛烈炮火向半岭发动攻击，省保安一团第九中队中尉分队长刘振德率队在半岭埋伏下来进行还击。激战中，刘振德腹部中弹，仍忍痛指挥，后腿部受伤，失血过多，壮烈捐躯。士兵们含泪冲杀，守住了阵地。在我军顽强抗击下，日军并未能前进一步，更无法如愿占领东张。

7 月 20 日，北西亭游击队 20 余人在崎岭亭设伏，伏击了驰援东张日军的百余名日寇，他们凭借熟悉地形优势与敌人周旋，激战半小时，毙敌 5 人、战马 1 匹。日军在消耗了大量武器弹药后仍未能进抵东张，只得撤退回福清海口。在战斗中，陈训增、陈景浩、陈齐昌、陈训顺、陈朝彬阵亡，陈训水中弹被捕，遭酷刑一周后，英勇就义。

日军多次进犯东张都吃了败仗，更加气急败坏。7 月 24 日，津川联队出动步骑兵 300 余人向东张进犯。敌人向塔山阵地发起了猛烈轰击，连续发炮 300 余发，其中毒气弹 40 余发，有一部分保安官兵中毒，但爱国官兵的斗志丝毫没有动摇，他们拼死抵抗，日军只得败退。

侵占福州地区的日本侵略军，连续6次进攻我东张后方，每次均遭到福清军民的强烈抗击，每次均以敌人的失败而告终，这在江右地区是罕见的。

第三次反攻融城从8月25日开始。这时，日军准备撤出闽海地区，投入即将发动的太平洋战争。第二十五集团军下令趁机袭击日军，消耗敌人兵力。于是，省保安纵队以5个中队兵力，再次反攻融城。9月2日，日军军心动摇，突围出城，从水陆两路往海口镇溃退。是晚，融城光复。9月3日，海口镇日军全部上船出海，海口镇亦收复。

尽管国民政府福建当局实行有限度的抗战，导致了军队涣散，影响战斗力，但爱国官兵在三次反攻融城战斗中所表现出来的抗敌御侮的气概和英勇献身的精神则永垂青史。

第四节　琅尾港漂亮伏击战

1941年4月，日军进犯长乐、福清，时中共福建省委委员陈金来，组建一支50多人的抗日武装队伍，与退守在福清成立"福平沿海抗日游击区指挥部"的国民党平潭县县长罗仲若洽谈合作抗日，编为福平沿海抗日游击队第八中队，陈金来为中队长，积极开展抗日活动，影响很大。6月下旬，福清县警察局局长练友山纠集200多名武装人员包围第八中队驻地漈头祠堂，妄图把第八中队消灭在祠堂里。在群众掩护下，陈金来连夜率队突围到长乐下丁村，加入长乐代县长刘润世（地下党员）直接领导的抗日游击总队。

日军侵占长乐、福清后，为了封锁抗日游击队，强迫群众从长乐坑田至福清作坊（蕉岭北麓）挖一条壕沟。8月4日，日寇构筑的"遮断线"工事完工，日军马（尾）营（前）地区守备司令中岛宫川中佐，带日军100多人，分乘两艘汽艇，从营前往蕉岭视察工事。

抗日游击总队从内线获悉日军动向的情报，遂命各路抗日队伍于8月4日上午集中到大溪乡，各队负责人集中制订作战方案；同时，派人严密封锁交通要道，以防走漏风声。

4日下午，陈金来、陈亨源、林宝荣组织召开分队长以上骨干紧急会议，具体部署作战方案。根据实战需要及武器装备情况，会议决定精选英勇善战、熟悉地形的48名战士组成一支敢死队(其中福清队抽选16名)，分为3个战斗小组，配备一挺捷克式机枪、40多支步枪和一批手榴弹，还有一名号手。当太阳偏西的时候，敢死队隐蔽进入琅尾港南岸小冬浦橘林里，机枪居中，步枪分布左右，一切布置就绪，等待敌艇驶来。

小冬浦是敌艇返回老巢的必经之地。这里港道狭窄，背靠高山，岸边橘林茂密成荫，林下橘垱遍布，是天然的工事、理想的伏击阵地。夜幕降临，视察工事的日军在东渡村维持会会长家里吃饱喝足后，登艇返回营前。22时许，传来了马达的轰鸣声，前面一艘敌艇朝我阵地驶来，越来越近，渐渐地进入我方的火力圈。时值农历闰六月，天气闷热，艇上的日军喝得酩酊大醉，个个脱衣卸装，把枪支丢在一旁，七歪八倒地靠在船上。当敌艇进入我方伏击圈时，指挥员一声令下："打!"霎时，机枪、步枪一齐开火，日军猝不及防，乱成一团。敌艇进退维谷，只好靠岸行驶，妄图避开我方火力，以便反扑。我游击队立即冲出橘林，接近敌艇，居高临下，几十枚手榴弹投向敌艇，其中福清队投掷的4枚手榴弹准确无误地落在敌艇上，炸得敌艇倾斜搁浅，不能行驶。日军见势不妙，纷纷跳水逃生。时值河水初涨，水浅泥深，脚穿长靴的日兵一栽到河里，就陷入淤泥而不能自拔，个个成了游击队的"活靶子"。远处，另一艘敌艇听到枪声，见势不妙，赶快从右岸佑林村登陆，慌忙架起小钢炮和重机枪，向我阵地打来，火力十分猛烈。但是敌人在夜色中盲目射击，毫无作用。我游击队完成伏击任务后，从容迅速地撤回到西埔乡。这次伏击战，仅进行半个小时就结束，击毙马营日军司令中岛中佐、分队长村野等官兵42人，我方无一伤亡。参加这次伏击战的16名福清籍战士，起到骨干先锋作用。

琅尾港伏击战，沉重地打击了日军的嚣张气焰，极大地鼓舞了人民群众抗日必胜的信心，受到中共华东局的表扬和中共福建省委的嘉奖，许多爱国华侨纷纷从海外寄来慰问信表示祝贺，国民党报纸也进行大量宣传。当地群众至今流传一首打油诗：

小冬江畔盛开莲，日寇妄想打康田。
康田出有游击队，打死中岛半浮沉。

第五节　龙高暴动始末[1]

抗战胜利后，国民党福建当局积极部署内战，在闽中设立“绥靖区”，对各县实行严密“清剿”。为了粉碎反动派的阴谋，闽中特委决定撤销福清中心县委，分别成立福长林、福长、福平 3 个边区工委，分别由俞洪庆、陈亨源、陈振先任书记，在国民党统治力量薄弱的边界地区发动群众，发展武装力量，建立隐蔽的根据地，开展游击战争。

1947 年 2 月，闽中特委改为地委，黄国璋任书记，委员林汝楠、陈亨源、饶云山、粘文华、陈振先、许集美。3 月，闽中地委在长乐龙卷墓召开县级干部会议，决定在晋江安海、福清龙高举行武装暴动。闽中地委派陈振先回到龙高地区，在江德乡（今江镜）一带进行减租、反霸、反“三征”宣传活动，在群众基础较好、斗争情绪较高的江镜、谢塘、树下、海瑶等基点村，发动群众筹款、筹枪，建立福平、闽海两支游击队，共 50 多人，做好暴动前的准备工作。城工部系统也派人到福清开展武装斗争，在东张灵石山建立据点，成立福长平工委，同时成立福清、平潭两个工委。在闽中地委领导下，福清工委在龙高地区成立了江镜游击队和闽海纵队第七大队，准备参加龙高暴动。

① 据 1996 年福建教育出版社出版的《福清革命史》和《福清文史资料》第 29 期载何明泽、林贤和文章《惊心动魄的龙高暴动》以及亲历者杨贞良提供的资料整理。

3月下旬,陈振先给地委写信说:"龙高暴动的条件已经成熟,希望地委派出武装协助。"地委立即派林汝楠、饶云山、陈家塘等20多位武装人员到龙田树下村。3月28日,陈振先、林汝楠在谢塘村召开骨干会议,传达地委长乐龙卷墓会议精神,研究制订暴动方案。这时,负责警戒的游击队员抓获正在村里活动的国民党县党部委员陈文辉、叛徒何吓坤及龙田镇警察所巡官张培青三人,当场枪决陈文辉和何吓坤。由于轻信张培青发誓不再作恶的假话,具结后即把他释放。为保证安全,陈振先连夜把参会的游击队骨干转移到龙田树下村,继续发动群众。林汝楠赶往长乐玉田,向黄国璋汇报暴动准备情况。

不料张培青逃回龙田后就向国民党县政府密报,说共产党在江镜一带集结队伍,图谋不轨。于是,国民党县政府于29日晚派出县自卫队第一中队和武装警察,"夤夜驰往谢塘'围剿'"。虽然敌人扑空,但谢塘群众却受到牵连和摧残。

3月31日,闽中地委书记黄国璋写了一封信给陈振先和福清全体党员领导,鼓励大家要坚持斗争,积极组织群众参加斗争,同时通知陈亨源准备攻打海口镇,通知福清城工部龙高区委发动群众组织武装,在薛港堂集中,配合龙高暴动。

4月1日晚,黄国璋、林汝楠率领闽中主力武装20多人携带轻重机枪3挺,从长乐龙王寨山出发,拂晓前到达树下村,与陈振先的队伍会合。

4日晚,队伍移驻江德乡泰山寺。为了扩大武装,黄国璋派人以闽中军分区司令黄国璋、副司令陈亨源的名义到酒店、郑盛等村借枪,同时,在泰山寺召开游击队骨干和地方干部会议。会上林汝楠做了武装暴动的动员报告,落实了参加暴动的人数和枪支弹药的配备。

与此同时,敌人也在加紧其军事"清剿"部署,福建省保安司令部接到福清县政府请求调派重兵增防的紧急电话后,立即把准备调往闽北"剿共"的保一总队从莆田调来福清。胡季宽保一总队抵达福清后,即派一个中队进驻海口,一个中队抢占高山,另一个中队往渔溪后进入江阴岛，并由县警察局派武装警察和侦缉队配合县自卫队再到江德乡“清剿”。大兵压境，敌我力量悬殊，闽中地委决定放弃暴动计划，黄国璋等当机立断，连夜率队撤出泰山寺，在崇孝乡高岭村（今属港头镇）驻了一天，6 日晚冒雨把队伍拉到高山牛头村（今沙埔镇牛峰村），驻牛头南厝交通员杨利玉家。同时，通知陈亨源取消攻打海口镇的计划，把整装待命的农民就地分散，通知城工部龙高区委把已集中的群众就地分散，留下十多人的精干武装开往牛头尾会合。

4 月 7 日，国民党福清警察配合省保安队胡季宽部，从水陆两路夹攻牛头尾。情况危急，牛头村革命群众杨利玉、杨贞茂和杨贞良三人即刻被叫到黄国璋书记面前，黄书记简要说明了情况，就让他们找船撤退。

杨贞良接受了一支蛇标手枪、10 发子弹，马上到牛头尾叫了水性好的杨秀金、只仔、亦肉、贞资、贼吓、利宝等 6 人，7 个人驾一条小舢板下海找船。他们先开到目屿岛附近，借了一条黄瓜屿的渔船，到涵江口一带找船。时间过午，才找到两条船，一条是和岐村运豆粕船，另一条是草屿坊顶村运杂货的船，船上有红柴、薯片和少量瑞士蓝布。他们把借到的 3 条船牵到牛头尾岸边时，黄国璋当即下令：“撤退，马上出发！”

当晚，省保安团胡季宽率部到达牛头尾，先行的两条船已经开往莆田。船至兴化湾西面，遇敌船截击，打了一阵，黄国璋、林汝楠、饶云山、陈振先等主力武装乘坐的两条船在夜幕掩护下驶向茫茫大海，甩掉了敌船，但是未见我们的另一条船跟上来。他们在海面上搜索了几个小时也不见踪影，只好在拂晓前开到莆田的鹭鸶岛登陆。鹭鸶岛是战时建立的一个海上隐蔽点，他们在岛上住了两天，第三天凌晨在莆田沿海安全靠岸。队伍转移到莆田后，黄国璋即派陈振先、饶云山回福清了解情况，把失散的游击队员集中到莆田来。

后来接到陈振先的报告，他和饶云山在福清渔溪找到了福平工委委员陈水仙、谢俤俤，了解到 7 日那天他们和军事干部陈家塘等人率福清游击队 30 人乘另一条运载木柴的船，因货物太重速度太慢，被迫在目屿岛登陆，陈水仙、谢俤俤、何祖庆等 13 人隐蔽在海边的岩洞里坚持到晚上，乘舢板返回到牛头尾，把枪支寄存群众家后分散转移。陈家塘、魏茂来等 17 人退守岛上一高地，英勇顽强地与敌人战斗，终因弹尽 3 人牺牲，其余 14 人被俘，魏茂来、翁其由、陈迟迟、翁国进、陈亦瓠、陈春华、施桃仔、谢宝妹、陈大柯、何妹仔、翁锐锐、郭祥宝等 13 人被押往高山镇，遭集体枪杀。陈家塘被押到县城，受尽严刑拷打，他坚贞不屈，后也遭活埋杀害。后来，陈振先派陈水仙、谢俤俤分头把失散的游击队员和枪支带到长乐玉田黄厝里集中待命。由于叛徒出卖，陈水仙、谢俤俤等 4 人在渔溪接头时被捕，陈水仙被活埋于东张，谢俤俤等 3 人被国民党杀害于福清城关。

5 月，陈振先回福州向省委汇报龙高暴动情况，即将离榕时，被叛徒何祖庆、何祖建兄弟出卖，在福州尤溪会馆遭拘捕。同时被捕的还有福长工委书记陈亨光和党员陈清俤，他们在狱中遭受严刑审讯，始终坚贞不屈，严守党的机密，表现出共产党人视死如归的崇高气节。10 月 30 日，陈振先在被解回福清途中，逃跑失败，和陈亨光、陈清俤一起英勇牺牲于长乐蕉岭。

尽管龙高暴动夭折，损失很大，但客观上牵制了敌人兵力，扩大了党的政治影响，龙高革命群众经受了一场严峻考验，革命意志更加坚定顽强，不屈不挠投入迎接福清解放的斗争中。

第六节　万人截击国民党第九十六军的战斗

1949 年 4 月后，人民解放军百万雄师胜利渡江，全歼南京守敌，国民党反动派土崩瓦解，杭州、上海相继解放，蒋介石军队溃退到福建。为了使人民解放军第十兵团能顺利向福州进军，迅速歼灭敌人，福清各地党组织和游击队积极开展活动，加强军事和政治攻势，打击和分化瓦解敌人，摧毁基层反动政权，普遍建立农会组织，控制广大农村。福清地下党领导的游击队，除闽中工农游击队第五中队（后整编为福清游击大队）外，还有东、南、西、北区游击队。为了配合解放大军迅速解放福州，福清各游击队迅速出击，智取龙田，攻下高山等重镇，在清山桥柏林村伏击接运军火、被服的国民党军，缴获了一批被服、武器。最著名的是龙田地区万人截击国民党第九十六军的战斗。

1949 年 6 月下旬，在解放大军的追击下，国民党第九十六军溃退到福清，占据龙田，企图南窜扫荡，向平潭逃脱。南区区委奉县委命令，组织 7 个工委会（龙田、江德、化北、化南、平化、高山、东瀚）的游击队、民兵，在龙高公路沿线全面打击敌人。

化南工委奉命扼守江镜南宵村一带。化南地区为现在的港头、三山两镇的部分村庄，计 63 个自然村。是时，化南工委委员何爱先和薛天锦、何黎先等同志带领 200 多个队员到南宵村待命出击，南区 7 个工委会所属游击队分布龙高公路沿线，绵延数十里。

6 月 25 日（农历五月二十九日），南区区委下达通知，连夜出发。出发之前发给枪支弹药，除一支三八大盖外，均是“汉阳”“比利时”单响步枪，每人仅 10 发子弹。武器虽简陋，但游击队员个个斗志昂扬，摩拳擦掌。夜黑得伸手不见五指，队员们摸索着鱼贯前进。晚 8 时许行至东园村，接通知停止前进，就宿于该村两座四扇和六扇民房中。大家以地为床，以木块代枕头，抱枪休憩待命。6 月 26 日（农历六月初一日）晨 5 时，队伍到达南宵村。此时敌人尚未从龙田出来，当地群众纷纷从家中找出零星子弹送给游击队员。有个老婆婆颤巍巍地迈着小脚来到游击队驻地，送来一小篓十几发子弹，虽然子弹已生锈不能用，但游击队员们还是深表感激。这时，有几个农民持着长矛、大刀要求加入队伍，有一个白发苍苍的老汉背着一把大刀，执意要上阵。

至中午，还未见国民党军队到来。这时瞻阳村群众自发送来馒头，但没有开水难以下咽。南宵村一老婆婆见此，毅然决然提起柴刀把矮门板砍下，烧了一锅地瓜片汤送来。正在吃饭的当儿，忽然警锣响了，游击队员们立即投入战斗，漫山遍野都是游击队和群众，步枪、大刀、长矛并用，敌军所到之处，群众鸣锣助威，呐喊围攻。我们的队伍沿着田埂边匍匐前进，频频向敌人射击，压得敌人前进不得。忽然间,敌人一颗子弹射穿了战士魏道庆的右臂,战士们更是义愤填膺,个个恨不得手刃敌人。对面一条田埂上敌人一挺机关枪疯狂向我们扫射,必须除掉这挺机关枪,队伍才能前进。游击队员薛开团以棉被裹身,毅然请缨,要夺机枪。何爱先把一支勃朗宁手枪给了他,他滚向前面,跃过坎沟,抓住机枪链盒,敌人猝不及防,慌了手脚,抱住机枪拼命挣扎,拉扯中链盒脱落,敌人才得以携枪逃脱。薛开团夺得的链盒有 25 发子弹,也是七九型的,我们的步枪正好用得上。

战斗中,遍野皆是人群,呐喊之声不绝于耳。但这时游击队员们与区委领导失去联系,只好与敌人周旋,敌人后退,我们就前进;敌人进攻,我们就后退。敌人用"六〇"炮向我阵地发射,弹片在我们掩体边大豆地上乱飞。这样坚持了个把小时,战士们的子弹都打光了,只好后退到玉仑村,当晚回到工委会驻地。

第二天,薛天俊带领的第二批化南游击队员在前线继续抗击敌军,第三天接区委通知,队伍化整为零,分散转移。工委几位同志分头到各村活动,坚持斗争,鼓舞群众斗志。6 天后,国民党溃军有的退回县城,有的窜往平潭,南区游击队奉命化零为整,回到工委会,继续开展革命斗争,迎接解放。

第七节　解放福清的战斗

7 月 25 日,中国人民解放军第二十九军先遣部队侦察营一个连到达莆田大洋,与闽中游击队会师。先遣连的侦察排在福清游击队支持配合下,进入宏路、渔溪附近与融城周围各军事要地侦察敌情,测绘军用地图,做好解放福清的准备工作。

8 月 5 日,第八十五师前卫第二五四团从尤溪出发向福清方面开进。6 日,师部率第二五三、二五五团跟进。部队经长林、嵩口、梧桐尾、大渡口直插大洋。11 日,第八十六师攻占永泰县城后进兵一都、悍溪。第八十五师随后于 14 日抵达大洋、金芝一线,做好攻击福清准备。第八十五师令第二五四团、二五五团攻击宏路、融城，第二五三团同时攻取渔溪，得手后在玻璃岭一线构筑工事，阻击可能从莆泉北上增援之敌。福清县工委组织向导队为解放军带路。

15日中午，解放军第二五四团先头搜索部队在游击队配合下，占领东张。下午5时，该团由宏路南侧迂回东进，从南面攻击融城。晚上10时，第二五五团和第二五三团的一个营在福清游击队配合下攻占宏路，敌守军溃逃，仅俘敌14人。我军连夜东进，经西埔头攻击融城北面玉屏山。

第二五三团两个营以渔溪区委委员赖元圻为向导，攻下渔溪，一个营在玻璃岭一线构筑阻击工事，防敌南逃；另一个营由游击队带路，沿倭岭向五马山逼近，以机枪封锁敌五马山上炮兵阵地，掩护第二五四团攻山。

第二五四团在宏路以南越过福厦公路后，分两路前进。一路由参谋长杨清带领绕过五马山，经霞楼、松潭钟山直插龙江下游，封锁敌水上逃路；一路由团长李力群、政委施光华带领，经金印、上张进攻融城南郊的五马山。五马山守敌凭借险要地形，居高临下进行顽抗，战斗非常激烈。四连副排长张瑞芝率领全排战士，经3个小时冲杀，击退敌军多次反扑，于16日凌晨攻下五马山炮兵阵地。激战中，张瑞芝英勇牺牲。解放军攻占五马山后，一鼓作气，拿下小南洋村，进入水南村，准备冲过利桥，占领瑞云塔，攻进融城。

16日早上6时，二连连长沙飞龙带领一个排的战士，在机枪掩护下冲上利桥。至桥中时，瑞云塔上敌机关枪突然开火，疯狂扫射，沙连长和李炳湖排30个勇士全部壮烈牺牲，鲜血染红了龙江古桥。

解放军过桥受挫，无法正面攻占瑞云塔，便采纳游击队领导陈振亮等人建议，分两路夹攻瑞云塔：一路从桥南正面进攻，一路从倪埔村附近渡江，迂回到玉塘村南，从侧后夹击。时适龙江涨潮，部队渡江受阻。游击队在附近各村挨家挨户发动群众支援。松潭、倪埔等村群众纷纷拆门板、搬木材，协助部队在倪埔南架了一座浮桥。部队过江后，即进占玉塘吴氏宗祠，从祠堂顶用机枪压住瑞云塔守军，发起进攻。与此同时，桥南部队亦发起强烈攻势。塔上守敌前后受攻,招架不住,弃塔逃进城。

第二五四团攻下瑞云塔后,立即兵分两路,一路从南门正面进攻,一路进瑞亭,攻下东皋山并从东门绕田墘路进学后巷包抄,断敌逃往海口镇之路。

16 日上午 10 时许,人民解放军从南北两面攻进城内。这时融城敌军主力已大部分撤往海口镇,只剩下掩护撤退的 400 余人,全部被歼,融城攻克。23 日,福清全境解放。

第六章　英烈英模　光耀千秋

在福清革命老区的创建和发展革命根据地的20多年的艰苦斗争中，福清有罗汉里、角楼等3个老区基点村被夷为平地，378座房屋被烧为灰烬，32家灭门绝户；上千名共产党员、革命群众流血牺牲，其中追认烈士234人；9名县委书记牺牲7人，县委委员、区级干部牺牲了10多人。英烈英模们为革命抛头颅，洒热血；为新中国的诞生，不怕牺牲，视死如归，用热血和生命谱写了可歌可泣的不朽篇章。1994年4月，由中共福清市委党史研究室和福清市民政局联合编纂、福建教育出版社出版的《玉融英烈》一书，收入27名烈士、5位英模加入中国共产党，为革命出生入死的光辉事迹。本章介绍19位英模英烈杰出代表，弘扬他们的崇高革命精神，以激励140多万海内外玉融儿女，把家乡建设成为富庶、文明、开放、和谐、美丽的“新福清”而共同努力奋斗。

革命英烈名垂青史，光耀千秋！

第一节　革命先烈　浩气长存

一、赤胆忠心向阳开——池亦妹仔烈士(1888—1944)

池亦妹仔，大名池恭通，1888年出生于福清县龙田镇玉瑶村一个贫苦农家。玉瑶村是一个远离县城、土地贫瘠、十年九旱的穷山村，农民生活十分困难。由于家贫无钱娶亲，他30岁时，让弟弟到邻乡入赘,自己娶一哑女庄氏为妻,生了7男4女,尝尽人间艰辛。

池亦妹仔

1931年,福清龙田、高山地区爆发了大规模的“打林靖武装暴动”。年轻时练过拳术,亦好打抱不平的池亦妹仔参加了攻打何厝祠、方厝祠及火烧文昌阁的战斗,冲锋陷阵。1933年5月,在中共特支书记何文成教育影响下,池亦妹仔参加了共产党,走上革命道路。1934年初,福清县委成立,他任县委委员,在玉瑶村家里建立了地下交通站。从此,他奔走在秘密交通线上,机智勇敢地传递文件、情报,足迹遍及福清、永泰、长乐和福州等地,多次完成党交给的重要任务,成了一名出色的地下交通员。

福清县委成立后,决定组织南西亭农民武装暴动。6月中旬,县委在池家召开南西亭暴动筹备会,80多位同志参加会议。池亦妹仔四处奔走,向亲戚朋友借款借粮,为同志们烧水备饭,热情做好后勤接待工作。6月下旬,南西亭暴动的前夜,何文成、余长钺、陈金来、何胥陶等县委领导同志都来到池家,为暴动做最后的准备。第二天,党领导的福清第一次以打土豪、分粮食为主要目的的农民武装暴动在南西亭地区轰轰烈烈地展开了。暴动持续3天,缴获枪支20余杆,分粮百余担,震惊了国民政府福清当局。

南西亭暴动以后,国民党保安队到处抓捕参加暴动的革命同志,白色恐怖笼罩福清各地。池亦妹仔的家既是党的交通站,又是游击队伤病员的“疗养院”。时县委委员余长钺患有重病,经常吐血,身体非常虚弱,隐蔽在他家疗养。同年9月,黄孝敏生病也住在他家,受到热情照料。为革命他负债累累,不仅卖了仅有的几亩薄田,还先后鬻掉了四个亲生儿女。为了偿还筹备南西亭暴动所欠的债务,他就忍痛鬻掉一个男孩。一次,他用孩子换回一些地瓜干煮饭给大家吃,却瞒着大家说是华侨送的,自己在一旁喝汤充饥。不幸的是，他鬻掉的孩子在黑暗的旧社会里都先后夭折。

1935 年，经过池亦妹仔奔走联络，莆田中心县委书记王于洁与福清中心县委书记黄孝敏取得联系。莆田、福清两个中心县委合并成立闽中特委。特委决定在常太、罗汉里两个地区建立根据地，开展游击战争，并恢复城市工作。池亦妹仔和陈振芳被派往福州。几个月后，池亦妹仔又回到福清，继续负责交通工作。

池亦妹仔先后两次被捕。第一次是 1937 年春，他从长乐为游击队运回一批武器，被国民党保安队绑在树上毒打，全身重伤 13 处，体无完肤，却始终没有供出武器的下落。1944 年 1 月被捕后，敌人用各种酷刑折磨他，皮开肉绽，牙床乌黑，脸部浮肿，奄奄一息，仍不松口，被扔在县监狱狭窄潮湿的过道上。2 月 1 日，池亦妹仔在狱中牺牲，时年 56 岁。

二、忠肝义胆担重任——陈金来烈士（1901—1941）

陈金来

陈金来，又名陈东生、陈向民，别号老向，1901 年生于福清东阁村一户贫苦农民家庭，刚满 10 岁就跟随泥水匠外出做小工，走上艰难的生活道路。

1916 年，东阁一家姓陈的地主勾结官府以赖债不还的罪名把陈金来的父亲投进黑牢。陈金来愤慨至极，放火烧毁地主的一大片快要收割的晚稻，从此流浪异乡，有家难回。1918 年，他在一个华侨的帮助下，漂洋过海流落到印尼泗水，在一家皮革厂当学徒。满师后，以开皮鞋店谋生。1926 年 11 月，陈金来带领叶君、王野鲁等华侨青年参加印尼人民反对荷兰殖民统治的武装起义，并慷慨捐款资助起义者。1927 年，反荷起义失败，陈金来被驱逐出境，回到阔别十年的故乡，在江镜南宵村以开皮鞋店为业。

1932年夏，中共福清特支成立，福清革命重心从城镇移到农村。这时，陈金来搬到海口街开了整雅皮鞋店。在特支书记何文成启发帮助下，他的思想有了新的飞跃，不久便加入党组织，任特支委员兼海口党支部书记。此后，他以皮鞋店老板的身份开展地下革命工作，皮鞋店成了革命的宣传站、地下党组织的联络点和指挥部。

陈金来(右)与周恩来合影

1934年6月，陈金来和何文成等县委领导人领导并参加了南西亭暴动，与群众一起战斗。举事前，陈金来奉命去小麦屿策动高诚学部参加暴动。暴动后，何文成、何胥陶等领导人被捕，革命转入低潮，他回到海口镇，仍以皮鞋店为基地，坚持地下斗争。8月，原中共福州中心市委巡视员黄孝敏到福清组建中心县委，陈金来任中心县委委员，负责领导福清全县工作。同年11月，工农红军福清游击大队在西区建立，福清革命进入三年游击战争新时期。

1935年5月，中共福清中心县委与莆田中心县委合并成立中共闽中特委时，福清县委建制随即恢复，陈金来任县委副书记。这时，福清游击大队扩编为闽中工农游击队。陈金来白天坚持做皮鞋，出售后把收入全都上交；晚上带领同志们四出活动，把从地主土豪处筹集到的5支步枪、千余发子弹、几十块银圆和近两斤黄金，全部送到罗汉里，交给游击队。他还用店里储藏的一些好皮料缝制了一批枪套，送给使用驳壳枪的同志。陈金来夜以继日地为党工作，把一切都献给革命，却不要党给他一丝一毫的特殊照顾。1935年冬，国民政府福清当局密令缉捕他，组织上要他马上转移到罗汉里根据地去。他临危不惧，把一切工作都安排、布置清楚后才离开海口镇，还让妻子留在皮鞋店里坚持工作。

1937年，王于洁、黄孝敏、余长钺、陈炳奎等领导人被捕牺牲。在危难之际，陈金来受命接任福清县委书记，继续领导抗日救亡斗争。1938年8月，省委决定成立福清中心县委，陈金来担任福清中心县委书记，统一领导福清、长乐、平潭三县的抗日救亡运动。

1939年7月，陈金来代表闽中(南)特委出席中共福建省委第一次代表大会，被选为省委候补委员(不久改为委员)。会后，他参加省委"武夷干校"第一期培训，结业后，留在省委负责武装工作。1940年，陈金来把五六十名武装人员带到海上，打进海匪陈良超大队内部开展隐蔽斗争。

1941年4月，日军侵入闽海，福清、长乐、平潭等县沦陷。陈金来以海上撤回的人员为骨干，在福清北区组建了一支抗日游击队。在与流亡福清的国民党平潭县县长罗仲若达成合作抗日协议后，这支队伍加入福平沿海抗日游击队，被编为第八中队，陈金来任中队长。第八中队纪律严明，战斗力强，在福清玉岭、桂巷一带多次袭击下乡骚扰的日军，打击了侵略者的嚣张气焰。6月，陈金来率第八中队撤出漈头，移营长乐，与陈亨源游击队会合。旋即加入地下党员刘润世领导的长乐抗日游击总队，改称福清队，陈金来仍任队长。

1941年8月4日，日军马(尾)营(前)地区守备司令中岛宫川带100多名官兵，乘汽艇到长乐玉田、蕉岭视察工事。陈金来获讯，即把福清队带到总队部请求参加琅尾港伏击战。战斗方案确定后，他从福清队中抽选出16名精壮的战士，组成敢死队作为主力先锋。此役击沉敌汽艇一艘，击毙以中岛中佐为首的日军官兵42名，抗日游击队无一伤亡，极大地鼓舞了全省军民的抗日信心。参加伏击战的游击队员受到中共华东局、福建省委的嘉奖，也得到国民政府的嘉奖，陈金来荣获国民政府颁发的抗日金质奖章，福清敢死队16名队员均获得银质奖章。

从1941年4月日军入侵，到1941年9月日军撤出闽海，福、长、平等县光复，陈金来一直坚持抗日，是坚定的抗日志士、杰出的抗日游击队领导人。1941年9月，陈金来被省委以"托派"的罪名错杀，含冤负屈几十年。1962年10月，被追认为革命烈士。"文革"时期，他的革命历史又被否定，直至1978年党的十一届三中全会以后，陈金来革命烈士的身份才得以恢复确认。

三、严刑拷打不动摇——刘阿新母烈士(1903—1936)

刘阿新母，女，清光绪二十九年(1903)出生在福清镜洋西边村一个贫苦家庭。5岁时父母双亡，被抱给刘家当童养媳。21岁丧夫守寡，与幼子刘阿新相依为命，受尽磨难，饱经风霜。

1935年初，工农红军福清游击大队在西区发动群众打土豪、抗租税，开辟罗汉里游击根据地。渴望翻身解放的刘阿新母也投入革命洪流，当了游击队的交通员。她常常披星戴月，爬山越岭，给游击队送粮、送药、送情报，战士们亲切地称她为“及时雨”。

1936年2月下旬，国民党集结大批军队，“清剿”罗汉里游击根据地。敌“清剿”部队抵达琯口西边村时，正在家里护理发高烧的13岁儿子的刘阿新母闻讯，立即丢下孩子，绕过敌人的岗哨，钻进密林，连夜抄近路上山向罗汉里游击队第一支队部报告，为游击队赢得了反“清剿”的时间。之后，在敌人封锁、“搜剿”罗汉里山区的近百天时间里，她出生入死，多次穿越封锁线，为隐蔽在深山密林中的游击队传送情报，足迹踏遍罗汉里根据地的每个山头。

同年6月，第一支队转移到莆田溁村，与莆田游击队会师。刘阿新母经过七天七夜长途跋涉，把福清县委的一份重要情报送抵溁村后，回家看望心爱的儿子，不幸被琯口联保主任潘德仁抓捕。潘德仁对她施用了“坐老虎凳”“抽皮鞭”“灌辣椒汤”“钢丝穿乳”等惨绝人寰的毒刑，妄图逼她说出党的机密——游击队的驻地。她咬紧牙关，始终一声不吭。潘德仁无计可施，把她上送福州，继续严刑逼供。

在福州监狱里，敌人用“熨盐腿”——在她腿上切开一道深4厘米、长20多厘米的肉沟，撒上食盐，然后用熨斗烫的酷刑，也无法使她开口。她身上刑伤累累，血迹斑斑，惨不忍睹，但敌人还不肯罢休。最后一天，她连续受刑10多次，终于停止了呼吸，为人民的解放事业献出宝贵的生命，牺牲时仅33岁。

四、传播马列开先河——倪朝龙烈士(1906—1931)

倪朝龙

倪朝龙，福清东张人，1906年出生在东张镇炭牙底（今先进村），1920年小学毕业，考入私立福建法政专门学校附中。在省城读书期间，受“五四”爱国运动影响，年轻的倪朝龙接受了民主革命新思潮，积极参加校内外社团活动，投身反帝反封建浪潮，取别号“倪啸云”。他是最早在福清传播马列主义思想的共产党人。

1924年，倪朝龙高中毕业，偕同东张小学教员魏云波、唐育孟等秘密赶往广州，投考黄埔军校，参加国民革命军。1926年参加北伐，随军入闽。1927年初，倪朝龙与魏云波一起复员返融，在东张镇与东张小学校长魏则庄、教员谢育骝等革命青年一起开展宣传工作，发动群众支援北伐，并领导抗鸦片捐斗争。

1927年2月17日（农历正月十六日），倪朝龙等在东张小学操场召开反对征收鸦片捐、团捐大会，率民众1000多人进县城向政府请愿。几经周折，在福清籍国民党元老郑忾辰和留省学生以及各界开明人士的声援支持下，省府才批准取消福清的鸦片捐和团捐，取得抗捐斗争的胜利。国民党省党部饬令福清县政府缉捕倪朝龙、魏则庄、谢育骝、吴善兴等人。倪、魏闻讯，一同逃往上海，考入上海江湾国立劳动大学劳工学院师范科学习。是年年底，倪朝龙加入了中国共产党。1928年，被选为中共江湾区委委员。

1929年寒假，倪朝龙回福清与陈炳奎、谢廷清等10多个革命青年在瑞云塔召开碰头会，然后在县城各处张贴标语、传单，加速了福清民众的觉醒。半年后，福清共产主义青年团小组、福清党团混合支部先后诞生。

1930年，倪朝龙担任中共国立劳动大学支部书记。12月10

日，党组织在江湾立达学园附近的民宅内召开的秘密会议被淞沪警备司令部特务侦悉，倪朝龙与马克昌、刘希禹、陈仲模等 20 多位与会同志一起不幸被捕。事件发生后，党组织和他的亲朋好友四处奔走，多方营救均无收效。在上海囚禁了一个月后，被上解南京，交国民政府军政部审理。

在军政部的黑牢里，倪朝龙被严刑审讯了 3 个多月，没有泄露党的任何机密。敌人恼羞成怒，1931 年 4 月，判处他 9 年有期徒刑，交南京中央军人监狱执行。

服刑期间，敌人继续虐待他，强迫他“悔过自新”，与共产党脱离关系。他受刑以致伤痕累累、骨瘦如柴，仍顽强地坚持斗争。最早在福清传播马列主义、撒下革命火种的优秀共产党员，就这样被反动派折磨至死，年仅 25 岁。

倪朝龙牺牲后，被军警就近草草埋在监狱对面的荒坡下。他生前的好友林晓山特地从上海赶到南京，买通狱警，找到了倪朝龙的葬身之地，在其墓地压了一块大石头以做记号，后为其立墓碑，碑上刻着“志士倪啸云之墓”7 个字。

1924 年福清东张镇在省城读书的学子组成学生会留影于福州南公园（前排左五为倪朝龙）

五、奋斗终身志更坚——陈炳奎烈士(1907—1937)

陈炳奎

陈炳奎，原名陈祖进，别名陈秀南、绍光，参加革命后化名陈珊。1907年出生于阳下乡漈头村的一个贫苦农民家庭里。陈炳奎童年丧父，母亲在家境十分贫困的情况下把他送到学堂读书，1921年小学毕业后，又送他到福州上初中。在福州读书期间，他接触进步思想，加入中国共产党，开始走上革命的道路。

1928年夏，陈炳奎初中毕业，考入福州乌石山师范学校，与何文成是同学。时值大革命失败，全国笼罩着白色恐怖，革命形势急转直下。在党组织引导下，他积极投身革命活动，参加了共产主义青年团，后加入中国共产党。入党后，根据党的指示，他与何文成等组织福清留省进步学生参加“反帝大同盟”。每逢节假日，他就与志同道合的同学在师范学校“望耕亭”秘密集会，散发革命传单，并在榕城创办《融声》报，和何文成等利用《融声》报，揭露和鞭挞国民党反动势力勾结帝国主义欺压人民的罪恶行径。

1931年夏，陈炳奎于福州乌石山师范学校毕业，考入南京金陵大学农学院农业专修科。一学期后，转到上海持志大学续学。在上海，他和许多进步人士进行宣传、募捐，支援抗日。1932年暑假，陈炳奎与在上海、南京等地读书的福清籍返乡青年学生在城关组织“同攻读书会”，在福清最早介绍马列主义和进步书刊给青年学生，会员达300多人。是年七八月间，福清特支成立，陈炳奎任特支委员，后又赴上海求学。1933年，上海反动当局通缉陈炳奎，他不得不辍学离沪，奉命回到家乡福清继续进行革命活动。是年秋，国民党以“通共”为借口，封闭了“同攻读书会”。

1934年初春，福清县委成立，陈炳奎任委员，参加在城关产塘街召开的县委会议。根据会议的安排，陈炳奎与余长钺回北西亭一带组织反帝倒蒋抗日宣传队，开展抵制日货、打击奸商等活动。同时，他俩还准备举行北西亭暴动，后因地方豪绅向国民党福清反动当局告密，遂改变计划前往南区，协助何文成在南西亭一带举事。

1935年5月，闽中特委成立，陈炳奎任执行委员兼福清县委书记。1937年2月16日，余长钺与闽中特委书记王于洁、委员黄孝敏、潘涛(原名陈如舫)一起在莆田梧塘洪度村召开特委会议，因叛徒薛宝泉出卖被捕入狱，随后薛宝泉又带宪兵便衣队到福清抓走县委书记陈炳奎。囚禁期间，陈炳奎想方设法与党组织取得联系。3月30日，他写给侄儿陈应明的第一封信寄了出去。这封信表面看是写给亲属的，实际上是向党组织报告自己及4个难友被捕的经过和在狱中的表现。信中说，敌人从4个难友身上搜出的是“一束以救国会名义向三中全会要求政府抗日的传单”，从他们(包括他自己在内)身上捞不到半点有用的东西。

3个月时间的折磨，丝毫动摇不了陈炳奎等人钢铁般的意志。1937年6月23日，5位坚强的革命者高唱《国际歌》慷慨赴死，被杀害在福州鸡角弄刑场，为人民解放事业流尽了最后一滴血。

当年陈炳奎从上海回来后，母亲和哥哥东挪西借凑了一笔款，准备给他完婚。陈炳奎耐心说服母亲和哥哥，把这笔钱先拿出来做革命经费。因而，他牺牲时年已30岁，还是单身汉。

六、抛家舍业酬壮志——黄孝敏烈士(1907—1937)

黄孝敏，原名孝闵，字景骞，曾化名破晓、李成、吴望平等。福建省古田县平湖镇达才村人。1907年11月，黄孝敏出生于达才村一个富裕家庭，年少时就读于平湖官学堂。1924年，黄孝敏考进福建大学中学部。在校时，黄孝敏和许多爱国青年一样，开始投身革命。

1926年农历五月二十八日，黄孝敏回乡和同县姑娘程惠莲结婚，不久即返回福州继续求学。同年冬，他经同乡党员陈炳介绍加入中国共产党。1927年3月，与陈炳等组织中共古田特别支部和农民协会，开展抗捐抗税斗争。同年12月，中共福州市委成立，任中共福州市委执行委员，1928年后，任市委宣传部部长。任职期间，多次组织领导工人、学生举行罢工罢课、集会游行。

黄孝敏

1934年4月上旬，中共福州中心市委机关遭敌破坏，市委代理书记陈之枢等人被捕叛变。当时黄孝敏在上海向中央局汇报工作，幸免于难。返榕后，他通过各种渠道通知未暴露的同志和组织切断同福州的一切联系，在危急关头保护了党组织和同志的安全。同年夏，黄孝敏和脱险后的刘突军一道转赴福清，通过陈振芳（程序）与福清县委接上关系，毅然担负起领导福清革命斗争的重任。8月，中共福清中心县委在角楼自然村成立，黄孝敏任书记。在与上级党组织失去联系的困难情况下，黄孝敏凭着对革命的赤诚忠心，紧密依靠福清本地干部和群众，领导了抗捐斗争，重建福清革命武装队伍。11月底，工农红军福清游击大队成立，黄孝敏任政委。

1935年1月，中共福清中心县委在镜洋长征村召开扩大会议。会议决定，福清游击大队进驻处于有利地理位置的角楼自然村，伺机进入福清和永泰交界处敌人统治力量薄弱的罗汉里，开辟游击根据地。不久，黄孝敏带领福清游击大队全体指战员进入罗汉里，开辟了罗汉里游击根据地，在这里燃起三年游击战争的烈焰。

1935年5月，福清、莆田两个中心县委撤销，组建中共闽中特委，同时将福清、莆田两个游击大队整编为闽中工农游击队第一支队（罗汉里）和第二支队（常太），黄孝敏任中共闽中特委常委、组织部部长、第一支队政委。

从1935年10月到1936年2月，闽中工农游击队第一支队在中共闽中特委的领导下，发动了对地方统治势力的5次军事打击，其中河村桥伏击战特别鼓舞人心。

1936年7月，奉命与余长钺赴香港，与中共南方工委接上关系，恢复了闽中特委与上级党组织中断了两年多的联系。1937年2月16日，中共闽中特委在莆田梧塘洪渡村开会，因叛徒出卖，特委领导人王于洁、黄孝敏、潘涛、余长钺和陈炳奎先后被捕。6月23日，年仅30岁的黄孝敏与特委领导人王于洁、余长钺等同志在福州鸡角弄英勇就义。

七、革命路上领头人——何文成烈士(1909—1935)

何文成

何文成，又名何开涛、何幻，1909年生于福清东张镇华石村。1928—1930年就读于福州乌石山师范学校，1931年加入中国共产党，曾任中共福清特别支部、福清县委书记。1935年2月牺牲，年仅26岁。

在乌石山师范学校，何文成接触了进步同学叶光焕、李光等人，开始阅读普罗文学和马列著作，参加了“争自由大同盟”，成为爱国学生运动积极分子。他与陈炳奎等同学创办《融声》报并任编辑。1930年12月，他因写小品文《走快些，就是跑!》，揭露国民党反动派镇压学生运动的罪行而被逮捕入狱，遭严刑审讯，被判3年徒刑。在狱中，他严守机密并积极参加狱中党组织领导的斗争，被吸收加入中国共产党。

1932年初，由于党团组织营救和各县教育界声援，何文成等提前获释。中共福州市委审查他在狱中表现后，派他回福清建立党组织。同年5月，他回到福清，先与陈炳奎、谢育骝等地下党员取得联系，发展余长钺等入党。7月，建立了中共福清特支并任书记。接着，以小学教员身份前往龙田镇，在芦江小学办起平民夜校，帮助贫苦民众学文化，培养、发展地下党员。1933年5月成立中共龙田支部。同年7月，到海口镇举办“暑期国文补习班”，启迪陈振芳、陈家潮等走上革命道路，发展了海口整雅皮鞋店的归侨陈金来，使整雅皮鞋店成了特支的联络点、革命的宣传站。9月，他应聘到北西亭小学任教，与特支委员陈炳奎一起在北西亭地区成立了农会。

从1932年秋至1933年冬，何文成下龙田，赴海口，上北西亭，访北郭村，足迹遍布全县各地，亲自培养发展了20多名地下党员，领导成立了龙田、海口、北郭3个支部。1933年6月，他和何胥陶、陈行福等在龙田东南面的沁塘、马湖、瑶山、玉田等村发动群众，建立瑶山人民自治会。10月10日，领导瑶山人民自治会武装攻打杭下村“福瑞”当铺，有力打击了龙高地区封建剥削势力。

1934年初，中共福清县委成立，何文成任书记。在县委领导下，福清革命重心由城镇转移到农村，出现了农民运动蓬勃发展的大好局面。6月下旬，南西亭暴动号角吹响，何文成任总指挥，3天中收缴长短枪20余支、子弹几千发，分粮百余担。第四天，福清保安队前往镇压。他随即把队伍化整为零，分散转移，自己在南西亭附近的树下村隐蔽下来，处理善后事宜。直到该撤退、转移的同志都离开后，才潜到北西亭地区，在鼎底下村集中了百余名农民，准备举行北西亭暴动，再掀农运高潮。不料暴动尚未举行，何文成与何

东张镇华石村何文成故居

胥陶、曾春妹等领导人因去长乐联系工作在石湖岭被抓。他一口咬定，被搜出的传单是自己带的，与何胥陶无关，曾春妹是雇来挑行李的，掩护同志获释，自己则被捕入狱。

在县监狱，何文成秘密组织、发动反监越狱行动。反狱事件失利后，何文成被秘密上解福州，囚于福建省陆军监狱。任凭敌人软硬兼施，何文成仍然守口如瓶宁死不屈。1935 年 2 月 3 日，时值农历大年三十，何文成在福州鸡角弄刑场英勇就义。

八、青春热血献给党——刘突军烈士(1909—1938)

刘突军，原名同薪。1909 年，刘突军出生于江西省信丰县一户贫穷农家。1926 年秋，刘突军初中毕业，返回故乡信丰，投身于轰轰烈烈的工农运动。年底，加入中国共产党。1927 年冬，信丰县委成立，刘突军被选为县委委员。

刘突军

1928 年 2 月，刘突军奔赴上海，参加第十九路军。1932 年 1 月 28 日，日军进攻上海。刘突军参与反击日寇侵略，英勇作战。7 月，十九路军入闽。刘突军所在部队第六十一师驻扎在泉州。根据省委指示，在十九路军中成立总支委员会，刘突军任师部特务营支部书记。

1933 年底，党组织让刘突军离开十九路军，转到福州中心市委工作，担任党领导的互济会主任。

1934 年 4 月，中共福州中心市委遭到破坏，福州地下党组织陷于危险之中。10 日上午，刘突军在往交通站接头时被捕，但押送途中机智逃脱。脱险后的刘突军和黄孝敏先后转赴福清，与福清县委接上关系，担负起领导福清革命斗争的重任。8 月，中共福清中心县委在镜洋角楼成立，黄孝敏为书记，刘突军、何胥陶、余长钺、陈金来和池亦妹仔等人为委员。11月底,中心县委在西区成立工农红军福清游击大队,刘突军任大队长。

1935年1月,福清游击大队进驻角楼。4月,开辟了以罗汉里为中心的游击根据地。5月,在镜洋掌溪蔡三俤家,福清中心县委和莆田中心县委合并,成立中共闽中特委,建立了党的领导核心。王于洁为书记,黄孝敏、刘突军等为委员。10月5日,刘突军和吴德标率游击支队袭击莆田田赋处大洋分柜,全歼粮务队,缴枪8支,击毙捕差方春霖。

1937年2月,闽中特委主要领导人王于洁、黄孝敏等被捕,突军主持成立闽中工委,被推选为工委书记。刘突军临危受命,勇敢地挑起闽中党和游击队的领导重任。七七事变后,闽中工委与国民党地方当局举行合作抗日谈判,达成原则协议。突军按协议率闽中支队下山接受改编,闽中工农游击队改编为国民革命军陆军第八十师独立大队,刘突军任大队长。队伍虽然换了番号,但仍坚持党的直接领导,坚持独立建制。不久,国民政府地方当局和驻军得寸进尺,以闽南局势紧张为由,令刘突军率部到泉州,以控制这支游击队。刘突军为了争取抗日统一战线同意部队开进泉州,驻在市中心的承天寺。国民党顽固派随即软硬兼施,企图吞并红军游击队。刘突军识破顽固派的阴谋后,坚持独立自主原则,并想方设法向新四军驻福州办事处和闽粤赣省委领导反映部队的处境,请求将部队编入新四军北上抗日。1938年3月10日,当刘突军动身去福州准备向新四军驻福州办事处汇报,途经莆田停留时,被执行国民党顽固派密令的国民党莆田驻军以开会为名,骗到营部,秘密杀害后毁尸灭迹,牺牲时年仅29岁。

九、英勇就义存浩气——陈吓垱烈士(1909—1947)

陈吓垱,1909年出生于海口镇斗垣村一户贫苦的农民家庭。少时,常跟父亲练拳习武,胆识过人。1932年9月,在陈振芳(程序)办的斗垣农民夜校接受革命启蒙教育,随即参加斗垣秘密农会,投

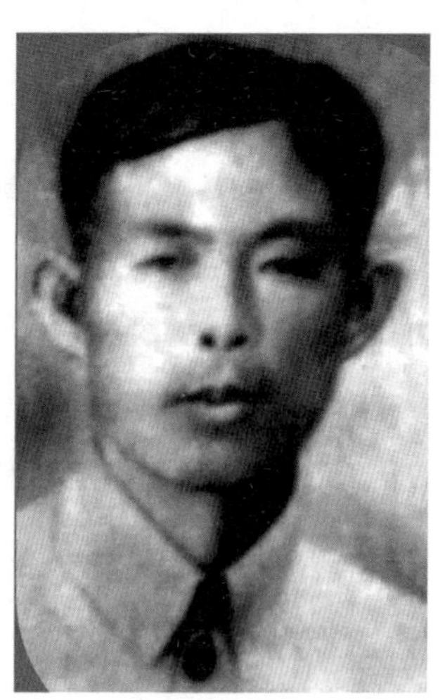
陈吓垱

入抗租抗税斗争,走上革命道路。

1934 年 6 月,陈吓垱参加了福清县委组织的南西亭暴动。8 月加入中国共产党。入党后,他先后带领自己的 3 个侄儿陈天恩、陈春恩、陈淑恩参加革命队伍。

1937 年冬,陈吓垱跟随县委书记陈金来到泉州,参加被改编为国民革命军第八十师特务大队的闽中工农游击队。"泉州事变"后,闽中工农游击队编入新四军北上抗日,他服从组织决定,跟陈金来回福清开展抗日救亡工作。1941 年 4 月,与陈振先一起发动海口镇斗垣村农民群众,参加省委委员陈金来领导的抗日游击队,转战福清和长乐等地。同年 8 月 4 日,参加琅尾港伏击战敢死队,与战友们一起奋勇杀敌,击毁日寇汽艇一艘,击毙以中岛中佐为首的日军官兵 42 人,缴获大量武器弹药,威震全省,荣获抗日银质奖章。

1943 年 8 月间,闽中特委决定在海口镇成立中共福长平特区,陈吓垱担任特区委员。特区辖福清、长乐、平潭三县的局部地区,其中福清以海口地区为中心,陈吓垱负责海口地区的领导工作。1944 年 10 月,参加袭击垱头祠堂保安队战斗。在战斗中,陈吓垱奋不顾身地用石头砸开祠堂门,让队伍冲进去,缴获机枪 1 挺、步枪 10 多支。

1947 年 4 月初,国民党保安队集结海口镇,准备到七社(今南岭)"围剿"游击队。陈吓垱获悉,立即跑步赶到七社报讯,当时游击队只有几十支破枪、几百发子弹,敌众我寡,敌强我弱,遂决定把队伍化整为零,当天夜里撤出七社地区,避免了革命力量的损失。

游击队分散隐蔽活动后,陈吓垱潜回里美村其岳母家。5 月 6 日,由于叛徒出卖,不幸被捕,关押在海口镇保安团营部内,受尽酷刑,始终没有暴露党的秘密。

5 月 16 日中午,被押到海口镇塔山,英勇就义,牺牲时年仅 38 岁。

十、视死如归抛头颅——棋山妹烈士(1909—1936)

棋山妹,女,闽中游击队战士、交通员,1909 年生于福清宏路棋山村。与镜洋西边村刘阿和结婚后,人们都称她“刘阿和细姐”。

刘阿和是刘春水(土匪,被国民党收编后枪杀)的叔父。1935 年,工农红军福清游击大队进驻西区角楼村后,刘阿和率刘春水残部参加游击队,棋山妹随夫入伍,分配在后勤部工作。为了筹集经费粮草,棋山妹经常下山,到各基点村去发动群众捐款献粮支援游击队。在近一年时间里,为游击队筹备了近百担粮食。对罗汉里游击根据地的创建和巩固,做出了重大的贡献。

1936 年 2 月 24 日,游击队在福厦公路河村桥截击了敌人的两辆汽车,擒俘国民政府福建省政府主席陈仪的内弟——福建省银行经理韩疆士等 7 名国民党重要官员,震慑了国民政府福建省政府,国民党当局遂集结重兵“清剿”罗汉里根据地。

在反“清剿”斗争中,棋山妹负责交通联络、传送情报。清明节前的一天早上,领导派一游击队员张土木护送她穿越封锁线,下山搜集情报。到半岭时,被搜山的敌人发现。她怀有身孕动作迟缓,与掩护她的张土木一起被捕。押送到琅口村敌保安队团部审问,敌团长以娶她当太太为诱饵,要她带路上山寻找红军游击队。遭到她严词拒绝后,就当着她的面,枪毙张土木并剖腹取肝,把血淋淋的肝脏扔在她面前,恶狠狠地威胁说:“是带队当太太,还是枪毙取心肝,自己开腔!”棋山妹圆瞪双眼,怒视凶残的敌人骂不绝口。敌团长十分愤怒,下令把她枪毙后,割下头颅悬街示众。

棋山妹牺牲时,年仅 27 岁,身上还怀着 3 个月的胎儿。

十一、白皮红心志不移——何胥陶烈士(1913—1945)

何胥陶,原名何本金,1913 年 4 月 18 日出生于福清江镜酒店村。1928 年,考入福州国学专修学校,开始阅读普罗文学和其他进步刊物，深受马克思主义影响。1929年，加入中国共产党。

青年何胥陶

1930年，何胥陶从福州国学专修学校毕业，回到家乡，在本村学堂教书。1931年12月26日，在福清党团混合支部被破坏，没有组织领导的情况下，他与地下党员张端哲、陈行福等同志，满腔热血，投身声势浩大的龙高暴动——打林靖部队。这一战，歼灭林靖部驻扎龙田、高山两镇两营官兵800人，击毙营长凌志雄及大小官佐几十人，收缴的枪支弹药后来装备了地下党游击队。

1934年春，中共福清县委成立，何胥陶任县委委员。是年6月下旬，何胥陶从江镜带10多个武装人员到南西亭参加暴动。暴动队伍到观元、塔石、山兜等村抓斗土豪地主，收缴枪支弹药，砸开粮仓分粮给贫苦农民。暴动持续3天，第四天凌晨，县保安队“进剿”南西亭，何胥陶带领部分人员向江镜方向转移，避过了县保安队的追捕，继续从事革命活动。

1938年，何胥陶接受地下党领导人陈亨源的派遣，任江德乡酒店保保长，翌年2月出任江德乡乡长，以合法身份为掩护，秘密从事革命活动，先后给黄国璋、陈亨源等地下党的领导和其他同志开出100余张通行证；还从乡自卫队“借出”10多支步枪，支援黄国璋到玉仑搞经济斗争。

何胥陶十分关心农民群众的疾苦，出任乡长的第一天，就在江镜佛堂明确地向各保、甲长宣布：各保摊派捐税，要经他同意，不得擅自加重百姓负担。何胥陶任职期间，为辖区群众做了很多好事。1939年11月，他发动群众“治水保田，改造江镜洋”，改变了江镜洋十年九涝、山地渗咸水影响收成的状况，农民生活有所改善。接着，又组织群众，清理江镜街道排水沟，并铺上石板，将长达900多米的明沟修成暗沟，初步改善了江镜村的环境卫生。

1941年4月，日寇侵占闽海，福清县城沦陷。面对日寇烧、杀、抢、掠暴行，何胥陶发誓与日寇血战到底。他以乡长名义在江镜建立抗日自救会，并发动100多名热血青壮年组织抗日游击队，队部设在江镜泰山寺。同年7月，何胥陶与退到福清南西亭的国民党平潭县县长、“福平沿海抗日游击区指挥部”指挥官罗仲若达成合作抗日协议，将队伍编为第三大队，何胥陶任大队长，下辖3个中队。他把队伍带到江阴、上迳一带，一边宣传抗日，一边筹款、借枪，共筹到36支枪，武装了抗日游击队。七八月间，日军进犯龙田地区，何胥陶游击队在龙田华塘埔袭击敌军，敌挨打后仓皇退回县城。游击队保卫了一方民众。

1944年9月下旬，福清第二次沦陷。何胥陶和福清中心县委书记陈亨源一起，通过谈判把江德乡一支60多人的国民党自卫队争取了过来，成立“福建抗日先遣队福清支队”，何胥陶任支队长。福清支队竖起红旗，张贴标语，宣传抗日，很快就发展到200多人，坚持到抗战胜利。

1945年5月下旬，遵照省委关于“化整为零，隐蔽精干”的决定，何胥陶与刘家煌带领40多个队员乘3艘船转移到平潭苏沃隐蔽休整。10多天后，遭平潭县县长林荫保安队突然袭击，何胥陶等人被捕并转送到福清。国民党保安队队长胡季宽多次审问，何胥陶都守口如瓶。1945年6月22日(农历五月十三日)，黔驴技穷的胡季宽把何胥陶五花大绑，押到融城利桥桥尾杀害。残暴的刽子手将他的头颅挂在县坪崎电线杆上“示众”。翌日，其妻余乃英含悲忍痛，用15块银圆将头颅赎回，其妹夫张端章冒险收尸，请人连夜缝连尸体，乘着月色，草草埋葬在塘沁村一处山地。直至2012年余乃英去世，才迁回合葬。

“白皮红心”，坚定的地下革命者、优秀共产党员何胥陶，为中国人民、福清人民的解放事业献出宝贵生命。牺牲时，年仅32岁。

十二、青春热血献革命——余长钺烈士(1918—1937)

余长钺，原名长秋，化名啸秋、澎秀，1918年10月18日生于福清县阳下村。1928年，他在阳下小学读书时，受思想进步的夏昌福老师影响，萌发起反帝反封建思想。

余长钺

1930年夏，余长钺已从阳下小学转到城内柴坊顶玉屏小学读书，听到中共福州市委派遣的何希銮、谢廷清等人的革命宣传，心向往之。1931年他小学毕业时，就加入共青团组织。同年，入县城教会办的明义初级中学读书，积极参加抗日救亡运动。

1932年7月，何希銮等知识青年在福清组织“同攻读书会”，余长钺是该会的骨干。该会公演话剧《阿Q正传》时，余长钺参加了演出。他生活非常俭朴，家里虽然富有，穿戴却同农家孩子一样，毫无纨绔习气，并常以金钱资助经济困难的同学。

1934年1月，十九路军撤出福州路过福清县，蔡廷锴将军在明伦堂召开民众大会，余长钺上台做了慷慨激昂的演讲。演讲毕，蔡将军拍拍他的肩膀说：“好样的！”是年春，党组织在产塘街召开一次行动会议，余长钺时任团县委书记，在会上传达省委关于革命形势和开展春荒斗争指示，会议决定组织南西亭暴动。6月下旬，党领导的南西亭暴动开始了，余长钺与何文成、陈炳奎等县委领导都直接参加战斗。8月，先后来到福清的黄孝敏、刘突军在角楼组建中共福清中心县委，由黄孝敏任书记，16岁的余长钺为县委委员。

1935年农历正月间，为了筹集革命经费，余长钺同意父亲的提议，和父亲一起直接从长乐乘轮船前往印尼。同年，回国升学，就读上海中国医学院。进入中国医学院后，他就频繁外出参加革命活动，上街写标语，联络革命学生，发起组织了中华人民抗日救国义勇军并担任领导者之一。不久，余长钺认识了来自广东省汕头市的青年学生李平和他的堂姐李若兰。李若兰是抗婚逃来上海读书的，她和李平都参加了革命活动。为筹集活动经费，情急之下，他与李若兰合照了假订婚照，李若兰又拿出一件赶织出来的女式毛线衣，一起寄回家中。母亲和三姐接到来信、订婚照和毛线衣，深深地相信孩子既然有个家了，一定要全力支持他们，于是两家拼凑了 10 块大洋给他们寄去。这笔钱，余长钺一分不少，全部用于革命宣传。1936 年 8 月，余长钺率义勇军先遣队南下广东，在香港找到中共南方临时委员会，11 月被派回福建工作，任中共闽中特委委员，参与闽中三年游击战争的领导工作。

1937 年 2 月 16 日，余长钺与闽中特委书记王于洁，委员黄孝敏、潘涛(原名陈如舫)一起在莆田梧塘洪度村召开特委会议，因叛徒薛宝泉出卖被捕入狱，随后薛宝泉又带宪兵便衣队到福清抓走县委书记陈炳奎。在狱中，余长钺他们表现得无比坚强。6 月 23 日，他与王于洁、陈炳奎、黄孝敏、陈如舫 5 人于福州鸡角弄刑场英勇就义。这就是著名的闽中五烈士。在 5 名烈士中，余长钺最年轻，就义时还未满 19 岁，他把青春和热血奉献给伟大的革命事业，浩气长存。

余长钺与李若兰的假订婚照

余长钺牺牲 49 年后，1986 年 5 月 16 日，李若兰在上海开完座谈会，和儿子陈子诚乘飞机来到福清，在时任福清县副县长郭有从、政协副主席曾焕章陪同下，向余长钺烈士纪念碑敬献了花圈，瞻仰了烈士故居，并看望了烈士的三姐余惠忠及其家人。

十三、甘洒热血写春秋——仓夷烈士(1921—1946)

仓夷

仓夷，原名郑贻进，笔名仓夷，祖籍福清渔溪，1921 年出生于新加坡。1937 年，正在初中二年级念书的郑贻进被卢沟桥事变的炮声惊动，抱着“国家兴亡，匹夫有责”的信念，放弃学业，告别亲人，回到祖国参加抗战。

1939 年初，18 岁的郑贻进奔赴晋察冀敌后抗日根据地，参加了革命。从这年 4 月起，他先后担任晋察冀边区政府办的《救国报》和民族革命通讯社记者，以“仓夷”为笔名，以笔为枪来战斗。1940 年冬，他光荣地加入中国共产党，任新华社记者。1941 年 1 月，转任《晋察冀日报》、新华社晋察冀总分社记者。

仓夷在边区工作的 7 年里，经常在枪林弹雨中采访，深入各区、村，与干部群众生活在一起，和抗战军民结下了同生死的战斗情谊，写下了大量有血有肉、动人心魄的通讯和报道。他写的《平原青纱帐战斗》《平原地道战》《幸福》《婚礼》《爆炸英雄李勇》《反扫荡》等通讯和报告文学，极大地鼓舞了边区军民的抗战斗志。1942 年“五一”反扫荡后，他采访了在这场残酷的战斗中最英勇的模范连队，写下了 4 万多字的报告文学《纪念连》，在《晋察冀日报》上连载 7 天，受到冀中军区首长的嘉奖。周扬同志称赞仓夷说：“作品正如作者一样年轻活泼，充满清新朝气，给予人一种衷心的喜悦……仓夷同志是晋察冀边区最年青、最优秀的新闻记者和报告文学作者之一。”

抗日战争胜利后不久，我党在北平成立“军事调处执行部”，并创立了新华社北平分社和《解放》三日刊。1946 年 2 月，仓夷奉命走上新的岗位，来到北平担任记者。

1946 年 6 月，蒋介石悍然撕毁《双十协定》，国民党向解放区大举进攻，并对各大城市实行恐怖政策，新华社北平分社和《解放》三日刊等被无理封闭，仓夷也被迫从北平撤回张家口。7月，美国海军陆战队向冀东解放区的安平镇发动了直接武装进攻，又造谣是人民解放军攻击了美军，从而酿成了所谓的"安平事件"。消息传来，全国震动。为了弄清真相，军事调处执行部成立了第二十五执行小组，进行对"安平事件"的调处。仓夷与另一记者萧殷，奉命于8月8日由张家口乘飞机赶赴北平，参加该小组的采访活动。由于该机场被美国人控制以及美军驾驶员的有意刁难，他们只允许萧殷一人上机，仓夷无奈只得改乘从张家口到大同，再赶当天由大同去北平的班机。就在仓夷在大同短暂候机停留期间，被国民党特务机关预谋诱骗，秘密杀害于山西大同马莲社西渠沟里，年仅25岁。

为缅怀烈士的丰功伟绩，在仓夷牺牲40周年的1986年，中共山西大同县委、县人民政府在仓夷牺牲的地方，建造了"仓夷烈士纪念碑"。并于这年8月15日，隆重举行烈士纪念碑落成揭幕典礼，以慰先烈，以昭后人。

十四、留取丹心照汗青——陈振先烈士(1922—1947)

陈振先

陈振先，又名陈振华，别名拓夫，1922年10月18日出生于福清县海口镇斗垣村。父亲陈宏宇早年毕业于省政法大学，1930年因发动反对"百货捐"、抵制并烧毁日货被捕入狱，遭严刑拷打致伤后出走印尼，1933年旧伤发作病逝，时陈振先年仅11岁。母亲夏淑琼热情接待革命同志，并参加共产党走上革命道路。因此，他的家成为革命活动的联络点。每当革命同志在他家秘密开会时，陈振先总是自觉承担站岗放哨的任务。

1935年秋，经中共福清县委书记陈炳奎和团县委书记陈振芳介绍,陈振先加入了共青团,开始了革命生涯。同年冬,到海口街县委副书记陈金来开的整雅皮鞋店当学徒,以师徒关系为掩护,开展地下革命活动。1936 年,由陈金来、陈亦桂介绍,他参加了中国共产党,成为一名自觉积极的革命战士。

1938 年,县委派他到福清私立明义中学去,一面读书,一面团结进步同学,开展抗日救亡活动。在明义中学,他与进步青年成立了福清原野读书会,创办《原野》半月刊。17 岁的陈振先,以静仙为笔名,在该刊二卷四期发表了《出嫁的前旬》,在一卷九、十期合刊发表了《张德》等小说,充满了革命的战斗精神。随着《原野》战斗力的提高,影响的扩大,反动当局勒令其停刊。不久,陈振先也离开学校,到外县去继续战斗。

1941 年 4 月,日军入侵,福清沦陷。陈振先参加抗日游击队,跟随陈亨源、刘润世、陈金来等同志在福清、长乐一带开展抗日游击战争。同年 8 月 4 日,没被抽选到敢死队的陈振先,迫切要求参加了著名的琅尾港伏击战。在这次伏击战中,他表现得十分勇敢沉着,荣获抗日银质奖章。

1945 年 8 月,日本投降,国民党反动派卷土重来,向游击区大举进攻。陈振先在家乡海口镇一带坚持革命活动。不久,又奉命到福州开展城市工作,在省立医学院等学校知识分子中发展了一批党员,建立福州第二市委,担任市委书记。

1946 年秋,党组织调陈振先回闽中工作。次年春,闽中特委改为闽中地委,陈振先被推选为地委委员,任宣传部部长兼福平工委书记。地委派他返回福清龙高地区发动群众,举行武装暴动。1947 年三四月间,他在江镜地区发动群众,组建了 100 多人的武装队伍,竖起革命旗帜,准备攻取龙(田)高(山)两镇,打击反动势力。游击队镇压了国民党县党部委员陈文辉和叛徒何阿坤等,拉开龙高暴动序幕。国民党反动派甚为惊慌,即派省保安团胡季宽率千余人分水陆两路,到龙高地区“围剿”游击队。由于敌强我弱,力量悬殊,龙高暴动夭折。

1947 年 5 月 10 日,由于叛徒何祖庆、何祖建的出卖,陈振先在福州潭尾街尤溪会馆执行任务时被捕，囚禁在福州道山路羁押所，受到10多次严刑审讯。面对反动派的淫威，他始终泰然自若、横眉冷对，表现得英勇顽强。每每受刑之后，或赋诗撰文抒发革命豪情，或写信勉励战友、亲属，有时还向看守宣传革命真理。羁押所里的某看守受到感动，为他传递了不少书信。9月23日，陈振先给党组织和战友写了一封信，叙述自己由于麻痹而被捕的经过，为自己不能继续和同志们并肩战斗而深感遗憾，痛斥敌人刑讯逼供的卑鄙行径，表明自己准备献身革命的坚定信念。在给母亲和弟妹写的遗书中，要他们不要悲伤，要坚信黑暗就要过去，胜利很快就会到来。这些遗书手稿现珍藏于北京中国革命历史博物馆，成了珍贵的革命遗产。

敌人从陈振先身上无法得到所要的任何东西，便露出刽子手的凶残面目，决定把他押到福清枪决。1947年10月30日，国民党省保安队派一班人马，将陈振先与陈亨光、陈清俤3人押往福清。押至长乐蕉岭时，陈振先趁敌人进路边茶店喝茶之机，示意难友一起逃跑。他猛一转身，向路边不远处的山林跑去，试图冲进密林脱身，可惜没跑出多远就被罪恶的子弹打中，摔倒在地上，敌人赶上去，几把刺刀同时捅进他的胸膛。陈亨光、陈清俤也惨遭杀戮，血溅蕉岭。

“人生自古谁无死，留取丹心照汗青。”陈振先烈士用自己的鲜血和生命实践了南宋大臣文天祥的豪言。

第二节　英雄模范　名垂青史

一、赴汤蹈火求解放——连大妹同志(1883—1967)

连大妹，女，清光绪九年(1883)出生于福清一都乡后溪董斜村(1958年前属永泰县管辖)一个贫苦农民家庭。

1935年，中共福清中心县委书记黄孝敏来到罗汉里一带领导穷人闹革命。她获知儿子郭永星已经与黄孝敏取得联系，十分高兴，不仅鼓励儿子投身革命，而且不顾自己家庭困难和年过半百，毅然担任了共产党的地下交通员。

连大妹

1936年2月至5月间，国民党调遣3000多兵力，对罗汉里根据地进行"清剿"。连大妹家房子被烧毁，儿子郭兴来牺牲。面对家破人亡，她没有退却，仍继续为中共闽中特委机关与闽中工农游击队递送信件，为被敌人围困在山上的游击队送粮食。

1936年秋，闽中工农游击队第一支队政委刘突军率领的60多名游击队员被围困在笕头山，粮、水断绝。连大妹心急如火，挑着两大桶煮熟的番薯，穿草丛绕小路，避过敌人岗哨，安全送达七八里外的笕头山上。

1938年6月，中共闽浙赣省委成立。中共闽中特委与设在闽北的中共闽浙赣省委之间的通信、联络工作大多由她担负。由于她完成任务出色，1939年，受到省委表扬。1940年8月，她光荣加入中国共产党。

1942年，由于与闽中特委机关接触频繁，连大妹引起敌人怀疑，国民党永泰县警察局拘留了她，严刑拷打，逼她供出党的地下组织和她儿子的去向。连大妹坚贞不屈，滴水不漏。敌人要她找熟人保释，她识破敌人放线钓鱼的诡计，义正词严地回绝："我没有罪，也没有熟人，不需要保释！"敌人无计可施，只好放她出狱。

出狱后，她继续担任党的交通员。1942年冬，闽中特委决定扩大武装力量。她曾化装成乞丐，巧妙地躲过了敌人搜查，从福州取回4支驳壳枪。1944年，她为闽中特委机关传递急件，在城头五龙村后面大山与荷枪的国民党军队相遇。情况危急，她立即号啕大哭，说是出来找儿子回去收埋去世的丈夫。对方看她衣衫褴褛，无油水可捞，就放她过境，她又一次出色地完成了任务。

连大妹为新中国的成立立下卓著功勋，但她不居功自傲，新中国成立后教育子女安心务农，过着粗茶淡饭的清贫生活，从不伸手向党、向国家要名要利。1967年，连大妹因病逝世，终年84岁。

二、倾情革命好妈妈——夏淑琼同志(1897—1980)

夏淑琼，老地下交通员、革命母亲，清光绪二十三年(1897)出生于文兴里(今龙山街道)龙山村。少时读过私塾，反对缠小脚，要求男女平等。15岁丧母，照顾父亲和3个弟妹的担子全落在她肩上。弟妹长大、父亲续弦后，才与海口镇斗垣村青年陈宏宇结婚。陈宏宇是福建法政学校毕业生，具有较强烈的爱国民主思想。她与丈夫志同道合，不仅协助丈夫在家乡修堤围海，改造自然，还支持丈夫参加抵制日货、反对征收“百货捐”等反帝反封建斗争。

革命妈妈夏淑琼

1932年，夏淑琼参加革命，协助长子陈振芳在斗垣举办农民夜校，组织秘密农会，发动抗租抗税斗争。翌年，丈夫病逝后，她仍坚持革命工作，努力完成党交给的任务。她含辛茹苦，艰苦奋斗，不仅使5个儿女都受到初中以上的文化教育，而且把他们全部送上革命征途，成为党的优秀儿女。

1934年初，她把自己的家变成县委的交通联络站。4月，中共福州中心市委被破坏后，黄孝敏、刘突军等领导人转移到斗垣村。她顶住压力，让刘、黄隐蔽在家里的小阁楼上工作。7月，她加入中国共产党，成为自觉的革命战士。10月，她参与塔坪寺暴动的组织发动工作，并亲手为暴动队伍缝制红旗、袖章。

1935年初，她负责接待从连罗苏区突围转移到海口地区的红军西南团领导人，使他们很快就跟福清中心县委和福清游击大队取得联系，投入开辟罗汉里游击根据地的斗争。

1937年，她服从组织决定，带3个孩子到海口街建立交通站。当年，她协助县委书记陈金来，动员10多个青年参加中华人民抗日救国义勇军闽中支队（泉州事变后，编入新四军北上抗日）。

1941年4月，日军入侵，福清、长乐等县沦陷。她回到家乡，协助儿子陈振先，发动乡亲参加陈金来领导的抗日游击队。琅尾港伏击战后，为掩护回乡执行任务的陈振先，她身负重伤。伤愈后，再次离家，先后在马尾、尚干、福州等地建立交通站，掩护过往同志，直至福州解放。

夏淑琼性格刚强，对革命事业追求执着。在革命年代的腥风血雨中，丈夫陈宏宇、公公陈国祥、次子陈振先先后为革命牺牲，家被抄被封了，她擦干眼泪，继续坚持革命。她带着坚定的革命信念，无数次搬迁、转移，先后在海口、宏路、长乐、马尾、尚干、福州等地建立党的地下交通站，接待过往革命者，保护了许多省、地、县领导干部。自1932年2月创建斗垣村第一个地下党的交通站开始，至1949年8月福州解放，她一直任劳任怨、忠心耿耿地担任党的地下交通员。她像母亲一样无微不至地爱护每一个来到家里的革命者，她的交通站成了革命者温暖的家。在她的教育影响下，五个子女（包括程序、陈振先、陈振亮）都走上革命道路，夏淑琼是位平凡而伟大的革命母亲。

当五星红旗第一次在天安门广场冉冉升起的时候，夏淑琼已年过半百，她抖擞精神，又开始了新的工作。新中国成立后，她千方百计创办了斗垣村第一所小学，结束了斗垣村长期没有新型学校的历史。她先后担任福清县民主妇女联合会筹备委员会主任和福清县民主妇女联合会主席。1953年调省妇联工作，1954年当选为省人大代表。1956年退休后，她仍关心群众疾苦，经常向党和政府反映群众的意见和要求，帮助群众排忧解难。三年困难时期到"文革"前夕，她深入全县各中学、小学，对广大青少年进行革命传统教育，足迹遍及玉融大地，师生们都亲切地称她为"夏妈妈"。

1980年，夏妈妈因病逝世，终年83岁。1996年底，夏淑琼的大儿子程序将母亲的遗产——一套130平方米、位于闹市后埔街的城市改建补偿房交给福清市委，建立了福清市青少年德育基地——夏淑琼纪念室。2002年2月，家乡的父老乡亲缅怀她的丰功伟绩，在龙山村村部前为她立了碑。

三、智勇双全交通员——郑笑妹同志(1906—1951)

郑笑妹又称吓姆嫂，1906年出生于福清阳下西郑村一个贫苦农民家庭，1932年参加革命，1934年加入中国共产党，长期担任地下党交通员，出色完成组织交给的任务。她4次被捕3次坐牢，受尽酷刑，百折不挠，为中国人民解放事业做出了重大的贡献。她是闽中地区杰出的女交通员，又是新中国成立后福建省第一届劳动模范。

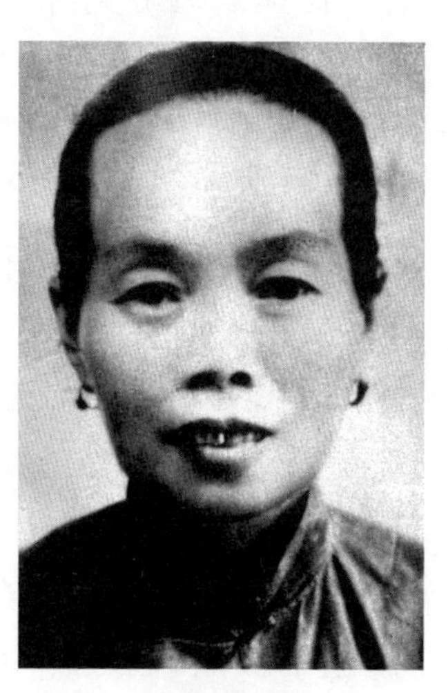

郑笑妹

郑笑妹16岁嫁到音西埕底下村一贫农家庭。不久，丈夫因贫病逝世，遂招赘雇农曾吓姆为夫婿。1932年冬，郑笑妹夫妇参加地下党领导的农民运动，组织秘密农会，发展10多名贫苦农民参加革命，使龙溪村成为地下党的革命据点。1934年4月，经地下党领导人何文成、余长钺介绍，郑笑妹夫妇同时加入中国共产党，并担任闽中特委、福清县委交通员。旋即奉命举家迁居福清北区新人店，以开设茶店为掩护，建立地下党秘密交通站。直至福清解放，交通站秘密活动长达15年，出色完成党交给的各种重要任务。

1934年6月，笑妹参与地下党发动的南西亭革命暴动。7月，又参与策划北西亭暴动。不久，县委领导人何文成、何胥陶等被捕，县委派她入狱探望，秘密转告县委组织越狱计划。何文成越狱未果，壮烈就义。8月，福清中心县委成立，她仍任交通员，顽强坚持斗争。

1936年2月底，罗汉里根据地遭到国民党军警“围剿”，特委领导人刘突军带主力小分队突围到龙溪村，把18支长短枪和数千发子弹交给她保藏。叛徒魏耿带国民党宪兵来搜查，她智斗敌顽，保护了党的这批武器。

1941年初，郑笑妹丈夫曾吓姆病逝，地下党委任其子曾焕章为交通员。从此，母子俩肩负起交通站的重任。4月20日，融城首次陷于日军。地下党陈金来在北区组织一支抗日游击队，她奉命配合郭士春筹集武器，迅速从闽侯县等地购回20余支步枪，加强了游击队的装备，壮大了抗日队伍。1944年11月，融城二次沦陷，日军四出劫掠。一日，日军30余人窜犯北区。郑笑妹挺身而出，带领20多名热血青年，向地方豪绅借得9支步枪，埋伏在溪东河背岸，打得日兵狼狈逃回县城，使北区群众免遭日寇蹂躏。

1944年春，国民党顽固派疯狂进攻地下党根据地。郑笑妹一次又一次巧妙化装，穿越封锁线，到根据地和地下联络点递送情报。同时，掩护闽中特派员林汝楠在北区开展活动。并在墓亭楼、云中洋等地建立新的革命据点。同年3月，她到一都后溪根据地执行任务，途中被敌人抓捕，备受酷刑，宁死不屈，被关押3个月后释放。1946年2月，第二次被捕入狱，遭受残酷摧残，几次受刑昏死过去，仍顽强斗争，敌人查不出证据，囚禁8个月后释放。1947年1月，儿子曾焕章被捕，她前去探狱，鼓励儿子坚持斗争，后经组织营救获释。至年底，她第三次坐牢，敌人用尽酷刑，她始终坚贞不屈，保持了革命者的高贵气节。在残酷的革命年代，郑笑妹为了支援革命，卖掉了仅有的4亩山田，又忍痛卖了两个女儿，贡献出所能贡献的一切。

1948年，人民解放战争迅猛发展，郑笑妹全家都投入解放战争的洪流。她在北区发动群众开展“双减”、反霸、反“三征”斗争，并配合地下党武工队，向地主、豪绅收缴武器弹药，壮大游击队武装力量，迎接福清解放。

1950年，郑笑妹当选为福建省第一届劳动模范，应邀在全省英模代表大会上，作题为《坚持革命十八年》的报告，受到省领导和与会代表的高度赞扬。1951 年 3 月 15 日，因积劳成疾，溘然长逝，终年 45 岁。

四、鞠躬尽瘁为人民——程序同志(1919—1998)

程序

程序原名陈振芳，1919 年 5 月 12 日出生于海口镇斗垣村一个革命知识分子家庭。他幼读史书，少年时就深知“天下兴亡，匹夫有责”。1931 年“九一八”事变，在龙田融美中学读初一的他，满怀激情地写了《蒋日妥协感言》和《致张汉卿将军一封信》，呼吁抗日，并参加组织学校抗日宣传队，下乡演出宣传。是年 12 月，他参加龙(田)高(山)民众武装暴动后，接受中共福清地方组织领导人交给的任务，翌年在家乡斗垣村创办民众夜校，组织秘密农会，开始革命生涯。

1934 年 7 月，陈振芳参加共产主义青年团；8 月，任共青团福清中心县委书记；12 月转为中共党员，并增补为中共福清中心县委委员，成为肩负福清革命重任的最年轻的领导人。1935 年秋，他奉命上福州开展城市工作，在协职中学开办夜校，成立读书会，建立中共协职支部。1938 年 9 月，调到南平，任中共闽江工委委员、组织部部长，领导沙县、永安等县抗日救亡工作。翌年秋，年仅 20 岁的他被选为党的七大代表；1940 年，奔赴延安，先后进入马列学院、中央党校学习，参加延安整风运动和大生产运动。1945 年，奉命挺进东北，参加东北三年解放战争，先后任沈阳蒲河总区区长，沈铁抚联合县县委副书记、书记和沈阳市工委民运部部长。沈阳解放后，历任中共沈阳市农委书记、组织部部长、财政贸易部部长、市委常委，中共辽宁省委委员、工业部部长，省科委主任兼中国科学院辽宁分院院长、党委第一书记，中共中央东北局科委副主任，为东北重工业基地的社会主义建设，殚精竭虑、呕心沥血。“文化大革命”期间，下放劳动。1976 年后，担任本溪市委第一书记、革委会主任，抚顺市委书记兼军分区第一政委。

1981 年，他调任福建省委书记兼组织部部长，参与主持平反一大批冤假错案，落实政策。1983 年，兼任省委工贸领导小组组长，投身改革开放大潮，内联外引，发挥重要作用。1985 年 7 月至 1993 年 1 月，任福建省第六、七届人大常委会主任，履行人大职责，立法建制，为依法治省做出贡献。离休后，担任关心下一代工作委员会主任、省老年大学校长、玉融经济发展促进会会长、省老龄工作委员会名誉会长等几十个社会职务，为福建的两个“精神文明”建设继续做出贡献。他大力支持在家乡斗垣村故居建立的革命传统教育室，被列为福州市爱国主义教育基地。1996 年，主动献出其母亲夏淑琼的遗产——位于融城后埔街的 1 套 130 平方米的住房，作为青少年德育基地。

程序一生革命，矢志不移。在几十年戎马生涯中转战南北，生命不息，奋斗不止。解放战争中先后两次被授予人民功臣勋章。离任后虽年事已高，仍热心老年人和关心下一代工作，荣获“全国关心下一代工作先进个人”称号。1998 年 8 月 31 日，他偕夫人王贵轩前往漳州参加中央“关工委”宣传工作座谈会，9 月 1 日，在会上发表热情洋溢的讲话。9 月 3 日，从泉州赴厦门，因心脏病突发抢救无效于 18 时 12 分与世长辞，享年 79 岁。9 月 16 日，福清人民在他的家乡斗垣村为他举行隆重的骨灰安葬仪式。

程序同志解放战争时期在东北

五、一生听从党召唤——俞洪庆同志(1918—1963)

俞洪庆

福清解放后首任县长俞洪庆,1918年7月12日出生在福清县海口镇塘头村的一个农民家庭,少年时读过小学,参加革命前务农,兼做些小生意。1939年,青年俞洪庆投身革命,加入抗日游击队,参与福、长、闽(福清、长乐、闽侯)三县抗日战争。

1941年4月19日,从长乐登陆的日寇,经松下入侵海口镇,继而进袭福清县城,占据福清,福清第一次沦陷。5月,俞洪庆奉命以游击队参谋身份与撤到龙高地区活动的平潭县县长罗仲若游击队谈判,达成合作抗日协议,加入福平沿海抗日游击队,福清游击队编为第八中队。8月4日,参加长乐抗日游击总队策划的琅尾港伏击战,48名游击队员组成敢死队,其中福清队员16名,由陈金来率领,俞洪庆任敢死队副机枪手,沉着杀敌。是役击毁敌艇一艘,击毙中岛中佐、村野分队长等日军官兵42名,震动省内外,受到中共华东局的表扬和中共福建省委的嘉奖,许多爱国华侨纷纷从海外寄来慰问信表示祝贺。

1942年1月,经过战斗洗礼的俞洪庆光荣加入中国共产党。2月29日,我党开展经济斗争,省委军事特派员黄国璋带领俞洪庆等16名武装骨干,智袭涵江交通银行,缴获钞票400多万元、黄金20多两。这对解决当时地下革命活动的经费问题意义重大。

抗战期间,他参加了梨洞、钟山、漈头、清溪等突围、反扫荡战斗。

1946年6月,从枪林弹雨中走出来的俞洪庆,任中共福长林(福清北区、西区至长乐玉田、闽侯七里等地)工委书记,坚持深入农村,组织人民游击队,领导群众进行革命斗争。

1947年4月，参加龙高暴动未果，俞洪庆转移到莆田，加入闽中游击纵队。6月，泉州游击队与闽中游击纵队汇合，整编为戴云纵队直属支队，俞洪庆任第一中队长（福清中队）。7月，戴云山会战打响。在艰苦恶劣的环境下，俞洪庆带领战士们与国民党反动派做顽强斗争，在戴云山坚持战斗4个月，作战数十次，曾身负重伤，隐蔽在群众家中养伤，以革命乐观主义精神坚持斗争。

1948年6月，闽中地委派俞洪庆、沈祖澄、沈祖夏、陈振亮和陈振标回福清恢复党的组织活动。他们在里美北厝召开扩大会，组织武工队发动群众，开展"双减"、反霸、反"三征"斗争，恢复发展了基层党组织，壮大了游击武装力量。1949年6月，俞洪庆兼任闽浙赣人民游击纵队闽中支队副参谋长，积极配合人民解放军解放福清及闽中各县。8月16日，福清解放后的第一天，福清县人民政府宣告成立，同时宣布闽中组织委员俞洪庆任县长。俞洪庆立即安排了旧人员去留、新币值换算等工作，迅速建立革命新秩序，安排支前任务。

由于福清重建、支前工作干得出色，组织机构健全，解放军第二十八、二十九两军政委又把解放平潭、厦门的支前任务交给福清。俞洪庆接到任务后，立即安排人员成立支前指挥部，同时解决解放军新战士的住宿问题。当时，各区供应粮草不仅及时而且充足，每天都有300多人（南区人数最多）自带扁担、麻绳坐在县人民政府门前空地上听候调用。

俞洪庆10多年来兢兢业业，坚持地下斗争，跑遍了当时闽中地区30个县、市，先后受过奖励20次，被评为模范战斗员。1952年，俞洪庆调任华东工业部浦江机器厂党委副书记，后又任上海中华卷烟厂党委书记。

俞洪庆始终心系家乡建设。1961年夏，当他得知福清县首幅政区图要在上海付印时，特意安排会见了送清绘地图赴沪的林一霹老师，仔细询问了福清社会主义建设情况，并热情地请林老师上饭店用餐，桑梓情深，感人肺腑。放下革命的枪杆，投身国民经济建设，俞洪庆继续以其饱满的革命热情为党和人民做出力所能及的奉献。然而，由于早期在战场上负过多次重伤，终因积劳成疾，旧伤复发，治疗无效，于 1963 年 6 月 12 日与世长辞，享年 45 岁。

为了教育下一代，当年福清县委决定为俞洪庆同志建墓立碑。如今，“党的好儿女”“人民的忠诚卫士”碑石经过数十年的风雨，仍屹立在他的墓前，激励一代又一代的后人前进。

俞洪庆陵园(陈标摄)

第七章　福清市革命老区遗址和纪念场馆

福清老区人民从第二次国内革命战争开始，就自觉接受中国共产党的领导，进行马克思主义思想的传播，1934 年 1 月，中共福清县委在阳下漈头村陈氏支祠诞生。随着党的工作重点转移到农村去，革命的火种便在福清的大地上迅速点燃，在福清东西南北中，都留下着革命先驱的足印，因此留下许多珍贵的革命遗址。这些红色资源大都得到妥善保护，成为福清的爱国主义教育基地，昭示后人，不忘初心，砥砺前行。这里简介部分革命老区遗址和纪念场馆，以缅怀福清人民与革命先辈的丰功伟绩。

第一节　革命老区遗址

一、阳下街道漈头村陈氏支祠

——中共福清县委机关诞生地和驻地旧址

陈氏支祠位于福清市阳下街道漈头村中心，福清市漈头革命历史纪念馆北侧，是中共福清县委机关诞生地和驻地旧址。

1932 年 5 月，中共福州市委派何文成回福清建立党组织。7 月，中共福清特支建立，何文成任书记。何文成、陈炳奎、余长钺等在陈氏支祠中以小学教员身份为掩护，开展革命工作。

1933 年 8 月，隶属莆田中心县委的中共渔溪特支成立。同年冬，何文成与渔溪特支书记薛文魁就撤销两个特支、建立福清县委等问题统一了意见。1934 年 1 月，福清特支领导人何文成、陈炳奎、余长钺和部分骨干党员集中在漈头村陈氏支祠开会，中共福清县委正式成立。何文成担任县委书记，陈炳奎、陈金来、余长钺、何胥陶、池亦妹仔等 5 人任县委委员。县委书记何文成在陈氏支祠戏台墙壁上题写了刚健有力的四个大字——“勤朴刚毅”，以此勉励广大党员群众为革命事业艰苦奋斗。这里成了中共福清县委的第一个驻地。

阳下街道漈头陈氏支祠(陈标摄)

二、龙山街道玉塘村吴氏宗祠

——福清党团混合支部会议、解放福清战斗地旧址

吴氏宗祠位于福清市龙山街道玉塘村西，是福清党团混合支部会议旧址、解放福清战斗地旧址。

1930 年秋，福清党团混合支部成立，谢廷清任书记，陈子和、何希銮(团员)、郑致中(团员)、王道秋(团员)为委员。福清党团混合支部成立后，先后在吴氏宗祠、瑞云塔、积翠园召开会议，研究开展党的地下工作和活动，决定吸收思想进步的青年加入组织，并深入农村组织农会，开展抗租抗税活动。

1949 年 8 月 16 日，中国人民解放军攻占五马山后，进入城关水南，准备冲过利桥，占领瑞云塔，攻进融城。但敌人盘踞在瑞云塔，用机关枪火力抵挡解放军过桥。解放军无法正面攻占瑞云塔，便兵分两路夹攻。一路从桥南正面进攻，一路从倪埔村附近渡江，迂回到玉塘村南，从侧后夹击。部队过江后，进入吴氏宗祠，在祠堂顶用机枪压住瑞云塔敌军，发起进攻。塔上守敌前后受攻，招架不住，弃塔逃跑进城。解放军攻进城内，福清解放。

吴氏宗祠始建于明崇祯十一年(1638)，占地面积 2200 多平方米，三进二厅双附廊，进深 57.4 米，宽 39.4 米，背靠卧牛山坵，左边龙江环带，右望玉屏高峰，与瑞云塔、黄阁重纶坊交相辉映，1686 年、1948 年曾两度重修。2003 年再次重修，历时 3 年，耗资人民币 420 余万元，古祠原貌犹存，仍呈现明代建筑风格。

解放福清战斗地旧址玉塘吴氏宗祠(王华民摄)

三、龙山街道利桥、瑞云塔

——福清党团混合支部活动、解放福清战斗地旧址

利桥位于福清市龙山街道，横跨龙江两岸，古称龙首桥。瑞云塔位于福清市龙山街道利桥北岸，是福清党团混合支部活动、解放福清战斗地旧址。

1930 年，中共福州市委派融籍共青团员何希銮回福清开展建团工作。何希銮回福清不久，就组织成立了三个团小组，积极开展

解放福清革命遗址瑞云塔和利桥(王华民摄)

活动。是年端午节龙舟竞渡前夕，各小组在瑞云塔周围、利桥街上张贴大量标语，又从塔顶散发五六百张革命传单，民众争先传阅，国民党当局惊慌失措。是年秋，福清党团混合支部成立，在瑞云塔召开了一次支部会议，讨论吸收进步青年加入组织，深入农村组织农会，开展抗租抗税活动。1930 年底，支部书记谢廷清被捕，支部夭折，党团组织活动停止。

1949 年 8 月中旬，中国人民解放军第十兵团第二十九军八十五师奉命解放福清。8 月 15 日晚上，八十五师第二五五团和第二五三团的一个营，在福清游击队配合下攻占福清宏路，敌守军溃逃。8 月 16 日凌晨，第二五四团攻下五马山炮兵阵地，拿下小南洋村，进入水南，准备冲过利桥，攻入融城。早上 6 时，二连连长沙飞龙带领一个排的战士，在机枪掩护下冲上利桥。据守在瑞云塔上的敌军用机枪疯狂扫射，沙连长和李炳湖排 30 个勇士全部壮烈牺牲，鲜血染红了龙江古桥。解放军无法正面攻占瑞云塔，便兵分两路夹攻瑞云塔，一路从桥南正面进攻，一路从侧后夹击。守敌前后受攻，弃塔逃跑进城。16 日上午 10 时许，人民解放军攻进城内，福清解放。

利桥始建于宋天圣五年(1027),原址在福清南门外。因桥与南门相直,面对县衙,为堪舆所忌。在叶向高之子、府丞叶成学及县父老诸生建议下,明万历三十四年(1606)冬移桥于小孤山,即现桥址,同时于桥北建瑞云塔。1987年11月23日,被福清县人民政府公布为县重点文物保护单位。

瑞云塔建在龙江北岸,俗称利桥塔。传说卜基之日,五色云自太保山来覆其上,烂漫辉映,故名。福清流传六十年一度甲子中秋点塔灯活动的传统风俗,始于明天启四年(1624)。时瑞云塔已竣工九年,恰逢岁序之首甲子,由参与建塔者倡议,这年中秋节在瑞云塔上结彩点灯,表示庆贺。此后便沿袭下来,成为福清独有的甲子点塔灯盛会。瑞云塔具有重要的文物价值,1961年5月,被福建省人民政府公布为第一批文物保护单位。

四、镜洋镇长征村掌溪蔡三俤家

——中共闽中特委成立地旧址

蔡三俤家位于福清市镜洋镇长征村掌溪自然村,是中共福清中心县委举行扩大会议、中共闽中特委成立地旧址。

1933年底,中共福清特支书记何文成来到福清西区,在上店、掌溪、波兰和北郭等村宣传革命,开展工作,发展许春来、陈池仔和陈石榴3人入党,并成立中共北郭支部,由陈池仔任支部书记。1934年,许春来介绍姑父蔡三俤入党。从此,掌溪蔡三俤家成为党的一个秘密联络站,何文成、黄孝敏、刘突军等领导人经常在这里碰头。

1935年5月,中共福清中心县委书记与莆田中心县委书记在蔡三俤家召开联席会议,把莆田、福清两个中心县委合并,成立中共闽中特委,会后福清中心县委改为福清县委。

蔡三俤,1886年出生在掌溪村一户贫苦农民家庭,兄弟五人,他排行第三,为人老实忠厚,粗识汉字,不善言辞。走上革命道路后,曾任闽中游击司令部庶务长,曾为红军筹划粮食,因而借过谷,负过债。

蔡三俤家在村的最后头，孤零零的单门独户，前门有前座祖厅，能挡住人们出入的视线，后墙角打通了一道小门，又有杂树遮掩，很隐蔽，地下党人员来往，既方便又安全。闽中特委就在这里安全诞生了。1937 年农历三月，蔡三俤在执行任务中不幸被捕，在狱中受尽酷刑，遍体鳞伤，但他坚贞不屈，与敌抗争，没有泄露党的机密半个字，最后在狱中献出了生命，牺牲时年仅 52 岁，正当壮年。当年 8 月，他未竟的事业由他的妻子许春宋和儿子蔡圣美接上。母子俩靠挖野菜度日，且为送情报打掩护，就这样又坚持了 10 余年，直至福清解放。许春宋于 1961 年 6 月病逝，享年 68 岁，一生中默默为党工作 30 余年，始终没有向组织要求过待遇。1922 年出生的蔡圣美，从 8 岁起就跟随母亲以挖野菜为掩护送情报。1960 年与磨石村寡妇汤美玉结合，1962 年 3 月，生下女儿蔡秀如。秀如发誓继承祖父蔡三俤的遗志，并为蔡家传承香火，招邻村平原村民林贤昌上门为婿。夫妇俩婚后做的第一件事，就是整修闽中特委会址——蔡三俤故居。

2014 年 10 月，福清市委把掌溪村蔡三俤家辟为“福清市革命遗址和党史教育基地”，大门左边庄重地悬挂着“中共福建省闽中特委会址”竖牌，大门两边前墙分别写有横幅：“流芳千古，彪炳史册”“缅怀英烈，牢记历史”，在东西两扇墙上记载着闽中革命史。

中共闽中特委成立地旧址镜洋镇掌溪蔡三俤家（陈标摄）

五、镜洋镇西边村角楼自然村

——中共福清中心县委成立和活动地旧址、福清游击大队驻地旧址

角楼位于福清市镜洋镇西边村，邻近永泰县边界的罗汉里山区，是中共福清中心县委成立和活动地旧址、福清游击大队驻地旧址。

1934年7月，中共福清县委书记何文成被捕，福清地下党工作一时陷入困境。8月，中共福州中心市委委员黄孝敏与刘突军等召集党团员在角楼自然村开会，决定成立中共福清中心县委和共青团福清中心县委，统一领导福清、闽侯、长乐、平潭、永泰等县的革命斗争。时黄孝敏担任县委书记，刘突军、余长钺、陈炳奎、陈金来、何胥陶、池亦妹仔等为县委委员，陈振芳担任共青团福清中心县委书记。11月底，"工农红军游击队福清大队"在西区成立，刘突军任大队长，黄孝敏任政委，陈振芳任政治干事。1935年1月，福清中心县委在镜洋掌溪村蔡三俤家召开扩大会议，决定游击队先进驻角楼，再伺机进入罗汉里，开辟游击根据地。1935年4月，国民党军队继续"围剿"沿海的西南团武装，占领连江沿海地区，派海陆空三军"清剿"西洋岛、浮鹰岛。危急时刻，原中共连江县委书记魏耿、闽东西南团团长杨采衡等带领20多名骨干，从西洋岛突围渡海来到福清，加入福清游击大队。游击大队进驻角楼村，为随即开展的以罗汉里为游击根据地的三年游击战争打下坚实的基础。

角楼村当时只有一户4口的人家，3间草房。因在深山密林，地理位置太偏僻，年久失修，现已坍塌成废墟，只剩下地基。

六、东张镇玉井街玉井庙

——福清党团混合支部诞生地旧址

玉井庙位于福清市东张镇玉井街，是福清党团混合支部诞生地旧址。

1930年秋，中共福建省委派福清籍党员谢廷清回福清开展党的工作。谢廷清回福清后以明义中学教员身份为掩护，积极联络同志，与何希銮及其领导的各团小组接上关系。不久，他会同陈子和、

郑致中等10多人在东张玉井庙开会，成立了中共福清县委，谢廷清任书记，陈子和、何希銮（团员）、郑致中（团员）、王道秋（团员）为委员。这个县委只是党团混合组织，确切地说，只能称之为福清党团混合支部。会议决定谢育骝负责筹办村教育促进会，王道秋负责抓福厦公路线工作，陈子和抓城郊10个乡，郑致中负责龙田、高山地区，何希銮负责共青团及妇女青年工作。

福清党团混合支部成立后，先后在瑞云塔、积翠园、吴氏宗祠召开3次会议，决定吸收思想进步的青年加入组织，并深入农村组织农会，开展抗租抗税活动。

1930年底，谢廷清被捕，何希銮迫于形势赴沪升学，党团混合支部夭折。尽管如此，福清毕竟开天辟地，第一次有了中国共产党的地方组织。

玉井庙又称玉井宫、水井宫、水井寺，是东张九墩十八社民众共同的神庙，传说始建于宋末元初，历史悠久，主祀元帅公，左右两厅配祀境主和土地公。建筑风格是明代六扇厝三进厅土木结构，雕梁画栋，造型美观，占地面积2000多平方米。新中国成立前夕这里曾是东张农会会址，新中国成立后为东张乡政府办公地，后来在此创办东张小学。1958年，福清第七中学也在这里诞生。“文革”期间为东张侨联藤厂。据碑刻，玉井庙明天启年间至清光绪年间多次重修，1992年春全面大修，2007年再次扩建，辟为老年人活动中心。

福清党团混合支部成立旧址东张玉井庙(伍是庆摄)

七、融城产塘街陈培锟故居

——中共福清县委扩大会议旧址

陈培锟故居位于今福清市玉屏街道产塘街，是中共福清县委扩大会议旧址。

1934 年 1 月，中共福清县委正式成立，何文成担任县委书记，陈炳奎、陈金来、余长钺、何胥陶、池亦妹仔等 5 人任县委委员。1934 年春，福清灾荒十分严重，广大农民的生活更为艰难。县委在融城产塘街陈培锟家召开扩大会议，研究、寻找新形势下党组织的行动方向。

县委委员、共青团县委书记余长钺在会上传达省委关于形势的报告和开展春荒斗争的指示。经过讨论，会议确定了把工作重点转移到农村的方针，决定组织南西亭暴动。1934 年 6 月下旬，中共福清县委发动、组织 100 多人，在龙田镇举行南西亭暴动，揪斗地主、土豪和高利贷者，没收金银，收缴枪支弹药，分发粮食给贫苦农民，受到贫苦农民热烈欢迎，震惊国民政府福清当局，派军警、保安队前往镇压。这次斗争打击了南西亭一带的封建地主，赈济了部分饥民，充分显示了农民群众团结战斗的力量。

陈培锟生于 1877 年，是清光绪二十四年(1898)进士，民国时期曾代理省府主席。抗日战争期间，参与组织民众开展抗日救国斗争。福州解放后，被福州市军事管制委员会选为特邀代表，参与人民政府工作。因年代久远、旧城改造等历史原因，陈培锟故居具体位置已不可考。

八、一都镇罗汉里

——闽中工农游击队第一支队根据地旧址

罗汉里位于福清市一都镇，在福清、永泰交界处，原属永泰县，1958 年划归福清管辖，是闽中工农游击队第一支队根据地旧址。三年游击战争时期，闽中游击区是南方游击区之一，罗汉里游击根据地是闽中游击区的重要组成部分。

1934年10月中央红军长征后，中共福清县委和刚成立的福清游击大队与上级联系中断，处境艰难，亟须建立游击根据地。罗汉里方圆100多里，地处深山，人烟稀少，交通不便，土匪常年出没，国民党统治势力鞭长莫及，具备建立根据地的优越地理条件。以罗汉里为中心，可把闽中、闽东几个县连成一片。1935年初，盘踞在罗汉里最强大的一股土匪被国民党收编，土匪头子刘春水被捕杀。是年2月底，福清中心县委书记黄孝敏派陈云飞到罗汉里附近的集镇琯口开展工作，伺机进入罗汉里。陈云飞说服刘春水的叔叔刘阿和把游击大队接入罗汉里，自己也加入其中。不久，黄孝敏带领游击大队进入罗汉里，在刘阿和等人的大力协助下，开辟了罗汉里游击根据地。

中共福清县委为游击大队筹集经费、粮食、枪支、医药，全力支持罗汉里游击根据地的巩固与发展。第一支队肃清了罗汉里根据地范围内的刘春水残部和吴守师、黄阿大两股土匪及一都、琯口的反动民团。

从1935年下半年到1936年初，第一支队对国民党地方统治势力进行灵活机动的军事打击，比较重要的战斗有5次：一是1935年10月，刘突军、吴德标率队奔袭大洋田赋分柜，全歼粮务队，活捉铺差方春霖和乡长郭韩侯。二是是年11月，魏耿、杨采衡带领30多名游击队员往东山寨打击反动地主，烧毁大批山契、厝契、田契，并与国民党保安队激战数小时，当晚撤回罗汉里。三是是年12月，刘突军率领支队主力奔袭闽侯县大义乡民团，解除了驻在十八姓祠堂里80多名常备队的武装，缴枪30多支，解救被拘禁壮丁70多人。四是1936年2月，刘突军、魏耿、吴德标、杨采衡带领60多名队员和100多名群众攻打闽侯县扈屿镇，全歼紫来庵敌人，缴枪20余支，释放被关押的无辜群众30多人，并缴获土豪地主的粮食、布匹等物资运回罗汉里游击根据地。五是1936年2月24日的河村桥伏击战。吴德标等率领70多名队员在河村桥附近相思岭下打伏击战，擒俘国民党7名官员，击毙两名宪兵，缴获一批枪支、金银、钞票，给国民政府福建当局一次沉重的打击。

河村桥伏击战后，福建省主席陈仪亲自部署“清剿”，福州附近所有驻军、保安队、宪兵、自卫队3000余人扑向罗汉里游击区。第一支队坚持了近两个月的反“清剿”斗争，于1936年5月上旬突出重围，离开罗汉里，转移到莆田广业山区。

罗汉里游击根据地内的罗汉寺，又称双福寺，位于一都镇普礼村罗汉自然村，宋元时期为大型寺庙。20世纪30年代，闽中工农游击队经常在此开会、学习。2015年，一都镇先后投入300万元修建双福寺、革命英雄纪念碑、红军亭、革命纪念展览室、红军路遗址等爱国主义主题教育站点。同年，罗汉里闽中工农游击队根据地遗址被列为福清市爱国主义教育基地。

闽中工农游击队第一支队根据地旧址罗汉里双福寺（陈标摄）

九、江镜镇酒店村泰山寺

——龙高暴动指挥部、闽中军分区司令部旧址

泰山寺位于福清市江镜镇酒店村，是1947年龙高暴动指挥部、闽中军分区司令部旧址。

1941年4月，日寇侵占闽海，福清沦陷。面对日寇烧杀抢掠暴行，白皮红心的何胥陶发誓与日寇血战到底。他以江德乡乡长名义，在江镜发动近百名热血青壮年组织抗日游击队，编为福平沿海抗日游击队第三大队，队部设在泰山寺。

1944 年 9 月，福州地区第二次沦陷。10 月，何胥陶回到江镜，召集旧部借枪筹款拉起队伍，在泰山寺、聚福堂竖旗抗日。成立福建抗日游击先遣队福清支队，何胥陶任支队长，刘家煌任副支队长，队员 100 多人，在龙高一带开展抗日活动。

1947 年 4 月，闽中军分区在这里组织龙高暴动。司令员黄国璋、副司令员陈亨源、政委林汝楠，与中共闽中地委委员、福平县委书记陈振先带领的一部分游击队在泰山寺集中，准备发动龙高暴动。这次暴动因保密不严，领导人对偶然发生的事件处理失当，计划被敌人觉察，遭到十倍于起义武装的保安队"围剿"，福清游击队受到重创。尽管暴动夭折，损失很大，但牵制了敌人的兵力，扩大了党的政治影响。

泰山寺位于江镜镇酒店村东北角，始建于宋代，明代重建，整座寺宇系穿斗式木构架，占地面积 500 多平方米，现只剩下部分遗址。

江镜镇泰山寺(陈标摄)

十、港头镇后卓村福兴寺

——福清龙田高山地下党活动地旧址

福兴寺位于福清市港头镇后卓村东面，原化南里六十三村之中心地，土地革命时期，福兴寺为龙高地区中共地下党武装斗争的活动据点之一。

1933 年 6 月，何文成、何胥陶、陈行福等地下党领导人，在港头沁塘、瑶山、玉田等村秘密组织瑶山人民自治会。10 月，中共福清特支派共产党员陈行福带领 80 多名瑶山人民自治会会员打下福瑞当铺，解除守铺民团武装，打开库房、金柜，抄出收当物件，让群众凭当票领回。打当铺后，瑶山会武装集中在福兴寺，白天训练，晚上打土豪，开展经济斗争，打击封建剥削势力。周围的土豪地主纷纷联名上告县国民政府。11 月上旬，国民党福清县县长甘沄率驻军（十九路军两个连）“围剿”扑空，恼羞成怒，下令纵火焚烧福兴寺。大火烧了三天三夜，108 间殿舍成了废墟。

福兴寺原名福兴院，是释、道、儒共处的寺院，占地面积 10 余亩，为福清南部第一大寺，始建于宋庆历四年（1044），废于元，复于明万历末年。清康熙至嘉庆 150 多年间，历经多次修葺、扩建。1933 年被烧毁后，直至 1998 年才开始动工重建。2003 年，周围各村华侨及群众捐资再次重修。

港头镇福兴寺（陈标摄）

十一、高山镇薛港村薛港堂

——闽中游击队活动驻地旧址

薛港堂(商国金摄)

薛港堂位于福清市高山镇薛港村西，抗日战争和解放战争时期，是中共闽中地方组织及其领导的游击武装的联络站与活动点。

1937 年，闽中工农游击队开始在这里活动。1940 年，薛港堂被中共福清地下党组织辟为革命联络站。时薛港堂的看庙人任肚肚，高山镇后岑村人，忠厚善良，因上无片瓦下无立锥之地，无奈偕妻带子，栖身庙堂，靠耕种几亩庙地和销售香烛纸钱度日。在薛港一带开展抗日救国活动的共产党人翁其由、薛由雄发展任肚肚参加革命，委他负责联络龙高地区党组织和抗日游击队工作，以卖茶水为名，交接文件，转送情报。此后，薛港堂成为游击队的活动点。

薛港堂联络站历经抗日战争、解放战争两个时期，不仅传达输送大量文件、情报，还护送了黄国璋、何胥陶、陈振先等几十位地下党和游击队领导人，是龙高地区重要的革命遗址。

薛港堂始建于明万历二十五年(1597)前，堂内香火兴盛于明、清及民国初，主祀五皇大帝，左右配祀泗洲神、大王公、泰山公及观音菩萨，曾是薛港村及附近各村信众祈求神灵庇佑的庙宇神堂。当年来这里接头联络的革命同志大都以求神拜佛的名义，以烧香抽签为掩护进行革命活动。1982 年，薛港堂重修。2003 年，日本、印尼华侨及港澳台同胞等国内外信士献资重建，2005 年腊月竣工。建筑面积 1027 平方米，保护范围面积 5550 平方米，成为薛港村民重要的文化活动场所。2010 年 2 月 25 日，福清市举行市重要革命遗址——薛港堂重建落成庆典。

十二、沙埔镇西叶村龙潭寺

——福清游击队活动驻地旧址

龙潭寺位于福清市沙埔镇西叶村东，地方偏僻，便于隐蔽，又靠近海边，海上交通便利，且有非常深厚的革命群众基础，许多福清游击队员、地下革命工作者都曾在这里驻足，是第二次国内革命战争、抗日战争与解放战争时期福清游击队的革命据点。

革命遗址龙潭寺(商国金摄)

据该寺记载，1944 年 9 月间，中共福建省委在长乐南阳召开扩大会议，部署抗日游击战争。会议决定组织武装力量，打击日寇和国民党反动势力。这年初冬，中共福清中心县委书记陈亨源与何胥陶把七八十名地下游击队员带到龙潭寺，以龙潭寺为据点，开展抗日斗争。游击队收编了高山翁廷本自卫队，建立了 200 多人的人民抗日自卫武装队伍。

解放战争时期，中共福清县地下组织领导曾在寺内召开秘密会议，部署力量打击国民党反动势力。1947 年，龙潭寺复办了龙潭小学，叶在源兼任校长，继续开展地下革命活动。1949 年，他们还组织几十名游击队员，到龙田协助攻打国民党第九十六军，并多次袭击国民党联保盐兵缉私队等，直到解放。龙潭寺又称潭下寺，始建于何时不详，于 1995 年正月重建，占地面积 7277 平方米。

十三、音西街道云中洋村戴氏宗祠

——中共福清县委机关驻地旧址

戴氏宗祠位于著名革命基点村——福清市音西街道云中洋村岭口自然村，是解放战争时期中共福清县委机关和闽中游击队驻地。

1949 年 2 月中旬，中共福清县委在戴氏宗祠召开扩大会议，贯彻闽中地委于 1 月 28 日至 2 月 8 日在福清溪尾洋召开的扩大会议精神。县委成员和各区领导干部 100 多人出席，俞洪庆、沈祖澄主持会议。会议做出发展党组织，扩大游击武装力量，继续开展除霸、反“三征”斗争决定。为了便于领导，会议划分了东、南、西、北和天章区的区域范围，把江阴岛划归南区管辖。会后，各区先后成立了区党委会，大力发动群众，发展党员，成立农会，组织民兵，建立游击队，全面开展缴枪、反“三征”、减租减息和除恶反霸斗争。

1949 年 6 月 29 日，高飞带领的平潭游击支队主力奉命撤出平潭，经松下、七社两村进入西区云中洋村，以云中洋为基地，组织小分队参加福清游击队发动的夜间袭扰县城敌军的活动。

中国工农红军游击队福清大队成立旧址云中洋戴氏宗祠(陈标摄)

戴氏宗祠为四合院祠庙建筑。据省博物院原副院长王振镛考证,宗祠约始建于晚清,于20世纪30年代重建。新中国成立后在这里开办云中洋小学。20世纪90年代初,海外赤子协力重修,于1991年修竣。2002年大修,正座梁架保留原有特点,其他均改变原貌。

十四、城头镇湖美村龙卧禅寺

——闽中游击队第五大队驻地旧址

龙卧禅寺位于福清市城头镇湖美村五龙山下约一里处,是闽中游击队第五大队驻地旧址。

1949年五六月,闽中游击队第五中队由陈振亮率领进驻龙卧禅寺,以该寺为营地整编队伍,开展军训,部署力量,防止国民党残部溃逃。后来队伍扩大到400多人,不久即扩编为第五大队。大队派出精干游击队员召集海口、城头一带船工,将船只藏匿起来,防备敌人向平潭等地逃跑;派出小分队袭击敌人哨所,扰乱敌人,痛击下乡抢劫民财的敌保安队;派余孔华前往莆田大洋闽中游击队司令部,带领中国人民解放军第二五四团越过敌人封锁线,与大队会师,解放福清。8月，解放军团长李力群和闽中游击队第五大队政委陈振亮商讨攻福清城计划，决定解放军为主力，游击队为向导配合战斗。8月16日，福清解放。龙卧禅寺成为游击队支持配合人民解放军解放福清的重要据点，为解放福清发挥了重要作用。

龙卧禅寺是福清五大寺庙之一，初名伽蓝寺，创建于唐咸通五年(864)，历史上曾几次焚烧，几度重建。宋乾道三年(1167)由檀越捐助，广募众缘，修建了佛刹、藏殿、法堂、门庑、寝室，改称为龙卧禅寺。元、明、清三个朝代多次重修重建。1987年11月23日，福清县人民政府公布龙卧禅寺为县级重点文物保护单位。2004年，海外乡亲和广大善男信女捐资重建。为缅怀革命先烈，当地群众筹建“中共福清龙卧寺游击队旧址纪念碑”，2017年7月1日，龙卧禅寺举行立碑典礼。

闽中游击队第五大队驻地旧址城头镇龙卧禅寺(陈标摄)

第二节　革命纪念场馆

一、福清市漈头革命历史纪念馆

福清市漈头革命历史纪念馆(陈标摄)

福清市漈头革命历史纪念馆位于福清市阳下街道漈头村，距福清市中心约7公里。

漈头村是福清市重点老区基点村，中共福清县委的诞生地。20世纪30年代初，中共福清地下党员何文成、陈炳奎等在漈头村开展革命活动。1934年1月，中共福清特支领导人和部分骨干党员何文成、余长钺、陈炳奎、陈金来、池亦妹仔、何胥陶等集中在漈头村陈氏支祠开会，组建了中共福清县委，何文成任书记。漈头村成为福清革命的摇篮。同时，漈头村是著名革命英烈、闽中特委执行委员、第三任福清县委书记陈炳奎的家乡。抗战时期，漈头村成为党领导福清人民武装抗击日本侵略者的重要基地。1941年4月，福平沿海抗日游击队第八中队在漈头村组建，驻在村中的陈氏祠堂。陈谋文、陈孙明、陈文焕等漈头青年自愿参加了第八中队。1941 年 4 月，在琅尾港对日军伏击战中，陈谋文参加敢死队，英勇杀敌，身负重伤，荣获银质奖章。1948 年秋，重建的中共福清县委下辖的北区区委与漈头村支部成立，5 位区委领导成员中陈经国、陈雄彬、陈文焕是漈头村人。在中共北区区委和漈头村支部的领导下，漈头村的除暴反霸反“三征”斗争轰轰烈烈地开展起来，漈头村及附近各村成了共产党领导的游击队的天下。从土地革命战争时期到抗日战争、解放战争时期，漈头村人民始终跟着共产党干革命，前仆后继，先后牺牲了 10 位革命战士。他们的功绩彪炳青史，英名永垂不朽。

为记录从 20 世纪 20 年代至 1949 年福清人民的革命斗争史，市委、市政府于 2003 年选择漈头村筹建革命历史纪念馆，2005 年建成，是年清明节正式对外开放。

纪念馆的主体建筑占地面积约 200 平方米，共有 3 层，第一、二层是展厅，第三层是电教室。展厅分成 3 个部分展出福清的革命历史：一楼是第一部分土地革命战争时期，二楼是第二部分抗日战争时期和第三部分解放战争时期。纪念馆展出的内容丰富多彩，陈列物品共 213 件。其中，实物 68 件，烈士及革命先辈照片 49 幅，文字图片 74 幅，书籍及烈士遗墨 21 件，沙盘 1 幅。纪念馆充分运用现代科技手段，放映《福清革命史》电视教育片，展示福清爱国主义教育基地和革命遗址、遗迹的分布场景。纪念馆外貌美观大方，庄严肃穆。馆前辟小公园，花草绿树丰茂，凉亭、小湖景色宜人，并配停车场地。纪念馆后山建有陈炳奎烈士陵园。

2005 年 3 月，中共福清市委、福清市人民政府公布漈头革命历史纪念馆为福清市爱国主义教育基地；2006 年 6 月，被中共福州市委、福州市人民政府公布为福州市爱国主义教育基地；2010 年 9 月，被中共福建省委党史研究室公布为福建省党史教育基地；2011 年 6 月，被共青团福州市委员会、中共福州市委党史研究室、福州市老区建设促进会、少先队福州市工作委员会公布为福州市青少年革命传统教育基地；2017 年 7 月，被中共福州市委党史研究室公布为福州市党史教育基地。

二、福清市斗垣革命烈士纪念室

斗垣革命烈士纪念室(陈标摄)

福清市斗垣革命烈士纪念室位于福清市海口镇斗垣村。

纪念室系福建省人大常委会原主任程序(原名陈振芳)故居,1992年设立。斗垣村是福清市革命基点村,是我党地下活动指挥中心。程序故居是当年我党地下交通站,小阁楼为革命活动的指挥部。程序的家人有祖父陈国祥,父亲陈宏宇,母亲夏淑琼(人称"夏妈妈"),弟弟陈振先、陈振亮,妹妹陈辉容、陈辉明。在波澜壮阔的革命洪流中,他们个个冲锋在前,祖父陈国祥和大弟陈振先先后献出了宝贵生命。

1932年1月,中共福州市委就派黄孝敏来福清,总结龙高暴动经验教训,为开展新的工作做准备。余长铖把黄孝敏带到斗垣村,向参加过龙高暴动、刚从融美中学放寒假回家的程序了解暴动情况,并请其祖父陈国祥为黄孝敏治疗疟疾。黄孝敏住在陈家小阁楼里,一面治病,一面工作,向程序和夏淑琼传播革命思想,引导他们投身革命,小阁楼成了党的秘密活动点。

1932 年 9 月，程序召集陈忠雄、陈吓垱、陈如山等 12 位本村党员，在家中成立斗垣农会，又吸收外村的林清城、陈玛瑙等人为会员，发动农民开展抗租、抗税斗争。同时，建立了斗垣村地下交通站，夏淑琼任交通站负责人。之后，她加入共产党，带领全家走上革命道路。陈家小阁楼走出了陈国祥、陈宏宇、陈振先等优秀的革命先驱和夏淑琼、程序等革命前辈。

1996 年 11 月，中共福州市委、福州市人民政府公布斗垣革命烈士纪念室为福州市爱国主义教育基地；2002 年 4 月，被中共福清市委、福清市人民政府公布为福清市德育基地。2017 年，海口镇对纪念室重新修缮，通往纪念室道路两旁的墙壁粉刷一新，更新了照片，完善了文字简介，作为革命传统教育室对外开放。

三、福清革命历史纪念碑公园

福清革命历史纪念碑公园位于福清市音西街道清荣大道旁，面积约 3000 平方米。

鸦片战争后的 100 多年来，福清人民在反抗强暴、抵御外侮和争取民族独立、人民解放的斗争中，艰苦卓绝，浴血奋战，写下可歌可泣的壮丽篇章。新中国成立后，玉融儿女在社会主义革命和建设中，矢

福清革命历史纪念碑（陈标摄）

志图强，奋力开拓，创建了前无古人的丰功伟业。此间涌现出无数仁人志士、革命英烈，他们的功绩彪炳史册，他们的精神光昭后人。

1999 年 8 月，中共福清市委和福清市人民政府立碑纪念福清的革命历史。纪念碑建筑占地面积约 500 平方米，碑高 10 余米，正面镌刻着“福清革命历史纪念碑”9 个金色的大字。2002 年 4 月，福清革命历史纪念碑公园被中共福清市委、福清市人民政府公布为福清市青少年德育教育基地。

四、福清革命烈士陵园

福清革命烈士陵园位于福清市龙山街道瑞云塔西北面。

在长期严峻的革命斗争中，福清有不少党的优秀儿女，受尽折磨，宁死不屈，英勇就义，创造了无数可歌可泣的事迹。

1949 年 7 月，人民解放军翻山越岭，渡江涉水，日夜兼程向福清挺进。8 月，与福清游击队胜利会师，15 日击溃敌人前哨，16 日进攻五马山、瑞云塔等外围阵地，敌人凭高据险，企图顽抗。我军英勇冲杀，击败敌军，乘胜追歼残敌，解放全福清。

福清革命烈士陵园(陈标摄)

福清各界人民饮水思源，缅怀先烈，为纪念为福清革命、福清解放而献出生命的202位革命烈士，1957年12月建墓立碑，勒烈士姓名于石上，让英烈的革命精神永远活在福清人民的心中。

陵园坐北朝南，面对五马山峰。陵园西南侧约30米处为省级文物保护单位——黄阁重纶牌坊，东南侧约70米处为省级文物保护单位——瑞云塔，南边90米处是利桥。陵园左右雄踞一对石狮。陵园后耸立"革命烈士纪念碑"，高达10米左右，碑座四面有党、政、军、团体等题词，碑顶是一颗红五星，巍然庄严肃穆。

1981年2月25日，福清县人民政府公布福清革命烈士陵园为县级文物保护单位。2002年4月，被中共福清市委、福清市人民政府公布为福清市德育基地。

每年清明时节，福清党政领导、各界人士、中小学生都会来到烈士陵园，祭奠革命英烈，接受革命传统教育。

五、龙高革命烈士纪念碑

龙高革命烈士纪念碑位于福清市高山镇高山公园内。

1947年，中共福清县工委及其所属的龙高、东张、琯口3个区工委发动群众，组织武装力量，准备开展游击战争，以东张灵石山据点作为中共闽浙赣区党委城市工作部的指挥中心。4月，龙高区工委集中武装人员准备攻打高山镇，但行动因联络上的失误等原因而夭折。龙高武装暴动夭折后，国民党保安队在高山地区、灵石山"清剿"，大肆捕杀共产党游击队。全县有100多位共产党员、游击队员被国民党保安队抓捕，被杀害50多位，福清革命力量受到严重摧残。

为纪念1947年龙高暴动和龙高地区为革命牺牲的革命烈士，福清县于1957年7月建成此纪念碑及烈士墓。纪念碑建筑占地面积240平方米，坐北向南，碑身棱形，高8米，顶缀红五星，正面刻"龙高革命烈士纪念碑"。碑座长方形，长2.74米，宽2.42米，高3.2米。碑座正面刻76名龙高革命先烈的英名，碑座背面刻中共福清县委题词"为共产主义和人类解放事业付出自己生命，我们将永远

龙高革命烈士纪念碑(陈标摄)

纪念他们”,碑座左面有福清县人民委员会题词“发扬先烈优良传统,为建设社会主义而奋斗”,碑座右面有中共高山区委和高山区公所题词“烈士千古,浩气长存”。

1981 年 2 月 25 日,福清县人民政府公布龙高革命烈士纪念碑为县级重点文物保护单位。2002 年 4 月,被福清市委市政府公布为福清市德育基地。

六、东张镇先进村倪朝龙烈士纪念园

倪朝龙烈士纪念园位于东张镇先进村。

倪朝龙,曾用名倪肖红,号啸云。1906 年生于东张镇炭牙底(今属先进村),是最早在福清传播马克思主义的共产党人。1930 年 12 月 10 日,党组织在上海江湾立达学园附近民宅召开秘密会议时被特务察觉,时任中共上海江湾国立劳动大学支部书记的倪朝龙和 20 多位与会同志不幸被捕。倪朝龙被严刑审讯了 3 个多月,严守党的机密,坚贞不屈。1931 年 4 月,被判处 9 年有期徒刑交南京中央军人监狱执行。服刑期间,敌人继续虐待他,强迫他与共产党脱离关系。他伤痕累累骨瘦如柴，仍顽强坚持斗争。因伤势过重，是年10月倪朝龙病逝狱中，年仅25岁。

倪朝龙牺牲后，被军警就近草草埋在军人监狱对面的荒坡下。1950年初，南京市人民政府为缅怀先烈，在南京江东地区兴建了大型的雨花台烈士陵园，倪朝龙烈士的英名即镌刻在陵园的墓碑上。

2008年，倪朝龙的堂侄女倪若平提议，在倪氏宗祠旁为倪朝龙立铜像，让英雄形象永留人间，成为倪氏子孙的学习楷模。在宗亲的大力支持下，经过几年努力，倪朝龙的雕像终于在2012年7月落成。之后又在倪氏宗祠旁筹建了倪朝龙烈士史料陈列室，供后人瞻仰。2012年12月2日，来自全省各地的倪氏族亲代表共1000多人，在福清东张倪氏宗祠里举行隆重的倪朝龙铜像暨烈士纪念园揭碑仪式。

倪朝龙烈士雕像(伍是庆摄)

第八章　新中国成立后福清市革命老区的建设与发展

1949年8月16日，福清解放，中国人民解放军福清县军事管制委员会和福清县人民政府宣告成立。县人民政府设6个机构，成立临时机构支前委员会，专门负责支前工作。8月18日，县人民政府暂沿用国民政府的旧行政区划，派出14个工作组分别接管全县14个旧区公所，成立临时乡（镇）公所，作为临时基层人民政权机构，一手抓巩固人民民主政权的斗争，一手抓社会经济的恢复与发展。通过国营经济的建立和统一财经工作、农业生产互助合作运动、贯彻过渡时期总路线和完成“一五”计划，社会经济得到了较大发展，改变了旧福清一穷二白的面貌。福清革命老区在建设发展过程中，经历了“大跃进”“文化大革命”这样特殊的历史时期，也有过挫折与失误。尽管如此，福清的社会经济与社会事业建设方面，还是取得诸多成就，为后来革命老区的建设和发展打下了坚实的基础。

第一节　福清解放初期巩固人民民主政权的斗争

1949年8月16日，千年古邑融城刚刚解放，中国人民解放军福清县军事管制委员会和福清县人民政府就宣告成立。闽中游击队司令部任命中共福清县工委书记俞洪庆兼任福清县县长。县人民政府设秘书室、公安局、民政科、民力科、建教科、财粮科6个机构，同时，成立临时机构支前委员会，专门负责支前工作。8月18日，县人民政府暂沿用国民政府的旧行政区划，派出14个工作组分别接管全县14个旧区公所，成立临时乡（镇）公所，作为临时基层人民政权机构。

为粉碎国民党军警特务及各种反动残余势力颠覆新政权的阴谋，8月18日福清县公安部队成立，8月底福清县人民武装委员会、福清县大队成立。以福清游击大队为基础整编的福清县大队和福清县公安部队，在福清解放初期剿匪、镇反、肃清残余匪特、保卫新生的人民政权方面，做出了巨大贡献。

一、剿匪反特和镇压反革命

福清位于福建省东南沿海，海岸线曲折漫长，全长348公里，占全省海岸线总长的15%。境内80%为丘陵山地，西部、北部山峦重叠，海拔多超过500米，山高林密，历史上多有海盗和土匪活动。

1949年8月，福清解放后，暗藏的敌人、地方反革命分子和国民党军散兵游勇上山加入土匪队伍，国民党从海上派来的武装人员和惯匪、散匪逐渐结合，组成政治性的反革命武装力量，散布谣言，公开抢劫，打汽车，劫客商，破坏我交通线路，由乡下发展到城镇，规模一次比一次大。1950年1—4月，全县各地发生土匪抢劫案件达100多起。同时，由国民党高级特务、政治土匪控制的盗匪，还利用金钱收买我区乡干部，恫吓群众，以扩大土匪队伍，与新政权抗衡。

1950年4月，中共福清县委召开扩大会，部署剿匪工作，成立县剿匪指挥部。县公安部门在城镇建立了4个派出所，组织力量摸清土匪情况。沿海地区大力发展民兵组织，三区东壁岛、四区安峰乡民兵给予登陆匪特及潜伏来陆地的敌特以迎头痛击，逐渐截断敌人海上与陆地的联系，打破了半年来对匪特斗争的被动局面。5月初，人民解放军闽侯军分区派来一个营，协助福清剿匪。6月1日，在全县范围内破获了罪恶累累的“东南亚反共人民改正军”，抓获营团级以上匪首49人。至7月，全县共俘匪90人，击毙1人；投案自新者165人（内有分队长10人）。在军事驻剿重点区，瓦解4股土匪。全县组织联防的有14村，通过剿匪改造了3个乡政权，成立农会2个乡，发展会员318人。两个半月缴获步枪55支、子弹324

发,手枪13支、子弹24发,驳壳枪5支、子弹151发,左轮6支、子弹36发,夺回与退回被抢劫物资107件。8月10日,剿匪大队进驻江阴岛,重点围歼海匪。至9月底,擒俘匪首张青盲仔1人,抓捕匪徒65人,投案自首93人。缴获长短枪支181支、子弹746发、船只2艘。至此,岛上匪患基本平息。1950年底,剿匪工作基本完成。

1950年3月18日,中共中央发出《关于镇压反革命活动的指示》,按照党中央的指示和省委、专署的部署,中共福清县委于1950年9月中旬成立了以县委书记李毅为主任的"镇反学习委员会",负责领导全县镇反工作。自1950年9月起,至1953年10月止,镇反学习委员会结合本县具体情况,认真、全面贯彻执行党中央和省委为运动确定的路线、方针、政策,历时3年,摧毁了国民党反动派在福清长期经营、培植的反革命组织,取缔了反动会道门组织同善社、大刀会、小刀会、标刀会等,逮捕了一批首恶分子,缴获银圆8821块、黄金22两、大刀340把、标刀581把、法衣法帽3324件和大量钞票。全县受教育群众达168000人次,巩固了新生的人民政权。

二、减租反霸与土地改革运动

福清解放后,中共福清县委结合支前反霸,生产备荒,开展减租减息,进而废除保甲制度,建立人民基层政权。从1949年秋收至1950年2月,全县4个区共减租431447斤,其中二区(海口镇)里美村减去5000斤,解决2914户的口粮困难。

在减租反霸的基础上,按照中央政务院颁布的《土地改革法》和福建省委、闽侯地委的指示,福清开展了土地改革运动。

1950年8月9日,中共福清县委制订土改工作计划,决定先在音西瑶峰乡搞"土改"试点,打响土改第一炮。9月底,完成土改试点任务。至1951年11月,完成了城关镇的6个街和129个乡的1347个自然村的土地改革任务。11月13日,在县人民政府召开的第四次各界人民代表会议上,成立福清县土地改革委员会,全县抽调200多名干部组成土改工作组,分赴各乡开展土改运动,训练乡干部和积极分子400多人,协助工作组工作。全县11个区都建立宣传站，宣传土改政策，把政策交给群众。以区乡领导干部和省派干部为主体的土改工作队，队员多数为福清原参加地下革命的同志及一批从农村抽调来的积极分子，他们进乡驻村与广大贫苦农民“三共同”，不断提高群众的阶级觉悟和斗争勇气。当时，全县召开较大斗争会258场，参加群众16万多人次，到台上控诉地主恶霸罪行的5500多人次，斗争地主恶霸及破坏土改的坏分子495人，其中地主分子占65%。经过斗争，有力地瓦解了农村封建势力，同时整顿纯洁了农会组织，清洗队伍内部不纯分子1973人，保证了土改工作顺利开展。

土改工作首先从划分阶级入手。在充分调查的基础上，分清地主与农民的阶级界限，采取自报公议的办法，先划地主、半地主或富农，然后农民自行站队。据当时117个乡统计，划分结果：雇农2592户，贫农33164户，中农11250户，富农341户，地主1550户，小土地出租者1212户，手工业者243户，小商贩174户，渔民、盐民等321户。

划分阶级之后，进行征收、没收、分配土地和财产。1950年12月14日县委下达没收方案，规定具体没收项目和方法，主要有：(1)地主的土地一律没收分配，留下和农民同样一份自耕；农具及耕畜(牛)自用与出租于农业经营方面的一律没收分配；(2)房屋除留下其本人与家属居住以外一律没收，多余房子直接用于工商业的均不得没收；华侨的房屋包括随房家具一律不得没收；应没收房屋中的谷仓、床、椅等家具一并没收；(3)粮食除给地主留下和一般农民家中应有数月存粮外，其余一律没收分配。据统计，共没收地主土地70810.02亩，房屋5058间，耕牛1455头，农具23450件，粮食828955斤，征收公田、祭田、学田、轮年田49340.39亩；征收半地主式富农土地3198.17亩；征收工商业者在农村的土地1035亩；征收小土地出租者的土地4867.8亩、富农土地10600.3亩，征收其他(华侨工商业者和长期外出无音讯者)土地3191.8亩。全县共没收征收土地143404.39亩，占总土地数的29%。人民政府把这些土地和财产分配给贫苦农民，有33174户贫雇农、11250户中农、243户手工业者、174 户小商贩、321 户渔民受益。1951 年 1 月 6 日,县委召开扩干会,对已结束的 23 个乡进行检查验收,同时布置第二批土改工作。

1951 年 4—11 月,为复查、总结阶段,同时进行土改发证工作。复查结果,据 101 个乡统计,挖出漏网地主 158 户,没收土地 2501.85 亩、房屋 580 间、农家具 4866 件、粮食 61562 斤;纠正错划成分 53 户;分配积存未分的土地 2444.47 亩、房屋 108 间、农家具 238 件、粮食 6532 斤;有 208 名干部退出多占的土地 162.59 亩、房屋 41 间、农家具 99 件、粮食 3947 斤,上述果实分配给 5382 户贫苦农民。至 11 月,全县土改发证工作全部完成,土地改革运动全面结束,福清老区人民实现了“耕者有其田”,翻身当家做主人。

三、抗美援朝和海防斗争

1950 年 6 月,朝鲜战争爆发,美国随即打着联合国的旗号武装干涉朝鲜并派遣其第七舰队入侵台湾海峡,美国空军也随之进驻台湾。新中国面临着外部侵略的严重威胁。地处福建东南沿海的福清直接面临着美国和台湾当局的战争威胁。

应朝鲜领袖金日成出兵援助的请求,1950 年 10 月 19 日,以彭德怀为司令员兼政委的中国人民志愿军入朝参战。在抗美援朝期间,中共福清县委领导各界群众,掀起了轰轰烈烈的“抗美援朝,保家卫国”运动。

1950 年 8 月 1 日,福清县第三次各界人民代表会议召开,会议致电毛泽东,对美帝侵略朝鲜染指台湾表示无比愤怒,对周恩来外长的声明表示坚决拥护。会议号召全县 40 万人民为解放台湾,赶走美帝,彻底消灭蒋匪残余,维护世界和平而奋斗。11 月 13—16 日,县第四次各界人民代表会议召开,通过以坚决拥护《土地改革法》为主要内容的决议案,并向北京发了“抗美援朝,保家卫国”通电。1951 年 4 月 18 日,县第五次各界人民代表会议通过了“以发展农业生产为中心,深入开展抗美援朝运动”的决议,接着召开第一次抗美援朝代表会议,提出“人人抗美,个个援朝”口号,建立福清县抗美援朝分会,县委书记尚志任主任,宣传部部长郭万泉任副主任。全县大规模的抗美援朝运动轰轰烈烈展开。2400多名抗美援朝宣传员深入各乡镇,通过151个读报组、228所夜校,运用土广播、幻灯、黑板报等进行宣传,并选派55名报告员到各区乡做了74场抗美援朝专题报告,听众达7万人次。与此同时,各学校、文艺团体自编自演活报剧、秧歌舞等短小精悍的文艺节目,进行街头演出,配合宣传。县文化馆和文联举办美日罪行漫画展,展出2天,观众达3万多人。5月1日,全县143431人参加庆祝"五一"反对美帝侵略朝鲜武装日本的示威游行,城关区参加游行的有2万多人,其中归侨侨眷230人。从1951年4月至5月底,全县9个区还召开大小控诉会100多场,参会群众10万余人,近千名群众上台控诉美帝、日寇和国民党反动派的罪行。

1951年6月1日,中国人民抗美援朝总会号召全国人民捐献飞机大炮。福清各界热烈响应,全县掀起增产捐献热潮。至9月,全县111个乡订立爱国公约,至10月19日,认捐现金24亿元(旧币,合新币24万元,下同)和粮食5万多斤。翌年4月上旬,认捐的款粮全部交清,超额完成捐献"福清号"战斗机一架和大炮一门的任务。在这次捐献中,工商界捐款24000万元,归侨侨眷捐款5800万元。加工厂工人江士杨捐出2个月来做夜工的工资40万元,城关区归国华侨戴吉云捐了1000万元,五区(渔溪)医生张志明先后捐出250多万元,除华侨外成为全县捐款最多的个人。

1952年10月,赴朝参战的融籍青年多数编入中国人民志愿军8507部队三支队。其中,有35人在朝鲜战场上牺牲,负伤后评为残废军人22人,荣立二等功16人,复员回乡432人。英勇的志愿军战士为抗美援朝、保家卫国建立了功绩,甚至献出了宝贵的生命。

由于特殊的地理位置,新中国成立以来福清海防斗争一直十分激烈。1950年7月,破获特务组织"海上突击军"第十四支队,逮捕10人,缴获各种武器和罪证材料;同月,在海口镇破获与海上敌特有联系的伪造人民币、扰乱金融秩序的组织,逮捕6人,缴获手枪3支;9月,在海口区破获由白犬岛国民党派遣的"突击军"一个支队。

是年，还破获马祖海匪与特务葛应宽、郑文梅等拼凑而成的“反共挺进军”“反共救国军”以及盘踞在白犬岛的抗日战争时期留下的汉奸队伍组成的“和平救国军”等特务组织。

1952年10月福建省委边防工作会议后，县委成立了以县委书记尚志为主任的边防委员会，并制订《福清县边防工作计划》，对全县72个沿海乡划分了类型，其中一类乡60个，二类乡12个。二类乡为海防工作重点乡，要求以农渔业生产为中心，结合镇压反革命及民主建政，充分发动群众，以民兵为骨干，组成海防堡垒，割断敌之海陆联系，消灭潜入的匪特。1953年2月初，嘉儒、山新、莲峰、瑟江4个海防重点乡的工作基本结束。群众普遍发动起来，破获了刀会案件5起，发展青年团员36人，发展基层骨干民兵50人、普通民兵163人，组织了26个渔业生产互助组共233户1288人，群众情绪高涨，乡村面貌焕然一新。1953年2月10日，县委再抽派部队和地方干部126人(其中原武工队61人，地委派来19人，县抽调46人)，组成海防工作小组，分赴第二批19个乡开展工作，第三批从先搞完的乡抽出力量开展工作。全县加强海防工作于4月底全面结束，发现恶霸、反革命分子19人，摸清了伪政权时期的党团骨干、反动会道门情况，对巩固民主政权、安定社会秩序、推动农渔业生产起到重要作用。

1954年8月，福建省第一次人民代表会议提出解放台湾的任务。福清县沿海敌特活动更加猖狂，造谣、纵火、放毒、三两匪特流窜活动、用玻璃瓶装置散发反动传单、割电话线、破坏桥梁和公路等时有发生。敌机活动频繁，常在沿海、山区低飞盘旋，侦查军情并散发大量反动传单。9月，有33架敌机侵入县内骚扰27次，并投掷炸弹数枚。10月，县沿海地区工作部成立，初期有县区边防干部25人，1955年9—12月增加到33人，配合人武及水产干部，分布在沿海11个区，莲峰、东壁等21个乡的突出部，根据上级指示划分海防区3个，海防乡32个。抽调边防干部，组织工作队，在目屿和小麦岛开展工作，从领导生产合作入手，解决渔民具体困难，发放贷款、肥料款、猪贷等，发展生产。组织渔农业合作社，发展积极分子建立民兵组，加强对敌斗争和巩固海防工作。1956 年，组织 3 道沿海防线，抓捕了内潜的特务 3 名。

第二节　社会经济的恢复和发展

福清刚解放时，百业凋零，经济萧条，物资匮乏，民不聊生。福清县委、县政府领导人民努力恢复农业生产，搞好财税工作，稳定金融秩序，建立国营经济，掌握经济命脉，取得较大成效。

一、国营经济的建立和统一财经工作

1949 年 8 月，设立中国人民银行福清办事处。1950 年，人民银行福清办事处改为福清支行。1952—1953 年，又相继在海口、东张、高山、新厝、江镜等地增设营业所。这些金融机构为资金的积累和供应，扶持农副业生产起了很大作用。1950 年全县发放农业贷款 4.1 万元；1951 年全县发放贷款 26.9 万元，其中农业贷款 18.9 万元；1952 年发放农业贷款 27.3 万元，占全部贷款的 51%。这些贷款对于帮助农民解决生产和生活困难起到了积极作用。

1950 年 3 月，福清县贸易公司成立，成为福清首家国营商业，综合经营棉布、针织品、香烟、日用百货、粮食、花生油等商品，其中工业品大部分由上级公司调拨。1952 年 7 月，福清县单独成立粮食公司，收购市场粮食，接收公粮，供应城乡缺粮人口的口粮。

1951 年 6 月，中共福清县委成立福清县合作总社筹备处，领导全县的供销社组织事宜。11 月，成立福清县合作总社，而后按行政区将同在一个区的两个社予以合并，名之为区供销联社。到 1952 年底，共有 16 个基层供销社。县里所有贸易活动均由供销合作社经营，以服务生产，服务社员，服务农民。

1952 年 7 月 1 日，中国百货公司福清县支公司成立。是年 11 月成立中国土畜产公司福清收购站（县食品公司前身），后又相继成立食杂、医药、针织、纺织品、文化用品、专卖、药材等 9 个专业公司，

经营与民生紧密相关的棉布、针织品、香烟、日用百货、粮食、花生油、药品、文化用品等主要商品，并开展批发业务，极大地限制私商的投机行为，平抑稳定了物价。

1953 年起，福清县国营商业实行统一领导、分级管理的办法，按商品的不同类型，编制计划，下达指标，进行统一调运，批发商品，采取固定供应区域、固定供应对象、固定倒扣作价的“三固定”措施。福清国营商业的建立和福清供销合作社的成立相辅相成，工业和农业、城市和农村互为市场，初步形成促进商品流通的市场格局，为新中国成立后经济的恢复做出了贡献。

由于人民政府建立和掌握了银行、供销、邮电、电力、交通运输等国营经济行业，控制了货币、粮食、棉布、肥料等重要的民用必需品和主要生产资料，新生的人民政权掌握了关系国计民生的经济命脉，初步建立了国营经济，稳定了市场和社会秩序。

二、农业生产互助合作运动

土地改革在全县范围基本完成后，党在农村的中心任务是发展农业生产。1950 年秋，以霞盛村陈世典为首的 17 户贫下中农，响应毛泽东“组织起来，发展互助合作”的号召，率先组织全县第一个变工组，在农业生产上互助互济，实行以工换工，帮助组员解决口粮、种子、耕种等实际困难。

1951 年 1 月，华东军政委员会发布《关于新区结合土改发展合作社的指示》。3 月，在霞盛村陈世典变工组的基础上，全县第一个互助组——陈金土互助组创立。同月，在福清县第一届劳动模范会议上，县委发出“组织起来，发展农业生产”的号召，劳模们回乡后就带头组织了生产互助组。

1951 年 12 月，中共中央《关于农业生产互助合作的决议（草案）》下达。根据中央文件精神，福清县委把发展农业生产和大力组织农业互助组作为农村工作的中心，在全县掀起组织互助的高潮。县委成立了生产互助合作部，于 12 月底再次召开劳模会议，翌年 1 月召开全县扩大干部会议，两个会议均以组织互助组为中心议题。

接着，举办了互助组组长训练班，培养组织起来的骨干，巩固原有的互助组。在干部、农村骨干的带领和宣传鼓励下，全县进入互助组大发展阶段。1952 年 4 月，全县共有固定互助组 2814 个，参加户数 22280 户，占全县农业户的 24.4%。县委通过开展“爱国增产竞赛”活动，组织了 54 个先进互助组，参加全国及华东区增产竞赛活动，提高广大农民政治觉悟和爱国热忱，又通过夏收夏种检查评比工作，促进互助组的发展。至 8 月，全县互助组 5648 个，参加农民 40484 户 170575 人，占农村农户的 43.3%。1952 年夏征，80%以上互助组都一次性缴清公粮。

福清老区人民为新中国的建立付出了巨大的牺牲，做出了卓越的贡献。但受自然条件制约，老区的建设发展面临诸多现实困难，老区人民的生活水平提高很慢。因此，新中国成立以来我们党就十分关注革命老区的民生问题。

1953 年 3 月，七社乡(今南岭镇)群众要求解决生产中的一些实际困难。县委极为重视，马上给予解决。

七社乡坐落在群山之中，新中国成立前是我党地下游击队老根据地。当时，全乡只有 615 户 2130 人。群众反映，土改后比土改前好得多，解除了封建剥削，每天都有三顿番薯片吃了，这都是共产党及人民政府带来的幸福生活。因此，七社乡各项工作都能按时完成。1952 年全乡共组织互助组 39 个，1953 年春又自发组织互助组 19 个，群众生产热情很高，大部分群众要求解决生产中的一些实际困难。

群众要求解决的是：春耕开始根据实际需要增添耕牛 19 头和所需种子；添置 100 件棕衣以便雨中生产；35 户缺粮断炊户要求贷粮解决；增派教员，增办学校，让 500 多名适龄儿童有学可上。

县委及时拿出了解决办法：(1)种子由银行贷款 1900 万元，满足群众需求；(2)棕衣亦由银行贷款 100 万元解决，但 100 万元只能买 20 件；(3)35 户缺粮断炊户有 16 户有劳力，由群众自由借贷和砍柴卖解决，还有孤寡户 16 户、烈军属 2 户、转业军人 1 户，政府提供救济粮和亲友帮助解决。

对于购买耕牛19头、尚缺80件棕衣以及增办学校和增派教师的问题，一时无法解决，县委立即向上级汇报，请求银行贷款和上级支持。另外，群众要求镇反中斗争反革命分子问题，县委也一并汇报请示，请求上级指示解决。

1953年，县委开始整顿互助组，使互助组得到巩固和发展。1954年，全县有互助组5381个，54482户，占总农户63.9%。1955年，随着农业生产合作社的迅速发展，大部分互助组转为合作社，发展互助组的工作基本结束。

三、贯彻过渡时期总路线和完成"一五"计划

1953年6月，中共中央制定了过渡时期总路线。从中华人民共和国成立，到社会主义改造基本完成，这是一个过渡时期。党在这个过渡时期的总路线和总任务，是要在一个相当长的时期内，逐步实现国家的社会主义工业化，并逐步实现国家对农业、手工业和资本主义工商业的社会主义改造。

1953年11月14—16日，中共福清县委召开扩大会议，会议传达了党在过渡时期总路线的基本精神。11月下旬起，全县大张旗鼓宣传总路线和粮食统购统销政策，开始实行粮食统购统销。1953年，全县粮食收购及统购共入库26865吨，占全年粮食总产量的24.26%。1954年仍以不低于上年同期实数为前提，继续实行统购，由于全县夏秋两季遭受干旱120天，灾情严重，粮食比1953年减产21723吨，即下降20%，但当年统购粮食高达27620吨，占总产量的31.79%，比正常年景增加2.81%，造成农村缺粮户大幅度增加。

1953—1957年，我国执行国家建设的第一个五年计划，简称"一五"计划，指导方针是：首先集中力量发展重工业，建立国家工业化和国防现代化的基础；相应地培养技术人才，发展交通运输业、轻工业、农业和扩大商业；有步骤地促进农业、手工业的合作化和对私营工商业的社会主义改造；正确地发挥个体农业、手工业和私营工商业的作用。福清县委、县政府根据中央和省委有关指示精神，编制了县"一五"计划，包括农业、工业、基本建设、教育和卫生事业等

几个部分并经省政府批准执行。

在中共福清县委领导下，至 1955 年 1 月，全县共新办农业社 747 个，入社农户 13647 户，占总农户 15.3%。新老社合计 837 个，入社农户占总农户 17.7%。

1956 年春，县委派出人员帮助音西乡音埔、霞盛、溪前 3 个高级社联合 16 个初级社合并成一个高级社——音西高级社。至 4 月，全县共办高级社 254 个，入社农户 77160 户，占总户数的 84.7%；初级社 315 个，入社农户 10156 户，占总户数的 11.14%。1956 年下半年，全县 18 个乡镇的合作社先后基本实现了高级化。农业合作化的基本实现和富农经济的消灭，标志着农业社会主义改造的基本完成。

1953 年，福清县委在“发展生产，繁荣经济，公私兼顾，劳资两利，城乡互助，内外交流”的方针指导下，开始对全县手工业和私营工商业实行社会主义改造。1953 年底，全县登记私营工商户 2017 户，从业人员 2978 人，比 1949 年分别增长 81.86%和 50.48%。至 1956 年，全县加工厂、酒厂、烟丝厂、酱油厂、印刷厂、铸锻厂全部改造为公私合营企业，全县手工业和私营工商业社会主义改造工作告一段落，至 1958 年底基本完成。

“一五”期间，福清县的经济和社会各项事业均取得了显著成绩。

一是经济建设大发展。福清县委在当时财力不足的情况下，仍把兴修水利列为政府投资重点，1957 年，全县完成各类水利工程 1027 处，出动民工 76.06 万工，增加、改善灌溉面积 3.47 万亩，防洪受益、排涝受益 8880 亩，新修的东皋、李家底等 6 个中型水库受益 9100 多亩；沿海地区发动群众抢修、添高、增厚海堤 132 条，长 58 公里，占全县海堤总长 100 公里的 58%，修建水闸 65 处，保护堤内农田 9 万多亩。是年福清县粮食总产 218.40 万担，比 1949 年增长 69.5%；花生总产 18.58 万担，比 1949 年增长 85.8%；油菜 6128 担，比 1949 年增长 53.2%；黄豆 10.74 万担，甘蔗 44.89 万担，黄麻 2700 担，芝麻 39 担；植果面积 9068 亩，果产 3.98 万担；生猪存栏数 8.26

万头，牛 2.63 万头，羊 3.79 万只，家兔 83.5 万只；鱼产量 7.16 万担，贝类 11.02 万担。

1956 年，福清完成了对私营工业的社会主义改造。1957 年，全县工业总产值达 2084.54 万元，是 1949 年 494 万元的 4 倍。

二是教育事业大普及。1949 年福清县有小学 149 所，教职员工 582 人，在校学生 10996 人；有高中 1 所，初中 4 所(其中公立 1 所、教会办 2 所、侨办 1 所)，教职员工 132 人，共开设 43 个班，有学生 1479 人，应届毕业生 129 人。自 1949 年 9 月至 1954 年，贯彻"维持原状，稳步前进，逐步改造，整顿提高"的方针，接办了国民政府留下的公、私立学校，接管了教会办的 5 所小学，全面取消了私塾。1956 年，小学教育贯彻"加速发展，提高质量，全面规划，加强领导"的方针，积极准备普及小学义务教育。全县小学发展到 211 所，教职员工 923 人，在校学生达 39139 人，当年毕业生 7500 人。至 1956 年，全县有高中 2 所、初中 5 所，在校高中生 1000 人、初中生 3700 人，当年高中毕业生 200 人、初中毕业生 680 人。

这一时期，发展中等专业技术学校和师范学校以及成人教育。先后创办福清卫生学校和福清县初级师范学校，在广大农村办夜校民校扫除文盲。1954 年全县有 12 个区、86 个乡村开办了民校 235 所 599 班，一年中全县扫盲毕业人数达到 9113 人。1956 年，开办了 1535 个扫盲班，组织 67529 人参加学习，一年中扫盲学员毕业 9113 人。

三是文化卫生事业大进步。1951 年 9 月，成立福清县和平闽剧团，并组织全县评话艺人到各乡村巡回说唱，很受群众欢迎。1954 年 10 月，在融城后埔街建成福清县人民电影院，县电影放映队也相继成立，各类影片在城乡频繁上映。1951—1954 年，全县举办 3 次文艺汇演，演出节目 100 个以上，演职人员超过 300 人次。1955 年，县文化馆发掘整理山歌、小调、评话、短剧本 4300 多本，1956 年又发掘整理民间音乐、舞蹈、戏曲等节目 35 个，从中选拔 5 个节目参加晋江专区第二届音乐、舞蹈会演，其中小歌舞《山村的春天》获二等奖并选拔参加福建省文艺观摩会演；《瞎子看花灯》《公婆诉》《鱼缸》

获优秀演出奖，并选拔参加省民间业余音乐、舞蹈会演；1955年县和平闽剧团的《炼印》《取象胆》《牧羊子》《双盘答》参加福建省传统剧目会演，其中《炼印》被选拔参加1956年华东地区会演，获一等奖，之后该剧本由上海天马电影公司拍成电影在全国放映。

1951年，闽侯专员公署接办福清惠乐生医院，先改称闽侯专区医院，1956年划归福清县管辖，改称福清市医院。至1956年，全县共有全民医疗机构4个，集体医疗机构27个，全民医疗职工355人，集体医疗职工250人，基本解决人民群众缺医少药的问题。是年，全县普查血吸虫病人4万多人，治疗1.1万多人。长期危害福清人民的血吸虫病得到有效控制，福清人民的健康水平得到提高。

第三节　社会主义建设在探索中曲折前进

1956年，生产资料私有制的社会主义改造基本完成，社会主义基本制度建立起来。中共八大后，党领导全国各族人民转入全面大规模的社会主义建设。随着社会主义改造和建设的完成，整风和反右派斗争的开展，在探索过程中产生了“左”的倾向。中共中央决定以总路线、“大跃进”、人民公社化运动推动社会主义建设的全面展开。中共福清县委积极贯彻党的八大决策，开始了艰辛曲折的探索建设社会主义的道路。

一、“大跃进”和人民公社化运动

1958年3月20日，福清县出台《1958年到1962年全县农业发展规划》修正草案，即“二五”跃进计划，要求：1958年内90%以上合作社赶上或者超过当地富裕中农的生产收入水平；全县粮食产量从1957年11.47万吨提高到1958年17.42万吨（实际只达到12.56万吨）、1962年34.18万吨（实际只达到11.49万吨）；粮食亩产从1957年258.5公斤提高到1958年400公斤、1962年750公斤；副业总产值从1957年949万元提高到1962年3845万元，生猪存栏数从

1957 年 9.42 万头提高到 1962 年 1000 万头(实际下降了,只达到 3.33万头),实现每户 10 头猪;1958 年全县粮食达到自给,争取有余;每个社员每年劳动天数男的不少于 300 个工作日,女的不少于 250 个工作日。

1958 年 5 月,中共八大二次会议通过了“鼓足干劲,力争上游,多快好省地建设社会主义”的总路线,与“大跃进”、人民公社化运动并称“三面红旗”。尽管当时县委提出的“二五”跃进计划已经超过了全县财力、物力、人力所能承受的极限,但计划指标仍不断加码,批判“右”倾思想仍不断升级。6 月中旬,县委修订的粮食产量已远远超过了原定亩产 400 公斤的指标,达到 950 公斤,争取 1100 公斤,比原计划增产 171.4%。

在“大跃进”中,农田水利建设的规模、速度是史无前例的。按照“小型为主、蓄水为主、社办为主”的方针,大力开展群众性兴修中小型水库和修建海堤运动,以减少水旱灾害的威胁。1958 年,全县共建成中小型水利工程 6783 处,可灌溉 12 万亩,超过新中国成立 8 年来兴修水利工程的 4 倍。

1957 年 11 月动工兴建的东张水库,历经 1 年多的艰苦奋战,1958 年 12 月竣工。东张水库是福建省第一座自行设计和施工的巨大工程,是福清县最大的水利工程,也是当时福建省最大的水库。水库堤长 219.5 米,坝高 38 米,坝顶高程 56 米,面积 15 平方公里,相应库容量 1.85 亿立方米,可灌溉面积 24.8 万亩,占全县耕地总面积近一半,它的建成极大地改变了农业生产条件。水库受益区全劳动力每人每年出 20 个工作日,非受益区全劳动力每人每年出 10 个工作日。农民自带干粮、工具、背包,投入夜以继日的义务劳动大会战,连过年都是在工地上。为了建设东张水库,共迁移 1 个镇(东张镇)和 2 个乡(玉井、尚里)的大部分,计 54 个自然村、2804 户 1.21 万人,拆迁房屋 1.23 万间,淹没耕地 1.48 万亩,整个工程土石量逾 1000 万立方米,留下数不尽的“弃小家、顾大家”的动人佳话。东张水库的建成,是“大跃进”时期福清县委和县政府领导群众做的一件大好事。全县合计受益面积 35 万亩(占福清 59 万亩耕地的 60%),

基本上改变了农业生产“十年九旱”的局面，为在三年困难时期迅速恢复农业生产、缓解饥荒做出了重大贡献。

1958 年华东地区农业协作会议后，许多地区竞相提出新的“跃进”指标，全国刮起了异乎寻常的浮夸风，福清县也不例外。县委在 6 月 25—27 日三级扩大会议上部署了下半年工作总任务：“苦战半年，实现粮食亩产双千斤县”，“苦战四十天，实现花生亩产五百斤县”，提出“赶湖南，超惠安，突破甘薯万斤县”，“丘丘插红旗、人人放卫星”等口号。在外地报刊宣扬“拔白旗、插红旗”的影响下，全县各行业竞相仿效，强迫命令风、虚报浮夸风进一步升级。在农业战线组织竞赛评比中，渔溪镇某大队因栽插进度落后，怕被插白旗，男女老少连夜苦战，提着汽灯、马灯栽秧，打着火把犁田，方圆数里灯火通明。省委领导为了“打破迷信，鼓励人们敢想敢干”，要求福清必须带头放出“卫星”来，部分区（社）仿效外地放亩产万斤“卫星”的做法，“移苗并丘”放“卫星”，并把几亩田的谷穗移到一亩田里来计算产量。有的“高产田”靠近生产队仓库，一些大胆的人在验收首长们的眼皮底下，把“高产地”收割的谷子过了秤，从仓库的前门进去，再原担从仓库后门挑出来，挑回原来的“高产地”再过秤，重复过秤累计产量作假，还喊出“人有多大胆，地有多大产”的口号。当年，福清农村为争高产“卫星”或通过“高产验收”上演的一出出自欺欺人的假戏，造成当年粮食大幅减产和 1960 年群众生活极度困难。

1958 年 6 月，中共中央八大二次会议发出向钢铁大进军的号召，10 月，毛泽东“为 1070 万吨钢而战”一声令下，全国沸腾了。中共福清县委向全县人民提出要求：在高产周中全县突破日产 50 吨并稳定在 30 吨的水平上；开土高炉 22 个、喇叭炉 120 个，喇叭炉日产铁要求 120 斤。为解决燃料和原料的供应问题，要增加人力，运输部门动员马车 200 部、板车 200 部、四轮车 150 部、汽车 6 部，在 7 天内要完成 2 万多担运输任务。马上找煤矿，建立泥煤厂，10 月试烧泥煤，11 月普遍推广泥煤炼铁，12 月禁止砍柴煮饭，每乡都要建立 10～15 个炉的炼铁专业队，以达到全县日产铁 50 吨目标。

为实现钢铁生产目标，县成立钢铁生产司令部，公社设立炼铁团、营、连组织。实行生产军事化，成立钢铁、农业、后勤三路大军，分工出击，互相配合。全县全劳力和半劳力共32万人，约占全县人口70%，抽出9.25万名身强力壮的全劳动力组成钢铁大军，上山下海日夜突击砍柴、烧炭、洗铁砂、建炉和炼铁，基本达到家家无闲人，工厂停产、商店关门、学校停课、干部下基层。同时，还通过插红白旗、光荣牌等措施控制劳动力外流。

截至10月25日，全县共产铁374吨半，不及任务的7%，钢130斤。但到了11月27日，短短20天内就完成1155吨产铁任务，平均日产近60吨，超额完成了地委下达的全年1000吨任务。

11月下旬，全省组织第四次钢铁战役，称“规模空前的总攻势”。全县建成钢铁基地20个、喇叭炉2834座、土高炉65座，产铁1200多吨，日产量由二三百斤一跃达到近60吨，提高几百倍。但由于技术不成熟、燃料紧张、器材设备缺乏、矿石的化验鉴定上有问题，结果炼出的钢铁质量极差，几乎全是废铁。其后，又小规模地断断续续炼铁2年，到1961年全部停产。

为了炼钢铁，全县上下到处砍树烧炭，连果树都被伐掉。乱砍滥伐、毁林烧炭严重毁坏了山林；为了炼钢铁，发动群众捐献物资，群众家里凡是取得动的铁器都“捐”出来，连烧饭的铁锅都砸了炼铁。全县人民捐献了铜器、铁器、杂铁1095吨，寿板437付，楼板18608块以及各种砌炉炼铁所需的物质。造成了人力、物力、财力的严重浪费，增加了群众生活的困难，给社会生活和经济带来严重困难。

1958年4月8日，中共中央正式发出《关于把小型的农业合作社适当地合并为大社的意见》。9月7日，一个由农业生产合作社转变为乡社合一、工农商学兵“五位合一”的整体，政治、经济、文化、军事全面结合的福清城关人民公社宣告诞生。

人民公社化运动浪潮迅速席卷福清全县，在1个月内，全县就由原来67个乡(镇)430个农业生产合作社转变为城关、海口、龙田、高山、渔溪、东张6个大规模的工农商学兵相结合、政社合一的人民公社，共123个大队，参加户数达100408户，占总户数99.9%，人口总数468422人，劳动力174281人。同时，公共食堂、幼儿园、托儿所也蓬勃发展起来。到1958年12月，共办公共食堂1923个，在食堂吃饭人数436287人，占入社人口93.1%，工作人员有5166人；办托儿所2437个，受托儿童占总数90%；幼儿班1182个，入学儿童占总数92%；缝衣组816组；洗衣组1055组；敬老院1所，入院75人。福清的人民公社从秋收开始办起来，到1958年10月上旬，全县实现了人民公社化。在人民公社化运动中，以高指标、瞎指挥、浮夸风和"共产风"为主要标志的"左"倾错误严重泛滥开来。人民公社化运动脱离了中国社会生产力发展水平的现实，违背了经济和社会发展的客观规律，成为党在探索社会主义道路过程中的一次严重挫折。

二、继续"大跃进"和三年困难时期

从1959年下半年起，福清又踏上了"更大跃进"的征途，再次拉开轰轰烈烈"大兵团作战"帷幕，"跃进"指标层层加码。1959年8月中共福清县委召开三级扩干会议，部署了下半年以粮食生产为中心的全面"跃进"，全县秋粮亩产指标从原来的755斤提高到1025斤；千斤稻面积从原来1万多亩增加到46506亩；万斤薯面积从原来1万多亩增加到26811亩，亩产平均计划超千斤的有191个大队，占全县292个队的65%。同时，工业、渔业、畜牧、果林、文教卫生等部门都订出了全面的跃进指标和具体措施。1960年1月，全县冬种面积增加到402369亩，比1959年扩大63.76%；全年规划粮食总产量5.0亿斤，比1959年增产51.5%；工农林牧渔副业总产值达1.01亿元，比1959年增长167.7%。

是年的春季生产，全县人民在"平原赶山区，早稻超春麦"口号的鼓舞下，17万人的插秧大军夜以继日地抢插早稻。到4月底，全县共种植早稻21万亩，提前1个节气完成计划，比1959年扩大面积42%。由于违反农业生产规律，造成大量烂种烂秧，产量大减。

1960年2月13—15日，中共福清县委召开有2630多人参加的四级扩干会，动员全党全民开展春耕生产运动。会后成立开荒造林指挥部，县委书记任总指挥，全县各公社、工厂、机关、学校、商店和部队共出动“10万大军”，奔赴各个山头，开出15万亩“万宝山”，共种植林果3.5万亩，套种油料作物、杂粮等15万亩，耗费了大量人力、物力、财力，实际收效甚微。

农村继续大办公共食堂。福清农村办公共食堂始于1958年下半年，是人民公社化的产物。继续“大跃进”的形势对公共食堂的要求更高，不少公共食堂开始恢复发展。到1960年2月中旬，全县有公共食堂2460个，参加农户90153户，占总农户的96.47%。虽然群众对公共食堂非常反感，主张解散，但在反“右”倾环境中，办食堂是关系到坚持农村社会主义阵地的问题，因而县委只好强调公共食堂要“积极办好、自愿参加、多种多样”，要求各地食堂规模相对缩小等，延续到1961年6月，随着中央农村政策的调整，公共食堂才全部停办。

1960年上半年的继续“大跃进”，使高指标、“共产风”再度泛滥，挫伤了广大群众的生产积极性，生产力再次受到巨大破坏，群众性大炼钢铁闹剧到1961年才全部结束。这次规模空前的钢铁战役，再一次造成了人力物力财力的严重浪费，增加了群众生活的困难，给社会生活和经济带来严重困难。

福清全县农业继1958年丰产不丰收之后，生产水平急剧下降。三年困难时期，粮食严重缺乏，还产生瞒产私分和不按计划用粮等浪费现象。

从全县历年农村人口每人月均口粮占有情况看，1957年、1958年34斤；1959年27斤；1960年仅19.6斤。人民生活水平严重下降。

1960年12月3日，县委发出通知要求各地精收甘薯时，必须把薯叶、薯藤、薯头全部收净保存起来，加上稻草等制成代食品，要求“今冬明春，制造代食品4200万斤”，按主粮2/3、代食品1/3的比例进行混吃。吃代食品，以瓜菜代粮，直接影响人民的体质和健康水平。1960年5月，福清就开始出现水肿病人。到1961年初，水肿病更是来势凶猛，截至1961年1月底，全县共有水肿病人10742人。

到同年3月10日，水肿病人发展到35693人，发病率占总人口的7.13%，其中重病3191人。到3月下旬，通过全面治疗，治愈12323人。1960年，全县共死亡3730人，占总人口的0.746%，相当一部分是由食物不足、营养不良，加上长期劳累引起的非正常死亡。

1959—1961年间，全县人民面临着新中国成立以来最严重的经济困难。但是，尽管在如此艰难的时期，福清老区人民仍然任劳任怨，与党和政府同心同德，共渡难关。经过三年艰苦努力，社会经济得到迅速恢复和发展。

三、"学音西"和经济调整基本完成

1964年，党和政府发出了"农业学大寨"的号召。在农业学大寨运动中，福清县老区基点村音西公社音西大队表现突出，被誉为中国"南大寨"。1963—1964年，音西年征购粮油200多万斤，为国家做出很大贡献。从1963年初至1965年底，在面上开展宣传"双十条"的社会主义教育运动基础上，福清在全县范围内组织了以学习音西为重点的"比学赶帮"运动。

1964年2月14—20日，中共福清县委召开三级扩干会，部署以学音西大队为主要内容的比、学、赶、帮运动。3月，省委第一书记叶飞两次来音西视察。6月3—12日，省委贯彻党中央和国务院领导的批示，推广音西的先进经验，在音西召开现场会。县委也多次召开学习音西现场会，组织万余人次到音西参观、学习，全县掀起"农业学大寨"高潮。全县树立以音西大队为主的县一级标兵15个，公社立标兵110个，大队立标兵1834个，全县18个公社、404个农业大队、5300多个生产队全部参加了运动。1965年，北京举办全国52个大寨式农业先进典型事迹展览会，音西大队的展板与山西省昔阳县大寨大队、江苏省江阴县华西大队、山东省黄县下丁家大队等一起摆在主厅展览。

学习音西，促使福清县的农田基本建设大发展，仅1963年冬至1964年春备耕阶段，全县农田基建上场劳力最高峰时达到13万人，平整土地4万亩，兴修水利土石方299万立方米。同时，提高复种指数，全县采取套（甘蔗套春大豆、晚薯套秋大豆）、搬（甘蔗搬上山）、改（单季改双季）、变（农田变水田）、扩（扩大冬种）等措施，使1965年扩大播种面积75000亩。1965年全县粮食总产量3.4亿斤，比上一年增产20%。

“文化大革命”开始后，音西被当作“叶飞黑样板”遭受前所未有的打击。1966年夏，“文革”浪潮冲击音西大队。福建省委第一书记叶飞亲自来到音西，召开座谈会，旗帜鲜明地肯定音西是走社会主义道路的先进典型，不能随意否定和批判。但翌年初上海“一月风暴”后，叶飞等各级主要领导失去人身自由。1975年9月全国农业学大寨会议后，为音西平反的呼声日高。1978年10月，音西大队终于得到平反。

从1963年至1965年，福清对社会经济进一步进行了调整。国家无偿拨款9万元帮助福清县158个穷队发展生产，发放长期无息贷款35.6万元，并豁免了困难队的贷款，还加大农药、化肥供应力度。全县110多个穷队初步改变了贫穷面貌。这些困难队，大部分是地处偏僻的老区村。

由于坚持以农业为基础，以工业为主导的方针，福清社会经济调整到1963年取得明显的成效。1963年，全县粮食产量2.6亿斤，比1962年增长16.33%，超过历史最高水平1958年的7%（1958年福清粮食大丰收，产量为2.52亿斤）；工业产值1460.76万元，完成计划112.37%。全县经济状况开始好转，财政收支平衡。城镇储蓄比1962年增加21.5%，农村储蓄比1962年增加14.5%。1962年有78种商品要凭票供应，到1963年只剩下6种，市场各种商品平均价格下降37%，各种农产品价格基本下降到1957年水平。福清人民经过几年的艰苦努力，终于战胜了严重的困难，社会经济得到恢复和发展。

1965年，福清县委进一步贯彻省委搞好经济的调整方针，在农业战线上深入开展比学赶帮运动。“文化大革命”前，福清县基本完成社会经济调整任务，县社会经济和社会形势稳步发展，1965年全县工业总产值1827万元，超过计划12.28%，比1964年增长

28.77%；全县粮食总产3.4亿斤，比1964年增长20%；社员口粮由每人每月14公斤提高到17.5公斤；物资供应除棉布、针织品凭证供应外，基本上做到自由选购。

第四节　“文化大革命”的教训和实现伟大的历史转折

1966年5月16日中央政治局扩大会议上通过《中国共产党中央委员会通知》，即“五一六”通知，当时谁也不会想到，这个通知成为一场席卷全国的持续十年内乱的开端。6月7日声讨所谓“前北京市委一伙反党反社会主义黑帮的罪行”，8月的中共八届十一中全会又把“文化大革命”推向一个高潮，福清县和全国一样开始了“文化大革命”，各中学几乎都成立了红卫兵组织，并迅速向机关、工厂和农村发展。1967年1月后，“文化大革命”进入“全面夺权”阶段；夏，福清进入武斗最严重、局势最混乱时期。1968年2月“支左”部队进驻福清，着手成立各级革委会。

一、“文化大革命”的教训

（一）国民经济在曲折中艰难发展

“文化大革命”十年中第一波国民经济发展是1970—1972年，在周恩来主持中央日常工作的这段时间里。县委在中央、省、地委的领导下，整顿和加强工业企业管理，落实正确的农村经济政策，工农业生产有所好转。

首先是工业企业整顿。福清的工业企业整顿主要是根据国务院这两次会议的精神，全面落实“七项制度”和“七项指标”，改进对企业亏损的管理，使企业管理工作得到加强，取得了较好的经济效果。1972年全县工业总产值达2566万元，比1971年增长31.4%。

在农村工作方面，主要纠正一些“左”的经济政策。1972年5月29日，福清县委召开了第四次全体会议，中心议题是认真学习、坚决执行党在农村的各项经济政策，进一步巩固和发展社会主义集体经济。1972 年粮食亩产超千斤，总产达 4 亿 700 万斤，比 1971 年增产 3000 万斤；甘蔗增长五成七，花生增长六成，茶、麻、棉、药、水果等也有不同程度的增长；造林 54.5 万亩，其中飞机播种造林 46.68 万亩，是 1971 年造林面积的 3.3 倍。

“文革”期间，福清重大的基础设施和工业发展成果有：1967 年开始修筑玉田(长乐)—福清公路，1969 年竣工；1968 年 5 月渔溪大桥建成通车；1970 年渔溪至江阴公路通车，江阴岛与大陆连接成为半岛；1970 年 6—10 月，福清南门大桥得以改建；1970 年 4 月开始兴建太城溪引水工程，第二年 9 月竣工通水；1970 年 5 月筹建年产 3000 吨县合成氨厂，1973 年 10 月建成投产；1970 年 9 月动工架设朱山口 11 万伏高压输电线路，1972 年建成，与古田溪水电站并网，1973 年 8 月 28 日通电；1970 年 12 月动工兴建建新水库，1974 年 5 月竣工；1971 年创办福清钢铁厂，渔江公路建成通车，在音西东埔大队，由农械五金厂、五金链盒厂、城关铸造社合并创办福清钢铁厂；1973 年修建桥尾货运码头；1974 年在海口镇原大成码头旧址建造红旗货运码头；1975 年 3 月动工兴建城头垦区，1983 年 10 月竣工；1975 年 12 月 18 日动工治理可洛溪，1978 年 12 月完工；1976 年县石油公司在海口镇建造 100 吨级油轮专用码头，1979 年 8 月竣工。这些工程项目，都是在“文革”期间艰难的条件下，福清老区人民群众艰苦奋斗取得的重大成就。

社会事业方面，1969 年 9 月音西公社霞楼大队在中国人民解放军医疗小分队的帮助下，实行“合作医疗”制度，以后在全县逐步推广，开始改变农村长期以来缺医少药的历史。1971 年，设立福清医药研究所(1984 年改为医训班门诊部，1986 年扩大为福清中医院)。1974 年，创办福清县卫生局医训班(1987 年改为福清县卫生职工中等专业学校)。1976 年，创办莆田地区农业学校(1984 年改称福州市农业学校)。1970 年 10 月，全县 18 个公社都建立了广播站，389 个大队、3900 多个生产队通了广播，从县城到各公社的线路实现载波化。1970 年，在县政府前开辟广场(1984 年改建为街心公园)。

(二)"文化大革命"的教训

在"文化大革命"中,福清也与全国各地一样蒙受了巨大的损失。

"文化大革命"践踏了人民民主和法制,造成了人民思想上的极大混乱。在"群众专政"时期,公、检、法被砸烂,造反派组织和后来革委会中的"人民保卫组"置宪法和法律的尊严于不顾,任意抄家、查封、抓人、审讯、批斗、游街、监禁。许多干部群众遭受各种迫害,致死、致伤、致残不计其数,制造了大量的冤假错案。

福清经济遭受严重损失,科技、教育、文化、卫生等各项事业均遭到严重破坏。许多教师、科研人员被下放到工厂、农村"接受再教育",许多专业技术人员被打成"反动学术权威",被剥夺工作和科研的权利,遭到反复批斗。"文化大革命"造成的一个时期的"文化断层""科技断层""人才断层",给全民族文化素质和社会主义现代化建设事业带来无法弥补的巨大损失。

"文化大革命"猛烈冲击着社会生活方面的正常秩序,市场供应日趋紧张,日用消费品短缺,人民生活水平下降。1968 年春粮比上年减产 21%,合计秋春粮比上年减产 1 亿斤,全县 18 个公社,每月人均口粮不及 20 斤的有 11 个公社。而工厂停产、学校停课,工作人员也领不到养家糊口的工资。

1976 年 2—3 月,"批邓、反击右倾翻案风"殃及福清,福清县社会经济遭受了重大的损失。农业学大寨工作队和领导小组被撤销,20 万农建大军被冲垮,国营工厂有的停产,有的半停产,全县被毁坏山林 3 万亩。1976 年,县国营工业总产值减少 230 万元,粮食减产 2.2 万吨,水产品减产 315 吨,财政亏空 110 多万元,粮食征购只完成任务 51%,社员收入减少,口粮下降。

1976 年 10 月 6 日,中共中央政治局执行党和人民的意志,一举粉碎江青反革命集团,结束了"文化大革命"这场长达 10 年的灾难。福清老区人民和全国人民欢欣鼓舞,踏上社会主义现代化建设新征程。

二、在徘徊中前进和实现伟大的历史转折

粉碎“四人帮”后，福清县委在理论和实践两个方面同时着手，逐步扭转“文化大革命”造成的混乱局面，并以崭新的工作格局和良好的工作风貌迎接党的十一届三中全会的胜利召开。理论上，通过开展“真理标准讨论”补课活动，使全县党员、干部重新回到实事求是的思想路线上来，为全面进行社会主义现代化建设做好了思想和理论准备。实践上，一方面通过开展揭批“四人帮”与清查“三种人”，肃清帮派分子在福清的影响；另一方面通过对林彪、江青反革命集团横行时造成的大量冤假错案的平反，落实党的侨务、知识分子等政策，逐步解放出一批干部和知识分子，为革命和建设做好了人才准备。

1977 年，福清县又掀起农业学大寨运动，各公社成立农田基建指挥部，对 1 亩以下的块地，土层在 4 寸以下的旱地进行改土平整，并治理山、林、田、水路，日上场劳力最多达 27 万多人，总投工量达到 1200 多万个工日，完成土石方 1500 多万立方米，建成旱涝保收稳产高产田 36 万亩。农业生产战胜了各种自然灾害，获得大丰收，粮食总产量达 42700 万斤，亩产超千斤，总产比 1976 年增长26.7％，结束了 13 年来粮食总产在 3.6 亿～3.9 亿斤徘徊不前的状态；粮食征购超额完成任务 190 万斤，入库量比 1976 年增加一倍。

1977 年 3 月，全省第二次工业学大庆会议在福州召开，提出了普及大庆式企业的规划和措施。中共福清县委通过对工业生产的初步整顿，恢复了民主管理制度，调动了广大工人的生产积极性，促进了全县工业生产的恢复和发展。1977 年全县工业企业 143 个，利润 428.62 万元，其中，国营工业企业利润 272.66 万元，集体工业企业利润 155.96 万元。工业总产值达到 4500 多万元，比 1976 年增加 35.76％。福清糖厂通过扩大生产能力，日榨甘蔗量达到 600 吨，成为省制糖工业的中型糖厂，年产值达 364 万元，创税利 185.7 万元，一举扭亏为盈。1978 年 10 月筹建高山异型玻璃厂，次年投产，是为福耀玻璃前身。

科教文卫体迎来蓬勃发展。1977年3月，福清县毛泽东思想文艺宣传队改为福清县闽剧团，很快就排演了《十五贯》等传统剧目，开始为丰富群众文化生活服务。苦于新生力量不足，1978年7月创办闽剧艺校，培养学员40人，并开始排演《门槛刀痕》，1979年该剧在福州教工礼堂演出，连演58场，场场爆满，福建电视台予以实况转播。

1977年福清县电影工作站将福清旅社礼堂改造为大众电影院，920个座位，当年全县放映电影14142场，观众1667.05万人次；1979年放映电影17980场，观众1897.66万人次，收入70.44万元，极大地丰富了群众的文化生活。1979年在融城镇一拂路东段兴建县文化馆大楼，群众文化活动重新开始兴起。

1978年3月全国科学大会的召开，扭转了多年来对知识分子的“左”倾政策，迎来了科学的春天。5月31日，福清县科学技术委员会恢复，其首要工作就是处理好科技人员政治上的遗留问题，恢复技术职称，把优秀科技骨干恢复或提升到各级科技领导岗位上，解决科技人员生活困难，以充分调动科技人员积极性，尽快把科技工作搞上去，为实现社会主义现代化做贡献。

1978年，福清业余体校恢复，开设排球、田径、射击、体操4个班，招收学生近百人。9月30日至10月6日，福清县第七届人民体育运动大会在县人民体育场举行，比赛项目有田径、篮球、排球。田径赛分成人（公社、机关、学校）、少年和儿童甲、乙等组，参赛的有全县15个公社、东阁农场、实小、一中、二中和红卫中学等20个单位670名运动员。

1978年9月，仙游师范大专班迁入福清原昌檀中学校址，改名莆田师范专科学校，招收中文、英语、数学3个专业学生。此时，福清有了真正意义上的高等教育。

第九章　伟大的历史转折与贯彻改革开放政策

1978年12月18—22日，党的十一届三中全会在北京召开，开启了中国改革开放大幕。解放思想，实事求是，成为改革开放的一把金钥匙，为福清革命老区建设打开了一扇辉煌的大门。中共福清县委领导全县全面平反冤假错案，落实侨台政策，处理了地下党历史遗留问题，拨乱反正，理顺关系，贯彻"调整、改革、整顿、提高"的经济方针；贯彻中共中央《关于加快农业发展若干问题的决定》，推行农业生产责任制，发展专业户，调整产业结构，活跃农村经济，全面推进综合改革，充分发挥福清革命老区侨乡的优势、区位的优势，细心耐心做好侨台工作，极大地激发了广大爱国爱乡侨胞参与家乡建设的热情，发挥商道优势，帮助家乡招商引资，创办全国首家侨办国家级经济技术开发区，创造了"福清速度""福清效益"。从此，福清经济发展驶入了快车道，社会事业蓬勃发展，各项指标连年翻番，福清革命老区摘掉贫困落后的帽子，成为闽江口经济圈发展的坚强南翼。

第一节　拨乱反正，实现工作重点转移

1978年12月18—22日，党的十一届三中全会在北京召开，标志着中国改革开放大幕开启。中共福清县委领导全县全面平反冤假错案，对"陈至铿公司"假案进行了平反；处理了地下党历史遗留问题；贯彻"调整、改革、整顿、提高"的经济方针；贯彻中共中央《关

于加快农业发展若干问题的决定》，活跃农村经济；全面推进综合改革。福清老区人民走进新时代，紧紧抓住发展新机遇，解放思想、实事求是、敢拼敢闯，创造出一个又一个的发展奇迹。

一、平反冤假错案，落实各项政策

1978 年 5 月开始，福清县委在全县范围内开展了平反林彪、江青反革命集团横行时期造成的大批冤假错案，并积极慎重地对新中国成立以来历次政治运动中遗留下来的错案进行复查和纠正。全县“四大运动”中被立案审查、定案处理的干部、职工、群众 13194 人，经过复查，12810 人得到平反、改正和部分改正，占总数的 97.09%；维持原处理决定的 384 人，仅占 2.91%。其中“文化大革命”中立案审查的 1050 人，彻底平反恢复名誉的 722 人，部分纠正的 218 人，占 89.52%；维持原结论的 110 人。历史老案复查 138 人，改正 73 人，维持原结论 65 人。

1978 年 6 月 10 日，福清县革委会设立县侨务委员会。9 月，县委发出《关于认真搞好改变华侨地主、富农成分问题的通知》，为全县 1118 户华侨地主、富农改变了成分。

1978 年 10 月 10 日和 12 月 3 日，县委在城关召开万人参加的为遭受林彪、“四人帮”迫害的同志平反大会后，各公社、部分单位也纷纷召开平反大会，平反了 1612 人。12 月，根据中央《关于全部摘掉“右派分子”帽子决定的实施方案》，福清县成立“摘帽办”，对“反右”运动中的案件进行全面复查，119 名“右派分子”全部摘帽平反，并得到妥善安置。在落实政策过程中，县委坚持实事求是原则，坚决按中央和省委、地委有关政策办，全县经复查，平反冤假错案和恢复名誉共 9011 人。这些人通过政策落实，解放了出来。他们感激党中央，心情舒畅，焕发出工作积极性，如东张公社南湖大队党支部书记梁传梅过去无辜惨遭迫害，坐了 10 年冤狱，平反后决心豁出命来干“四化”，重新担任大队党支部书记后，带领社员拼死拼活地干，使山村面貌一年大改变，社员深有感触地说：“平了大冤案，南湖插上金翅膀。”

在平反冤假错案中，几起重大案件的平反，震动很大，如优秀共产党员陈寿图冤案、三山被打成集团下海投敌的假案、江镜被诬陷集体轮奸的假案等，这些案件的平反昭雪在全县都产生很大影响。县委还认真落实了知识分子政策，1978—1984 年，全县共有 123 名中青年知识分子被选进各级领导班子，有 189 名知识分子入党。对全县助理工程师或相当于这一技术职称以上的各类技术干部 784 人进行了全面摸底。逐步帮助解决了部分知识分子夫妻分居、农转非、住房等实际问题。在这期间，福清还将 1969—1971 年因动员不当或安置不落实的上山下乡城镇居民 334 户 1140 人迁回城镇落户。

二、平反“陈至铿公司”假案，落实侨台政策

为了进一步落实党的侨务政策，调动海外华侨、国内归侨、侨眷积极性，加速现代化建设，中共福清县委于 1979 年 9 月 26 日召开为“陈至铿公司”假案平反大会，大会实况通过有线广播向全县转播。

1961 年，福清县侨务部门为贯彻执行中共中央有关利用侨资进口化肥支援农业的指示，以当时负责统战工作的县委副书记陈春炎，负责侨务工作的县人民委员会县长、归侨高至荣和县侨务局长施友铿三人姓名中各取一字为“陈至铿”，与海外华侨进行通信联系。“陈至铿公司”对当时争取侨汇侨资，兴办侨乡公益事业，进口化肥等物资，保护海外通信安全等都起了积极作用，但在“文革”中被扣上“里通外国”“网罗叛徒、特务、反动资本家”“为帝、修、反效劳”等罪名，把符合规定手续进口化肥等物资诬为“以物代汇”“套取外汇”，打成“陈至铿公司”假案。一批热爱祖国、热爱家乡、积极为祖国社会主义建设，为兴办家乡公益事业做出贡献的海外华侨、港澳同胞和国内归侨、侨眷，被扣上“国际反革命投机倒把集团”“苏修特务”“蒋匪特务”“卖国奸商”等帽子；一批侨务干部、职工也被扣上许多莫须有罪名，在国内外造成了极坏的政治影响，严重损害了侨乡建设事业。

“陈至铿”案平反后，受到株连的海外华侨奔走相告，进一步激发了侨胞爱国爱乡的热情和支持家乡四化建设的积极性。1980年县侨汇收入达1601万元；经批准接收华侨捐款1800多万元；接收华侨捐赠各种车辆、电器设备、化肥等折合人民币500万元。华侨捐资兴办项目工程有：年产5000吨的罐头厂、县医院中医和内、外科3座大楼以及进口医疗器械、华侨影剧院、县侨中教学楼、新厝公社江兜华侨服务社。此外还利用华侨投资兴建渔溪糖厂，开辟石竹山游览区等。

根据中央部署和上级有关政策规定，县委还认真落实了侨务政策、台胞台属政策、宗教政策等统战政策，彻底为归侨、侨眷和侨务工作者平反了冤假错案，提前于1981年底落实了全县1150户侨改户政策，清理退还华侨私房43户280间7219平方米。至1987年，全县退还侨房所有权673户11.69万平方米，分别占应退数的98.4%和97%。同时，成立福清县落实去台人员亲属政策办公室，落实台属政策71件109人，接待回乡探亲的去台人员201人次，安置回乡定居的去台人员13人。全县还摘掉了3180个地主、富农分子的帽子。

三、处理地下党历史遗留问题

福清县是福建省重要的革命游击区之一。在长期艰苦的革命斗争中，福清地下党组织及其领导的武装力量日益发展壮大，全县成立了东、南、西、北和天章5个区委，参加地下党革命活动的有1万多人，其中地下党干部和游击武装队员有1700多人，为人民的解放事业做出很大贡献。新中国成立后，接上地下党组织关系和已恢复地下党籍的有290多人，被追认为革命烈士的有186人。1957年，评定革命基点村33个，游击村107个。但由于种种历史原因，不少地下党老干部和老革命群众受到错误处理和不公正对待，造成不少遗留问题。

1981年7月9日，中共中央主席胡耀邦在福建老干部陈贵芳的信上批示：“地下党问题要很好抓一下，公公正正地解决，请先从福建抓起。”同年10月13日，项南书记主持召开省委常委会议，决定由程序、伍洪祥同志负责，成立“处理地下党历史遗留问题办公室”，调查处理福建地下党问题。1982年1月，中共福州市委召开工作会议做了部署，福清县委于1月16—18日召开全县处理地下党问题工作会议进行传达贯彻，出台《关于处理地下党遗留问题工作意见》。1982年9月，中共福清县委处理地下党办公室成立，组织力量查访，了解掌握全县地下党情况，解决遗留问题，同时抓老区扶持建设和“五老”评定工作。其中，法院复查改判地下党申诉案件130人，公安局复查纠错41人，县委落实办复查落实纠正原处分41人，县委纪检会复查纠正原处分19人，批准恢复党籍31人。全县21个镇乡和6个县直口都召开平反大会，宣布平反。至1987年，恢复了50名原地下党同志的党籍。

县委认真开展善后工作。有工作能力或劳动能力的收回安排69人，退休处理89人，一次性补助47人；经考核安排县处级领导职务4人，科局级7人，基层领导职务6人；有69人调升一级工资，35人调升两级工资，1人调升三级工资，1人调升四级工资。

处理好地下党遗留问题深得人心，对促进全县安定团结，调动各方面的积极性，同心协力为加快改革开放和现代化建设事业起了重要作用。江镜乡老游击队员何本魁、何吓桃受委屈半辈子，平反恢复名誉后，牵头组织了一个有“五老”及其子女和侨属计21人参加的联合体，向江镜农场承包500亩海滩地，自筹资金6万元，搞开发性生产，挖好标准鱼池190亩，放养鱼苗17万尾，计划提供商品鱼8万斤，还搞多种经营，种木麻黄3万株、葡萄500株、福橘420株，计划养猪200头。

第二节　经济调整和体制改革

1979年4月后，中共福清县委领导全县全面贯彻中央经济“调整、改革、整顿、提高”方针，认真实行特殊政策、灵活措施，重视发挥

“山、海、侨”优势，福清经济出现蓬勃生机和活力。在农村，全面推行家庭联产承包责任制，大力发展“两户一体”，大办乡镇企业，有力促进了农村商品经济的发展；工业方面对老企业进行挖潜、改造，并在企业内部普遍实行经济责任制，同时抓住有利时期，利用侨资兴办了华侨罐头厂、清华糖厂等大中型企业；商业供销系统初步进行了体制改革，落实了经营承包责任制；外经工作采取“请进来，走出去”的办法，活跃了对外经济活动。随着生产的发展，全县人民的物质生活水平有了很大提高。1983 年农村人均收入比 1978 年增加 126 元，收入超千元、超万元的农户越来越多，大多数农户建了新房。农村修公路、用电和安装自来水等方面都有较大发展。越来越多的群众拥有电视机、收录机、电风扇等高档消费品。

一、推行农业生产责任制，发展专业户

1979 年 9 月 25 日，党的十一届四中全会正式通过了《中共中央关于加快农业发展若干问题的决定(草案)》，对联产承包责任制做了肯定。福清全县 6925 个生产队，69％实行联产承包责任制。1981 年全县农村全面推广各种形式的生产责任制，全县 436 个大队的 7127 个生产队，实行家庭联产承包责任制达 92.2％，1982 年增加到 99.48％。随着责任制的建立和完善，社员生产积极性进一步高涨。

1983 年，广大农村在普遍推行家庭联产承包责任制的基础上，涌现了一批专业户、重点户和联合体。这些专业户的最突出特点是商品量多，商品率高，因而贡献也大。渔溪公社柳厝大队社员张书杰承包海滩地 80 亩，加上开荒和责任田共 90 亩，共产稻谷 4 万多公斤，商品率达 95％，纯收入近万元；三山公社横坑大队念财兴 1982 年向部队农场承包 23 亩地种甘蔗，纯收入 5735 元，1983 年增到 8461 元。渔溪公社苏田大队王昌霖养鸡 11000 只，出售成鸡 10300 多只，纯收入 7000 多元。

在专业户发展的基础上，涌现出一批专业村，专业化的程度进一步提高。高山公社玉楼大队下楼村 185 户，1978 年，27 户社员组

成一个联合体，养殖紫菜 32 亩，1983 年发展到 143 户、345 亩，收入 17.8 万元，是年全村人均收入达 405 元。《中国水产》刊登了这个报道，评价这个联合体是新型的民办社会主义企业。

1983 年中央 1 号文件贯彻后，全县掀起了开发“四荒”新热潮，海水养殖面积达到 5.05 万亩，增加产量 11 万担；淡水养鱼面积增加 8000 亩，放养量增加到 1100 多万尾。龙田公社 1983 年水产品总产达 12.2 万担，是福清县第一个水产总产突破 10 万担的公社；东营大队有 8000 多亩滩涂，已开发 6800 多亩，年产值达 200 多万元。围而未垦的海滩地新开发 1.5 万多亩，荒山造林 8.1 万亩。一都公社春季造林面积达 2.4 万多亩，比过去 10 年造林面积总和增加 85%。

1983 年，全县涌现各种专业户 21645 户，占全县总农户 13.5%；新的联合体 2200 个，11335 户，占总农户 7.1%；专业村 72 个。全县农业总产值 2.25 亿元。是年 6 月，县委、县政府召开“两户一体”表彰大会，68 位勤劳致富先进个人受到表彰。

二、调整产业结构，搞活农村经济

1985 年起，福清县调整农村产业结构，具体分为 3 个层次。第一层次：种植业的调整。粮食和经济作物种植面积比例由 1985 年的 7∶3，到 1990 年调整为 5.5∶4.5；粮食和经济作物产值由 1985 年的7∶3，到 1990 年倒转为 2.5∶7.5。第二层次：大农业内部结构的调整。农业和林牧副渔业产值 1985 年比例为 5∶5，到 1990 年调整为 2.5∶7.5。第三层次：大力发展乡镇企业。重点抓好四大基地：一是建立经济作物基地，即花生、甘蔗各种 10 万亩。二是林果基地。以东张、一都为重点建成 15 万亩杉木速生丰产林基地；以城关、音西、渔溪为重点建成 6 万亩水果基地，大力发展下番枝、“太城四号”枇杷、龙眼等竞争力强的名果。三是养鱼基地。用 3 年时间建成 3 个 5000 亩水产养殖基地——柯屿围垦精养商品鱼 5000 亩，城头、沙埔、北垞等垦区水面养对虾 5000 亩，阳下等各乡垒堤稻田养鱼 5000 亩。四是畜牧业基地。城关片、渔溪片为主饲养奶牛 2000 头，南岭乡发展养牛、高山羊。

1986年，全县农村社会总产值61661.55万元，比1978年增长3.17倍。1987年以“两水一牧”为中心的多种经营取得全面发展，与1984年比，全县水产品总产量增长40.74％，水果总产量增长97.67％。出现了一批畜牧专业大户和农业村。对虾、淡水鳗生产发展迅速。1990年，全县年终存栏数猪30万头、羊9万头、牛4万头、鸡鸭200万只。流通领域发生了重大变革，3万多名农民以不同的联合形式进入流通领域。

1984年中央1号文件根据农村经济发展的新形势，在资金流动、经济组织形式、发展社队企业等方面放宽了政策。1984年下半年，按全国统一规定，社队企业改称乡镇企业。福清部署全县大办乡镇企业。

乡镇企业的崛起，给全县农村经济注入新活力。1985年，乡镇企业收入1.6亿元；1987年，乡镇企业总收入达4亿元，比1985年翻了一番多；1989年，全县乡镇企业总收入7.4亿元。

第三节　发展外向型经济和融侨开发区的诞生

1985年2月28日，国务院同意《广东、福建两省会议纪要》并发出通知。1985年3月，中共福清县委书记陈元春主持召开中共福清县委五届二次全体（扩大）会议，决定把“县技术引进办公室”升格为与县农委、县经委等同级机构，确立并加强发展外向型经济工作。要求尽快打开外经工作新局面，以创汇为目的，扩大出口商品货源组织，重点抓好罐头、塑料拖鞋、人造革拖鞋、抽纱等超百万元的拳头产品的出口，增强竞争能力。会后，宏路外贸冷冻厂引进日本先进机械设备加工烤鳗出口，年产量可达300吨。是年，安装加工设备；县水产公司与香港开源贸易公司签订鲜活水产品补偿贸易合同，由港商提供冷冻车等冷冻设备，直接将水产品运销香港。各乡镇都继续抓“三来一补”和劳务出口新的突破。

一、发展外向型经济决议的贯彻

1986年10月，国务院颁发《关于鼓励外商投资的规定》，根据中央、省、市精神，福清县结合实际情况，随即公布了福清县《关于鼓励外商投资的暂行规定》，外商自选项目，在符合国家政策和城市总体规划前提下，允许投资开发的外商带资金、带设备、带技术、带原则、带市场；外商可以项目自定、厂址自择、设计自选，基建自招、伙伴自找、员工自聘、管理自立；在县级权限内，给予用地优惠。这种“五带七自”的措施，当时在全省属首创。

1987年12月，福清县人民政府颁发了《福清县鼓励开展对外来料加工装配业务的补充规定》：第一条，凡向本县单位介绍“三来一补”业务，并促其成功者，可获得一次业务介绍费；来料、来样加工和来件装配业务，可按项目第一年工缴费总额的1%提取；补偿贸易业务，可从项目第一年纯利润中提取1%。介绍费由承接项目的企业支付。第二条，承接“三来一补”业务的企业，生产所需的能源（电、煤、柴油、汽油等），由县人民政府尽可能统筹安排供应。第三条，来料加工装配合同在报送县经贸委后，一天内应给予审批，来料加工装配公司负责及时报送，工商部门接到注册登记所需全部材料后，应在3天内办好注册手续并发给营业执照。第四条，考虑到本县地理位置不如深圳等地优越，所收取的加工工缴费加上运输费用应不高于深圳等地市标准。第五条，加工工缴费年达20万美元以上的项目，根据客户要求，可安排其直系亲属就地农转非指标1名，并优先批准其在来料加工所在地，或客户原籍所在乡镇，或融城镇指定的地区建住宅用地。除了这项规定外，1988年9月，根据省和福州市相关文件精神，福清县人民政府办公室转发了县劳动局《关于福清县“三资”企业劳动管理工作意见》的通知；1989年4月，福清县人民政府根据实际情况和外资企业的要求，向福州市人民政府请示要求福清县的“三资”企业使用电信通信时与国营企业一视同仁（福清县的程控电话由华侨捐款安装），免收外汇券。这些政策和措施，有力地保障了外向型经济的快速发展。1989年，全县“三来一补”工缴费达 60 万美元，工业企业总产值为 2.18 亿元。

二、全国首家侨办国家级经济技术开发区

1979 年，福清县人民政府副县长张宏带领县侨办、侨联干部到香港会见融籍侨领林绍良、蔡云辉和陈子兴等诸多贤达，把家乡人民和海外乡亲共建繁荣兴旺新福清的愿望和盘托出，得到侨贤的全力支持。此后，侨贤们慷慨解囊，捐赠人民币数千万元，在家乡建了华侨影剧院、华侨中学教学楼和侨兴轻工学校以及福清市医院门诊、中医、内科、外科等大楼。1981 年，县侨办、侨联认真贯彻党中央侨务政策，改变了 1125 户“华侨地主”的家庭成分，退还了 13 万平方米的侨房，还为一大批归侨、侨眷落实了政策，争取了侨心。1984 年中秋节，福清县举办盛大的甲子灯会，明代瑞云宝塔大放光华，800 多名海外侨胞专程赶回家乡，一睹“凌霄玉柱”的风采。1986 年 3 月 18 日，应新加坡福清会馆邀请，县委、县政府决定由县长邱玉清带领福清闽剧团赴新加坡演出，进一步增进了与海外乡亲的亲情，并广泛宣传改革开放政策和福清的奋斗目标。侨领林绍良召集印尼、新加坡、日本等世界各地融籍乡亲，在其新加坡的面粉厂办公室开会，筹集了家乡建设基金 6000 万港元，其中用 65 万美元在城关发展程控电话，引进日本富士通 2500 门，发展国际直播电话(international direct dial，IDD)，侨乡福清自此有了先进的通信设施。

1986 年，县委、县政府反复调研论证，决定选择交通比较便捷、人口相对集中的位于城关至宏路之间的上郑村，划出 1 平方公里的地块建立经济开发区，初称“上郑工业小区”(即融侨经济技术开发区前身)。当时县一级土地使用批准权限仅田地 3 亩、农地 10 亩，经层层上报，得到省市领导大力支持。为了理顺各级各部门关系，以省委会议纪要形式决定省、福州市和福清县联合成立上郑工业小区协调领导小组，下设工业区开发指挥部，协调领导小组组长由省人大常委会主任程序担任，省、市、县领导及部门领导为成员。指挥部的总指挥由福州市副市长彭世柽担任，县长邱玉清担任副总指

挥，副县长魏唐茂任常务副总指挥，具体分管上郑工业小区的建设。县抽调了规划、基建、交通、电力等部门领导 21 人，组成办公室，具体负责工业小区的建设。

1987 年 4 月 27 日，侨领林文镜先生率领 40 多人的印尼工商考察团回国，受到省人民政府的热烈欢迎。省、市、县领导看到了福清的侨心侨力，为适应快速发展的形势，省政府决定将上郑工业小区由 1 平方公里扩展到 4 平方公里。是年，林子金先生选定工业区开办第一家外资企业——冠源轻工业制品有限公司。接着，太平洋塑胶有限公司、明达玩具公司、冠辉食品公司等陆续落地。1988 年 8 月，程控电话开通，两条电力专用线架设完工。是年，林文镜先生引进台湾潘氏三兄弟潘盘新、潘方仁、潘明忠创办的冠捷电子有限公司，冠辉食品公司主动让出地皮。工业区建起了高科技厂房，随后南方铝业、福耀玻璃、冠旺纺织和优星纺织等企业蓬勃发展起来。

融侨经济技术开发区初创时期，基础设施滞后，水、电、交通、通信等亟待解决。指挥部决定拆迁工业区内原有 3 米多宽崎岖不平的上高路西侧 10 户农户房屋，扩建一条宽 16 米的福玉路。随后上郑村附近的 3 座小山搬迁了 5000 多座坟墓。1988 年初福玉路开通，这年正月初二日，外资企业冠融制衣厂签约建厂，该公司仅用 23 天时间就建成能容纳两条制鞋生产线的简易厂房交付使用，两座总面积 1.2 万平方米的标准厂房，也仅用 3 个半月时间就建成投产，比外商要求的最快速度提前了 26 天。

1989 年，为适应开发区发展需要，在江阴下垄建设了 3000 吨集装箱码头，与此同时，日供水 2 万吨的水厂也竣工交付使用。1990 年金秋，阔别家乡 40 载的侨领林绍良先生一行百余人返乡省亲，考察了新兴的工业开发区。是年，融侨工业开发区落户“三资”企业 76 家，其中 40 家投产试产，年产值达 3.42 亿元，全县工农业总产值达 11.53 亿元，创历史最高水平，受到国务院表彰。1990 年 12 月 26 日，国务院批准福建的福清县和湖南的韶山县同时撤县建市。1992 年，工业区经国务院批准升格为国家级经济技术开发区，更名为福清融侨经济技术开发区。

第十章　迈向改革开放和现代化建设新阶段

1990年12月26日,国务院批准福清撤县设市。1991年5月4—6日,福清市举行了为期3天的盛大庆典活动,并于1991年5月5日正式挂牌建市。撤县建市标志着福清市革命老区建设发展插上腾飞的翅膀,迈向一个历史新高度。

1992年3月13—14日,时任福州市委书记习近平深入福清融侨、元洪、洪宽、元载4个工业区(村)调研,在主持召开福州市外商投资领导小组暨元洪码头项目协调会议上指出,"要争取形成两条工业走廊:一条是以福州马尾开发区为龙头的福马工业走廊,一条是以福清融侨工业区为龙头、元洪投资区为中心的福厦工业走廊。这两条走廊的形成将成为环绕闽江口金三角的工业带,成为福州改革开放和经济发展的前沿基地,使闽江口金三角经济圈的设想成为现实"。1995年7月7日,时任省委常委、福州市委书记习近平在福州市委、市政府召开的福清现场办公会议上指出,"福清应该更多地从启动整个福州经济着眼,从闽东南地区发展着眼,突破县市格局,把自身发展融入区域经济之中,促进对外开放向全方位、高层次、宽领域、纵深化发展,使福清成为最具活力和吸引力的经济生长点"。

经过20年的发展,福清市社会经济呈现出持续跃升、快速成长的新态势、新业绩,革命老区面貌日新月异,焕发出勃勃生机,各项经济指标和社会事业取得辉煌的成就,呈现出发展的新态势。2010年,全市实现地区生产总值480亿元,比1990年增长了35倍;财政总收入70亿元,比1990年增长了122倍;工业总产值1076亿元,比1990年增长了112倍;经济实力名列全省各县市区前三位,县域经济基本竞争力位居全国"百强县市"前列。

第一节　撤县建市争创改革开放新优势

撤县建市给福清革命老区经济社会的发展提供了诸多非常有利的机遇：扩大政府行政权限，拥有一定的外汇额度，设立海关、国检等口岸查验机构，建立银行支行，拥有审批较大面积用地权限，增加城市建设维护费的提留等，极大地促进了福清经济发展和社会进步，大大加快了福清的城市化、现代化步伐。

一、凝聚侨心侨力开创"福清模式"

1991 年 5 月，福建省政府颁发《福建省鼓励外商投资开发经营成片土地的暂行规定》(闽政〔1991〕综 112 号)，对外商投资开发经营成片土地给予种种优惠政策待遇。福清市紧紧抓住时机，迅速行动，在"五带七自"基础上，采取"以侨引侨，以侨引台，以侨引外，侨台港外联合开发"的开放发展模式，打造全方位、多层次、宽领域的对外开放格局，充分利用福清市丰富的侨力资源，引导侨资大规模进入工业园区开发建设。

改革开放的历史机遇、福清市独特的区位优势、地理资源、华侨资源和敢于拼搏争先的"福清精神"，造就了福清经济的繁荣发展和独一无二的"福清模式"。

福清模式可概括为"三主导两一体"，即"以华侨主导招商引资，以园区建设主导经济发展，以新型工业化主导产业方向，致力于城乡一体化、经济社会一体化全面发展"的经济社会发展模式。

1986 年国务院颁布《关于鼓励外商投资的规定》，福清县委、县政府审时度势，充分借助广大福清籍华侨华人雄厚的经济实力、博大的爱乡情怀、强烈的投资意识、广泛的人脉关系，把改革开放与发展经济的突破口放在引进侨资上，明确提出了"团结侨胞、争取侨心、运用侨力、建设侨乡"的指导思想。融侨工业小区就是在这样的背景下应运而生。1987年，侨贤林文镜受印尼侨领林绍良委托，组织印尼工商考察团回乡考察，之后以林绍良、林文镜为代表的印尼林氏集团直接投资，成片开发工业小区。融侨工业小区规划动建，拉开了开发区建设的序幕。同年，日后成长为汽车玻璃制造业中国第一、世界第二的福耀玻璃，入驻融侨工业小区。

在融籍侨领的引荐带动下，海峡对岸的台商也开始到福清投资创业。几年间，“三资”企业数量和规模迅速增长；1988年“三资”企业25家，产值8349万元，1992年“三资”企业184家，产值达到112亿元，分别是1988年的7.36倍、134.12倍。1992年，融侨工业小区经国务院审批升级为国家级融侨经济技术开发区，规划面积扩展到10平方公里。是年，日后成为全球最大的显示器生产商冠捷电子落户开发区。冠捷电子和福耀玻璃不仅成为融侨经济技术开发区的支柱企业，也成为主导福清地方经济发展的支柱企业。

1994年，融侨经济技术开发区涌现4家同行业最大“三资”企业：全国最大显示器生产厂——冠捷电子(福建)有限公司，全国最大汽车玻璃生产厂——福耀玻璃工业股份有限公司，全国最大仿真化纤生产厂——冠旺化纤(福建)有限公司，全国最大铝箔加工厂——南方铝业(中国)有限公司，经济综合效益跃居全国33个国家级开发区第六位。是年，全市“三资”企业突破400家，达415家，总投资16.5亿美元，已投产225家，全年产值63.06亿元。全市国民生产总值78.7亿元，工农业总产值124.55亿元，财政收入3.14亿元，农民人均纯收入2034元，分别比1978年增长14.3倍、23.5倍、31.4倍和15.8倍。被列为全国首批15个综合改革和6个农村城市化试点县之一。

1999年10月14日，侨领林绍良、林文镜一行回融省亲考察半个月。10月21日，林绍良为弥勒岩风景区暨瑞岩寺开光庆典活动剪彩；10月23日，福清市与林氏集团、长乐达成三方联合扩建元洪码头的最终协议。是年年底，福清国际商展中心大楼竣工。大楼共7层，占地面积1.7公顷，建筑面积6万平方米。外向型经济开始成为福清经济发展的重要力量。

2000年2月19日—21日，以“团结、爱乡、发展”为主题的第三届世界福清同乡联谊会在福清国际商展中心举行。国务院侨办主任郭东坡、中国侨联主席林兆枢、福建省委书记陈明义、省长习近平等专程到会祝贺并看望侨胞。大会确定了世联促进家乡建设发展的21世纪纲领，产生了新一届世联主席团成员。参会融籍实业家与福州市五区八县(市)签订了341个项目的协议和意向。协议总投资3.56亿美元，其中有31个项目落户福清，占全部投资额一半以上。

3月19日，福清市举行洪宽工业村、冠捷电子(福建)有限公司成立10周年庆典，时任省委副书记、省长习近平接见爱国侨领林绍良和林文镜先生。洪宽工业村已拥有“三资”企业76家，总投资30亿元，其中台资占90%的冠捷电子(福建)有限公司已成为全球排名第四位的电脑显示器大厂。

9月10日，“好又多量贩”福清融侨店在国际商展中心正式开业。这是福清市引进的首家大型外资商业零售企业。

12月6日，印尼林氏集团、新加坡商务集团、福州港务局、福清港口开发公司在新加坡签约，共同投资4.3亿元建设福清江阴3万吨级(兼靠5万吨级)集装箱码头。

是年，全市“三资”企业总产值达188亿元，实际利用外资1.1亿美元，自营出口8.6亿美元，新合同外资1.15亿美元，4项主要经济指标均超额完成任务。全年出口创汇总额9.92亿美元，同比增长3.28亿美元，增长49%，出口创汇创下新纪录。全市地区生产总值200.03亿元，比增12.5%；财政收入8亿元(不含基金)，比增18%；农业产值51.5亿元，比增5.07%；工业产值358.5亿元，比增16.6%；外贸出口约8.6亿美元，实际利用外资1.1亿美元；城镇居民和农民人均纯收入分别为8440元、4740元。次年1月，荣获“2000年福建省经济发展实力十强县(市)”第三名。

二、以港兴市迈向21世纪

2001年6月15日“福州市江阴工业区开发建设总公司”在江阴

南曹正式挂牌，标志着福州市、福清市两级政府共同投资创办的福州市级综合工业集中区正式设立。规划面积158.6平方公里。2002年12月18日，总投资45亿元的江阴港区1号泊位5万吨级集装箱码头正式通航。

2005—2010年，临港开发全面推进。建成江阴港区2—5号集装箱泊位、国电配套煤码头和元洪港区元载码头，动建江阴港区6—7号集装箱泊位和10号化工码头。江阴港区已开通欧地、美西等9条国际航线，并与台湾主要港口实现货运直航，2010年集装箱吞吐量达65万标箱。江阴疏港高速公路建成通车，疏港铁路正在建设中，江阴口岸服务中心和酒店、金融机构投入使用，临港综合配套设施日臻完善。福州保税港区获批设立，江阴东、西部两个片区共完成填海造地1.5万亩，为临港产业发展构筑起较为坚实的平台。

江阴港的横空出世，吸引了五大洲惊奇的目光。福清海内外儿女悄悄地把兴化湾边的一个名不见经传的小岛，打磨成一部情节跌宕起伏、架构恢宏壮阔的不朽传奇。

依托融侨、江阴、元洪三大工业区，规划建立了光电科技园、洪宽机电园、化工新材料产业园、新纤科技园等专业化园区，推动了福清核电、捷星电子、英冠达一体机、永强力加动力、坤彩精化等一批龙头企业相继引进、落地、动建或投产，拓展了电子产业链，壮大了机电、能源产业规模，培育了纺织、化工新材料等新的产业，逐步形成多极支撑的工业发展格局。鼓励企业自主创新、品牌创建，高新技术企业产值约占全市规模以上工业产值的60%。

2007年6月，融侨经济技术开发区累计批准各类企业543家，总投资37.67亿美元，实际利用外资13.97亿美元，工业总产值2746亿元，外贸出口234.52亿美元，财税收入52.16亿元，其中出口总值、单位土地产出等主要指标位居全国54个国家级开发区前列。10月27日，融侨经济技术开发区建设20周年庆祝大会在融侨大酒店举行。著名侨领林绍良、林文镜、林学善，福耀集团总裁曹德旺、冠捷科技集团总裁宣建生、宇信集团总裁徐天培被授予“融侨20年杰出贡献人物奖”。7个总投资达2.44亿美元的项目签约。

2008年,全市实现地区生产总值402.5亿元,比增13.5%;财政总收入(不含基金)29.31亿元,比增20.96%;地方财政一般预算收入16.67亿元,比增22.45%;进出口总额(海关口径)72.5亿美元,居全省县级第一;城镇居民人均可支配收入18778元,比增17.8%,农民人均纯收入8631元,比增13.4%;居民消费价格指数为103.7%,低于2007年水平;全市社会消费品零售总额达113.34亿元,比增19.3%。县域经济基本竞争力位居全国百强第20位。

2009年12月,江阴港区福州新港年吞吐量突破50万标箱,居福州港各集装箱码头之首。同月,全国国家级开发区开放度排名揭晓,融侨经济技术开发区居首位。

2010年5月18日,国务院正式批准设立福州保税港区。福州保税港位于福州新港(江阴港区),总面积9.2平方公里,由福州保税物流园区、铁路物流园区、福清出口加工区及福州新港1—9号码头等4个区域组成,是国家批准成立的第14个保税物流港,为国内开放层次最高、优惠政策最多的自由贸易港区。

12月20日,元洪投资区建市20周年献礼项目动工和投产庆典仪式举行。12月26日,纪念福清建市20周年庆祝大会在龙江公园体育场隆重举行,7000多名海内外玉融儿女和嘉宾欢聚一堂,共庆侨乡新市20周年华诞。是年,全市实现地区生产总值477.4亿元,比增13.5%;工农业总产值1197.26亿元,其中农业总产值105.68亿元,工业总产值1091.58亿元;工业总产值中,规模以上工业产值达1033.83亿元,比增21.1%;财政总收入(不含基金)42亿元,比增16.6%,地方财政收入25.41亿元,比增20.7%;社会消费品零售总额155.68亿元,比增18.6%;全社会固定资产投资349.03亿元,比增38%;第一、二、三产业比重为13.5∶50.7∶35.8。人均地区生产总值38651元;职工年平均工资29325元;城镇居民人均可支配收入22955元,比增11%;农民人均纯收入10147元,比增9.5%;城镇登记失业率为1.87%;居民消费价格指数为102.8%;人口自然增长率为6‰。

三、城乡一体化和经济社会一体化

在全面推动工业发展的进程中，一方面，以工业化为动力，经济形态、产业结构发生深刻的变化；另一方面，以新城镇建设为中心，推进城乡经济进步和公共管理服务水平，社会事业全面协调发展，福清市逐步实现城市与农村、经济与社会、人与自然的和谐共荣，实现城乡发展一体化，经济社会事业发展一体化。

建市后城市建设突飞猛进。市中心城区行政区划大调整，由1个街道发展到7个街道。2006年12月15日，7个街道挂牌成立大会在人民会堂举行。撤销音西镇、阳下镇、宏路镇和融城街道办事处，新设玉屏、龙山、龙江、音西、宏路、石竹、阳下等7个街道办事处；城市规划范围从中心向西、向东、向南扩展，并有细化安排，中心城区建成区面积从2005年的23平方公里扩大到2010年的35平方公里。投资3亿多元占地面积300多亩的市体育馆、侨乡博物馆、文化艺术中心竣工投入使用，对福清文化体育事业的发展，联系广大海外侨胞、港澳台同胞，发扬爱国爱乡的优良传统，教育海内外下一代福清人有着深远的意义；龙山公园、五马山公园、市中心体育公园、江滨公园、溪头洪宽“松涛园”和天宝陂公园、福耀园相继建成，尤其是靠天宝陂岸边的龙江两岸景观建设及占地面积500多亩的江滨体育文化公园的建成，给福清人民提供了良好的休闲活动场所，改善了人民群众生活和居住条件，提高了城市品位，增强了福清人民的凝聚力。

城市路网快速形成，渔平高速公路全线贯通，大真线、元华路、海城路完成拓宽改造，清盛、福政、福人、福和等城市主干道建成通车，清繁大道、观音埔大桥、观音山隧道等路桥加快建设。龙江整治工作从水环境污染整治向两岸综合治理拓展，基本完成了天宝陂至太城溪口段水利改造及沿岸景观建设，建成了融侨园、富贵园和龙江公园，初步形成了水清、岸绿、景美的良好效果。加强城市绿化工作，建设夜景灯光工程，完成了元洪路沥青罩面和城市重点路段缆线下地等景观改造，城市形象实现新的提升。加大环境综合整治力度，建成了市生活垃圾焚烧发电厂，城市污水处理率和垃圾无害化处理率不断提高。龙田、高山、渔溪等小城镇试点工作扎实推进，新农村建设取得成效，行政村通自来水率和通班车率分别达88%、97.3%。

多年来，福清市坚持优化中心城区产业布局，壮大经济综合实力，充分发挥城市对农村经济发展的辐射和带动作用，走出了一条以城带乡、以工促农、城乡互动的发展道路，促进了城镇化健康发展。在城镇化进程中，福清市逐步形成中心集聚、轴线推进，以中心城市为依托，以中小城镇为支撑，沿交通运输干线为主轴的城乡一体化发展格局。

建市后，全市社会事业全面统筹发展。坚持教育优先，发展公共服务体系，如基础设施、医疗卫生、文化体育、社会保障等公共服务资源，在人均拥有量和保障水平两个层面上，均处于全省县级市领先行列。

第一，优先发展教育事业。全面落实“两免一补”等教育惠民政策，中小学校舍安全工程走在福州市前列；不断优化整合现有教育资源，教育投入不断加大，完善城乡教育布局规划，促进城乡教育均衡发展。1995年，福清市基本实现普及九年义务教育和扫除青壮年文盲，教育“两基”通过省级评估验收合格，并报国家教委予以公布，从而提前3年实现“两基”工作宏伟目标，成为全省第一个实现“两基”达标的百万人口大县（市）。2005年，福清市又以高分通过“双高普九”验收；2008年，福清市被省政府授予“教育工作先进县（市）”称号。

第二，大力发展医疗卫生事业。卫生机构规模不断提高，基本形成医疗救助、中医医疗、疾病控制、卫生监督、妇幼保健等专业齐全、功能完善的卫生服务体系。完善社区、乡镇卫生院、村卫生所（室）标准化建设。

第三，积极推进文体事业发展。在加快发展文化旅游、信息传媒、文体娱乐、教育培训等文化产业的同时，不断完善城乡基础文化设施，推进公共文化事业发展。组建福清市侨乡艺术团和侨乡合唱团，开展“激情广场大家唱”、读书月等活动，进一步丰富了群众精神文化生活；加大历史文化遗产保护力度，公布了一批非物质文化遗产保护名录。广泛开展全民健身活动，竞技体育成绩喜人。大力发展广播电视事业，促进数字化电视的发展。实施乡镇综合文化站、农村电影放映、“农家书屋”、农民体育健身、“健身路径进村”等五大工程建设，率先实现了村村有健身路径的目标，建立农村文体公共服务体系。

福清市在 1986 年被国家体委命名为全国“田径之乡”后，1989 年、1993 年、1996 年又先后 3 次通过全国“田径之乡”复查；1990 年、1994 年、1998 年通过“全国体育先进县”复查。2008 年 8 月，第 29 届奥运会在北京举行，共有 3 名融籍运动员代表中国队参加比赛，分别是女排选手徐云丽、女子沙滩排球选手薛晨、女子跳高选手郑幸娟。其中，徐云丽随队摘得女子排球铜牌，薛晨获女子沙滩排球铜牌。

第四，完善社会保障体系，推进基本公共服务均等化。将公共服务均等化的群体重点放在低收入人群身上，不断完善城乡社会救助体系。城镇居民基本医疗保险参保率和新型农村合作医疗保险参合率分别达 95%、97%。累计建成各类保障性住房 3446 套。深入开展形式多样的“春风行动”，成立了市慈善总会，有效地保障了困难群众的基本生活和贫困学子的大学圆梦。

第五，加大财政收入，优化财政支出结构。在财政预算支出上，注重向公共基础设施、公共安全、公共交通、公共教育、公共卫生、公共救济等公共服务领域倾斜，最大限度地发挥财政的公共性职能，公共服务占财政支出比例不断提高。

第六，依法治市扎实推进，“五五”普法顺利通过省级验收。围绕建设“平安福清”目标，着力加强社会治安综合治理，积极推进社会管理创新，在各镇街设立综治信访维稳中心，抓好社会矛盾纠纷排查化解、流动人口管理和社区矫正等工作；成立了市诚信促进会、企业与企业家联合会、老科技工作者协会、环境保护协会等社会组织，为加强社会管理增添了新的力量。建立健全突发性公共事件应急机制,加强食品药品监管,有效防范了重特大安全事故的发生。

2005—2010年,福清先后获评全国科技进步示范县市、全国科普示范县市、全国老龄工作先进单位、全国群众体育先进单位、全国法治县市创建活动先进单位和创建全省文明城市工作先进城市、全省教育工作先进县市、全省双拥模范城、全省计划生育优质服务先进县市、省级园林城市等殊荣。

第二节　为经济腾飞铸造坚实的基础

一、调水闽江,为有源头活水来

1990年12月,撤县建市揭开了福清经济社会发展的历史新纪元。福清市委领导没有沉湎于建市的喜悦,而是潜心着手解决“为有源头活水来”的根本问题,于是,“一都溪引水”和“闽江调水”的调研论证工作同时展开。

福清历来十年九旱,尤其是占福清人口和土地面积各一半的龙高地区,年均降水量只有1100毫米左右,农田无水灌溉,甚至人畜饮水也十分困难,农民只好种植耐旱的番薯(新中国成立后南下干部称地瓜)为主粮,因此,福清素有“地瓜县”之称。新中国成立以后,虽然先后兴建了大中型水库、塘坝8600多座,较大型的有1958年底建成的东张水库(现为石竹山景区内的石竹湖),灌溉面积26.8万亩,还有1974年建成的灌溉面积5万亩的建新水库,但水资源还是远远无法满足福清工农业生产需求。进入20世纪90年代,福清已成功锻造了农业综合开发和外向型经济“两翼”。特别是随着融侨经济技术开发区和元洪投资区的创办,元载、洪宽、福耀、友精等工业村以及乡镇工业小区如雨后春笋般在福清大地崛起,福清大大加速了工业化、城市化进程。福清市委、市政府领导带领全市人民创造“福清速度”和“福清效益”的同时,也清醒地看到,水的问题正如瓶颈一样,严重制约福清经济持续高速发展。当时有关部门预测，到2000年福清缺水2.8亿立方米，到2015年，福清缺水将达到4.17亿立方米。基于此，市委、市政府领导审时度势，形成了调水入融的思路。

首先启动的是一都溪引水工程。工程总投资3500万元，其中，侨领林绍良、林文镜的林氏集团捐资1500万元。在一都镇万利村附近的河道上筑坝建库（万利水库），通过隧洞，将一都溪（注入永泰县）每年5600万立方米的水量引入东张水库，以补充灌区及融侨经济技术开发区、元洪投资区用水。1992年3月，福清市成立一都溪引水工程指挥部。9月，进口段隧洞工程动工，支洞与出口洞1993年3月动工，历时3年完成。与此同时，闽江调水工程也紧锣密鼓地进行。

1992年10月，福清闽江调水工程筹建领导小组成立，由市5套班子主要领导加上相关部门负责人共49人组成，市委书记练知轩兼任组长，市长邱玉清、人大常委会主任林学铿为副组长，领导小组下设办公室，简称“调水办”，具体负责筹建工程。1993年，福清闽江调水工程指挥部成立，第一任福清市市长邱玉清任总指挥，分管农业的市委副书记王良平、副市长任文兴为副总指挥。

闽江调水方案为：在闽江南岸乌龙江大桥东侧530米处建提水站，把闽江之水提到48米高程，通过一条直径4米的隧道，沿长乐、闽侯交界直抵太顶山西侧，过兰圃岭到玉鸡潭角西，铺设长170米管道至眉毛岭，穿过双奶峰、塔仔尾、南京底农场，到达福清境内阳下的酒店村。然后水分三路，一路至岩兜，向海口、城头两镇和50平方公里的元洪投资区供水；一路接东张水库高干渠，输往龙高地区；一路在五马山再次抽水后送往江阴半岛。输水线路跨越两个县市、福清境内18个镇，全长111.81公里，其中隧道53.55公里，各种管道58.26公里。调水设计规模最大每秒15立方米，年调水量4.5亿立方米；近期规模拟每秒10立方米，年调水量3亿立方米。总投资概算为8.2亿元。

1992年11月，福清市出台了《关于福清闽江调水工程资金筹集办法》《关于闽江调水工程捐资激励办法》，对个人捐资500万元到

1000万元以上者分别授予荣誉证书、纪念徽或树碑留名、塑铜像等。整个工程筹款:一是发动海内外福清人捐资。1月20日,福清市在华侨影剧院隆重举行闽江调水工程动员誓师大会,各乡镇设立分会场,市有线电视向设在21个镇乡的分会场及全市市民现场直播。动员誓师大会只开半天,首批认捐即达6000多万元,比预想的超出2000万元。1993年,海外乡亲认捐4亿元,次年即陆续到位2亿多元。二是改群众捐资为投资,引进股份制,建立新的企业构架和管理模式。1994年10月,福清闽江调水工程建设开发有限公司成立,负责工程建设的开发、管理、融资、还贷,把公司推向竞争的大市场,用新的思路和运行方式解决工程建设所需资金。2000年,作为省重点工程,省投资公司以保息分红入股投资2000万元,解了当时燃眉之急。三是闽江调水工程纳入国家水利国债支持项目,1998年、1999年、2000年三年得到国家水利国债支持1.8亿元。至此,共筹集资金4.9亿元,这个八闽大地最大的水利工程得以全面动工实施。

闽江调水工程在工程管理上坚持项目招投标,建立了一套科学的管理机制。工程招投标委员会成员来自省、市有关部门专家。按严格的招投标程序,选择中国水利水电第四工程局、第八工程局、铁道部第四工程局、隧道局,中国水利水电闽江工程局、福建省水利水电工程局等央企、国企为施工单位,保证了工程建设达到如期效果。闽江调水工程建设开发有限公司采用施工队之间举行进度竞赛,优胜者给奖金的办法,调动建设者积极性,克服了漳南隧洞大出水、螺路隧洞岩石坚硬钻洞难等困难。2002年7月7日,闽江调水最后一个隧洞标段——北林隧洞胜利贯通,标志着闽江调水工程进入扫尾阶段。

闽江调水工程自1994年12月动工,历7年9个月艰苦建设,先后完成了取水泵站工程、隧洞工程42.73公里,管道工程23.22公里,其中闽侯峡南至阳下新辟输水干线23.17公里、海口支线8.62公里、龙高支线30.7公里、江阴支线首期工程3.46公里,工程基本竣工,具备全线通水能力。

2003年8月12日，在连续40多天高温干旱给福清人民生活生产带来极大困难情况下，福清市委、市政府决定启动闽江调水工程，调闽江水入融。市闽江调水指挥部紧急办理用电审批等手续后，于8月12日凌晨0点10分，开闸取水成功，以每秒5立方米、每天20万立方米的流量注入输水管道，给久旱的玉融大地注入甘霖。

2003年11月8日上午，福清闽江调水工程竣工庆典在虎溪生态公园举行。该工程基本扭转了福清市水资源缺乏的历史。在充分利用当地水资源的条件下，2010年可向全市供水12591万立方米，远期可达到47304万立方米，可灌溉耕地38.74万亩，占全市耕地总面积的76%，全市有104万人口受益，占全市总人口的86.6%。这对保证福清21世纪的工农业和城乡居民用水，推动全市经济、社会的持续、快速、协调发展具有深远的意义，为经济的发展插上腾飞的翅膀。

二、先行工程，四通八达致富路

1992年8月，福建省委、省政府做出新建、改造5条国道和1条省道及其他省道繁忙路段共4000公里的战略决策，并定名为“先行工程”，同时还决定将1993年定为“基础设施年”。

1993年是福清的“基础设施年”。要发展，要致富，必须先修路。10月8日，福清真大公路动建，该工程列入福建省、福州市公路先行工程项目，总投资突破4亿元。

真大公路的兴建是福清再创港口优势，加速开发龙高半岛的前奏。真大公路即305省道，是福清重要交通命脉，也是省、福清市与平潭交通的主要通道。公路总长77.5公里，主线从融城虎狮桥西岸开始，经音西、海口，穿龙田、港头，越三山、高山，直抵东瀚小山东码头。其中，高山至沙埔牛头尾港支线16公里，龙田至江镜支线4.5公里。真大公路按一级道路设计，城区至海口镇安民村7公里路段宽36米，其余均为26米。首期实施的是主线的路基工程，由各镇分段负责。1994年3月正式开始各路段路面大会战。

福清市委、市政府成立真大工程总指挥部，由时任人大常委会主任林学铿任总指挥。在财政吃紧的情况下，采取借地修路、群众集资、土地补偿、施工队垫款等措施，启动工程并顺利进展。全线占用耕地 3820 亩，先征用，后分期还款。迁移了数以千计的坟墓，还有电缆、高压线、变压器、长途电话线等。公路全线要穿越 10 座山头，包括海口桂巷岭、龙田福庐山、港头北埔山、三山南倪岭、高山青田山、东瀚北盛岭与铁芦亭山等。1995 年 3 月，全县穿山工程捷报频传。全线需建大、中、小桥梁 29 座，其中玉融大桥东倚玉融山，西接元洪路，桥长 176 米，宽 28.4 米，如长虹横卧龙江，成为龙江上的一道靓丽景观。经过整整一年马不停蹄的奋战，于 1995 年 5 月 8 日宣告通车，为福建省第一座中承式钢管混凝土助拱桥。玉融大桥由融籍旅外乡亲陈隆基捐资 1500 万元建造。

真大公路牵动了沿途几十万市民的心，集中了数十支工程队日夜鏖战，于 1996 年 12 月全线告竣。建成真大公路，对发展沿途镇乡经济，加速开发龙高半岛，促进福清市对台直航、两岸商贸等，都具有重大意义。真大线直达小山东码头，也直指国内第五大岛——平潭岛，对于海西建设、平潭岛建设正在发挥重要作用。

福清路网建设从此迈开大步，加速推进。1990—2000 年，除真大线外，主要新建的公路有：新厝至江阴公路（新江公路），长 12 公里，沥青路面；高山至牛头尾公路（高牛公路），长 15.7 公里，泥结路面；海口山下至城头港西公路（海城公路），长 13 公里，沥青路面；塔仔门至南岭公路（塔七公路），长 11 公里，先为沥青路后改为水泥路；福清镜洋至新厝高速公路（福泉高速福清段），长 42.8 公里，沥青混凝土路面；新建 50 米宽的清荣大道，建设福清首座立交桥，拓宽改造元洪路（清昌大道）18 米宽的沥青路面为 50 米宽的水泥路面；新建、拓宽改造渔溪到江阴、龙田到江镜、太城到东张、东张玉林到南少林寺、西门新溪头等多条公路。1996 年兴建的福泉高速公路，总投资 19.26 亿元。福清境内线路长 42.8 公里，占全路总长近 1/5，宽 26 米，沥青混凝土路面，自北向南纵贯福清市域，沿途历经镜洋、宏路、渔溪、新厝 4 个镇，设有宏路、渔溪两个互通。宏路互通位于官秀，互通连接线跨过 324 国道后与清荣大道（福北线）相接；

渔溪互通位于下里，互通直接开向福厦公路。高速公路技术标准为4车道全立交封闭。由宏路互通北行25公里到达闽侯青口互通的(北)京福(州)高速公路。1998年竣工通车，结束了福清没有高速路的历史。与此同时，拓宽改造324国道福清段。324国道东起福州，西至昆明，福清境内段线路长45.6公里。走向自北向南，基本与高速公路平行，线路间隔多在1公里左右。经过福清境内的镜洋、宏路、上迳、渔溪、新厝5个镇和太城农场。线路标准基本达到二级，全段砼路面，4车道(宽15米)。

至2010年，福清公路总里程为1589.4公里，其中324国道45.6公里，省道121.4公里，县乡公路666公里，其他公路756.4公里，一个现代、主体、多层综合交通体系已初步形成。

2009年6月1日，福清火车站开工建设；2010年3月，福清站完成建设；2010年4月26日，福清站正式开通运营。途经该车站的线路为福厦铁路。

路网建设的快速发展，在为福清人出行带来方便的同时，更为福清经济社会率先实现科学发展、跨越发展插上腾飞的翅膀。

第三节　持续推进农村改革，建设小康老区

一、深化农村改革，实现宽裕型小康

“八五”期间，福清市委、市政府迅速贯彻落实中央提出的“小康”建设发展战略，大力发展以“两水一牧一菜”为重点的特色农业、规模农业、外向型农业和乡镇企业，推动福清农业由传统型向现代化农业转变。全市围垦面积3.1万亩，使耕地面积稳定在50万亩左右；采取“套、转、改、垦”等办法，严格制止抛荒，播种面积稳定在104万亩以上。同时，大力推广新技术，实施新的生产模式，达到增粮和增收的目的。

1995年，全市农业综合开发创造的产值约占农业总产值的

80%以上。水产品总量达到10.71万吨，总产值21.90亿元，比1990年增长114.2%。水产品加工增加值超过6亿元；肉类总产量5.53万吨，比增163.%；蛋品总产2.82万吨，比增164%；水果产量3.32万吨，比增403%。开发性农业的发展，使农业产业结构发生了重大变化，种植业的粮经产值比例从1978的78∶22变为48∶52；大农业内部结构调整，农业与林牧渔业的比例从73∶27变为25∶75，其中畜牧业产值占农业总产值的比重从9.6%上升到21.9%，水产业产值从4.6%上升到56.23%。经过几年的努力，福清市已基本建立起包括瘦肉型猪、禽蛋、名优水果、蔬菜、花卉盆景、鳗鱼甲鱼、对虾、贝藻类、淡水鱼、网箱养鱼等十大生产、出口创汇基地。全市有各类水果保鲜、紫菜加工、水产品冷冻、禽蛋加工、烤鳗、饲料配套等厂家72家。

特别值得一提的是养鳗业的发展。20世纪90年代初，日本市场对鳗鱼需求量巨大，而其原主要产地台湾却因种种原因导致养鳗业萎缩，供求矛盾突出。福清市委、市政府及时策动，放开搞活，让群众发展淡水养鳗业，福清成为全国县级最大的淡水鳗生产基地，1995年上市成鳗1.83万吨，创产值16.47亿元。淡水养鳗业的兴旺带动了烤鳗业的发展，全市批准10家烤鳗厂，1995年共加工12240吨成鳗，创产值2亿多美元。加工业的发展，不仅促进了产品的增值，而且为广大种养农民解除了找市场、保市场难的后顾之忧，进一步调动了他们的种养积极性，形成“公司＋农户”“工厂带基地”等生产模式，推动农业综合开发向集团化、产业化发展。

20世纪90年代，外商投资农业逐渐由初期的水产养殖加工拓展到饲料加工、畜牧加工、水产品贸易、远洋捕捞、农作物栽培等领域。1996年上半年，引进6个农业外经项目，总投资1800万美元，重点是农作物高优品种栽培，为尽快建立高科技园区、实现种植业新突破奠定了基础。

加快农村劳动力转移。鼓励农民走出去，闯荡大市场，拓展发展空间。福清不仅有遍布全国的十万建筑大军，还有2万余人赴日自费留学和遍布世界各地的劳务人员以及大量外出经商办企业的人员;通过大力发展“三资”企业、乡镇企业和商贸服务业,就地消化、转移13万名以上的农村劳动力。通过“走出去”,拓宽视野,增强市场意识,提高农民总体素质。此外,这些外出劳动力每年寄回30亿元以上的资金,为农村经济的大发展积累了丰富的原始资本。

“八五”期间,乡镇企业成为福清经济发展的重要增长点、财政收入的重要来源、农村经济的强大支柱和社会经济的重要组成部分,成为促进广大农村“奔小康”的主要推动力量。1991—1995年,全市共批办各类乡镇企业4800家,总投资额达40亿元,其中工业企业2500家。1995年产值超500万元的乡镇企业共有123家,其中超1000万元的有42家、超亿元的有4家。企业的产品质量明显提高,共有6项产品获部优、省优称号,部分产品在全国性评比中获奖。乡镇企业总产值由1990年的9.2亿元增加到1995年的116.3亿元,增长11.6倍,跻身全省乡镇企业十强县(市)行列;乡镇企业总收入达114.2亿元,出口交货总值达到30.4亿元,实现利润7.25亿元,分别比1990年增长11.3亿元、44倍和7.24倍。

1998年6月上旬,省委、省政府授予福清市“农村脱贫致富奔小康先进市”称号,授予市农村小康工作领导小组办公室“支持农村扶贫开发与小康建设先进单位”称号。根据中共福建省委、福建省人民政府《关于组织实施农村宽裕型小康建设的意见》,结合福清实际,市委、市政府再次发布了《关于农村宽裕型小康建设的实施意见》,1999年12月,福清市委、市政府下发《关于进一步加强扶贫开发工作的意见》,重点为加快老区基点村和少数民族行政村的“五通”(即水、电、路、电话、广播电视村村通)建设,力求通过两年努力,基本解决老区基点村和少数民族村的“五通”问题。2000年,融城、音西、宏路、龙田、渔溪、新厝等6个镇(街)140个村基本实现宽裕型小康,占总村数的34%。到2003年,阳下、海口、江镜、上迳、镜洋、城头、港头、三山、高山、江阴、东张等11个镇220个行政村基本实现宽裕型小康。到2005年,东瀚、沙埔、一都、南岭等4个镇81个行政村基本实现宽裕型小康,占总村数的18%。至此,全市21个镇(街)441个行政村全面达到省定宽裕型小康标准,提前5年实现目标。

2006年12月6日，在第六届全国县域经济基本竞争力评价中，福清市连续6次跻身百强，居第28位。

12月15日，市委、市政府出台《关于扎实推进福清市社会主义新农村建设的决定》，指出“十一五”期间市社会主义新农村建设的基本目标是：发展高效优质的现代农业；拓展城乡均衡的公共服务；建设整洁优美的农村社区；形成奋发向上的精神风貌；造就全面发展的现代农民；健全民主和谐的社会管理。提出农业总产值年均增长4%，乡镇企业及乡镇工业总产值年均增长11%和12.6%等具体目标。

二、实施老区“五通”，助力经济腾飞

福清市是全省重点老区大县（市）之一。20世纪30年代，福清是我国南方三年游击战争时期闽中游击队根据地主要县份之一，全市共有革命基点村33个，老区村103个，老区户6.2万户，人口25.9万人，占全市总人口21.03%。20世纪80年代评定出革命“五老”2736人；现健在“五老”有253人，遗偶518人。

新中国成立以来，福清各级党政领导始终关注老区经济和社会各项事业的发展和进步，尤其是改革开放以来，更加重视和支持困扰经济稳步发展的老区基础设施建设，更加关心老区人民的生活幸福。

针对福清老区多处深山沟及偏远海岛，交通不便，基础设施差，改变面貌难度较大的实际，多年来，福清市把实现老区“五通”作为重要工作，持之以恒，不懈努力。至2000年，省、福州市和福清市及各镇共投入资金4300多万元，发动社会力量集资、捐资3037万元，共完成老区“五通”等基础设施项目448个。其中，修建老区公路136条，总长249.16公里，桥梁26座长288米；修建输电线路34处长64.1公里，购置变压器5台，容量900千瓦；修建山塘水坝27处，修海堤5720米；修建中小学校舍31所，面积23060平方米，解决老区子女1.2万人就学问题；新建老区村医疗站15个，面积460平方

米；新建老区文化中心9幢，面积468平方米；新建老区科技大楼2座，面积2100平方米；新建老区广播站26座，架设广播线路92.6公里；建设老区简易码头2处。老区村分别于1990年、1995年、1996年、1997年实现了通电、通广播电视、通电话、通公路。老区的通水工作作为2000年各级政府为民办实事项目之一，各级财政共投入资金5079万元。至年底，全市22个老区基点村的通水工程基本竣工。

福建省《关于进一步加快福建省革命老区发展的意见》（闽委办〔2007〕54号）和福州市《关于进一步加快福州市革命老区发展的意见》出台后，福清市立即组织力量，逐镇逐村进行调查摸底，并根据“分类指导、先急后缓、项目带动、典型推动”的原则，编制完成了2009—2011年全市重点扶持和一般扶持老区村建设的项目规划，重点摆出了2009年老区各相关村待建的水、电、路、教育、卫生、通信、文化设施项目情况，明确了建设时间、资金来源和责任单位。2008年在市委、市政府重视和各级各部门的大力扶持下，共投入资金1760万元用于老区村基础设施建设。其中，修建扩建水泥路23条，总长29公里；修机耕路6条，长11.5公里；新建、修复桥梁2座；新建、维修校舍5座；兴修、修复水利工程8处；修建自来水管道长2850米，解决3个老区村726户2300人饮水问题；拉路灯3公里；新建卫生所2个；建沿海老区简易码头1处。

2008年12月，福清市委、市政府联合发布《关于进一步加快革命老区发展的实施意见》48号文件。对加快革命老区建设发展实行市财政专项配套资金、部门扶持资金、镇村自筹资金“三个一点”的办法，进一步拓展资金来源渠道，其中市财政专项配套资金在2008年50万元的基础上，2009年增加到100万元。2010年还争取市专项资金50万元，用于5个老区村修路和购买海上交通船只。在各级各部门的大力扶持下，老区人民用自己的双手，投工投劳、多方集资1688.6万元用于基础设施建设。其中，修建扩建水泥路27条、长19.16公里，新建修复大桥3座，新建校舍2座，维修校舍3座，兴修、修复水利工程3处，拉路灯投入88.8万元、装灯71盏，新建村综合楼2座，新建卫生所1所，帮助3个村修建自来水管道，解决2300户群众饮水困难，扶持农业科技项目2个，发展优质林果1560亩，创建4个“三农书库”，举办2期劳动力转移和实用技术培训班。资助109名老区贫困学生就学。全市老区行政村基本实现了通镇道路硬化，有30%老区村拉上自来水，解决群众饮水困难，老区村实现通电、通电话、通有线电视的目标要求，老区群众生活有了较大提高，和全市人民一道共享改革开放的丰硕成果。

改革开放以来，福清市老区办共重复动用老区开发基金600万元，扶持老区镇村、乡镇企业（包括工业、加工业、畜牧业、水产养殖、水果种植业）和老区沿海水产养殖业的发展，共创产值1.27亿元，解决老区乡村劳力出路1万多人，促进了老区农业结构调整和老区经济的发展。市老区办重复使用约320万元开发基金，发展一、二、三产业。扶持山海开发面积2.2万亩，其中：山区扶持一都镇善山、普礼等村开发“解放钟”和“早钟6号”枇杷等名优水果基地1万余亩，至2000年投产5000多亩，年收入达2300多万元，善山村人均收入达5200多元；扶持漈头、玉岭、南西亭等老区龙眼基地1000亩，现已开始投产；沿海扶持沙埔镇牛峰、东陈等村海水养殖紫菜、海带、挂蛎、鲍鱼、美国红鱼、黄花鱼、刺排鱼等达1万余亩，年创产值3800多万元，年人均产值4300多元；同时还扶持江镜千亩淡水养殖基地，除养殖鳗鱼、罗非鱼、鲢鱼外，还引进国外新品种金鳟鱼、银花鱼、南美肺鱼，年创收入1200多万元。东陈、牛峰村仅养殖人均年收入可达3800元。农业内部种养业由过去的6∶4调整到现在的2∶8，既转移劳动力5000多人，又增加了农民收入。

老区部门还筹措资金200万元，先后扶持景盛塑料、丰耀印刷、青盛果品加工厂等5家企业和恒达养猪场，雄都、王母山养牛场，普礼、华强养鳗场，岭下际头果场等10个畜牧、淡水养殖、水果种植企业以及1个老区贸易公司，年产值达3650万元，税利达308.5万元。这促进了老区乡村产业结构调整，解决了1000多名劳力出路，拓宽了致富门路，带动了老区经济的发展。

第十一章　推动经济社会发展，实现新时代新跨越

撤县建市20年，千年古邑实现了从十年九旱的“地瓜县”向现代化侨乡新城市的华丽转身。2012年11月，党的十八大胜利召开，福清人民在市委、市政府坚强领导下，坚定不移地走中国特色社会主义道路，转变经济发展方式，实施创新驱动发展战略，深化经济体制改革，推进经济结构战略性调整，全面提高开放型经济水平，大力推进生态文明建设，加快完善城乡发展一体化体制机制，促进城乡要素平等交换和公共资源均衡配置，形成以工促农、以城带乡、工农互惠、城乡一体的新型工农、城乡关系。

2017年10月，党的十九大胜利召开，标志着中国特色社会主义进入了新时代。福清市坚持以习近平新时代中国特色社会主义思想为指导，全面贯彻党的十九大和十九届二中、三中全会精神，紧紧围绕“新福清”发展战略，坚持高质量发展落实赶超，融入大格局，实现新跨越。改革开放四十年，扩大开放谱新篇。

第一节　坚持双轮驱动，实施大开放发展战略

党的十八大以来，福清坚持深化改革和扩大开放双轮驱动，实施以促进企业转型升级为重点的供给侧改革，抓好公共服务、生态环保等领域制度创新，发展的资源要素得到较好保障；依托自贸区福州片区保税港区，政策复制、创新工作取得成果，对外开放水平实现新提升；加强招商引资，实施“回归工程”，融籍乡亲回归创业、重

点客商来融投资的热情继续高涨;深化融台经贸交流,电子信息、现代农业、物流贸易等合作领域持续拓展。同时支持平潭综合实验区开发,与永泰、连城、寿宁、井冈山等县市的对口协作取得成效。

一、双轮驱动,扩大和提升对外开放的广度和深度

2015 年 8 月 30 日,国务院正式批复同意设立福州新区。2016 年 12 月,省政府批复同意《福州新区发展规划》。福清和罗源、连江、长乐、永泰、闽侯、闽清、晋安、仓山、马尾等县市区的部分乡镇街道划入福州新区。福清市划入新区 20 个乡镇 191 个村,其中老区村 27 个。2017 年 10 月,福州新区福清功能区管委会成立。福清革命老区对外开放的广度和深度大大扩大和提升,积极参与、全面融入"一带一路",努力培育新的经济增长极、与平潭综合实验区实现一体化发展,实现在更高起点、更广范围、更宽领域推进海峡两岸交流合作。沙埔老区镇 11 个老区村列入福州新区,在美丽乡村建设中再立新功,其中江南村成为四季瓜果飘香的现代设施农业村。

一是搭建开放性平台。着眼加快融入福州、联动平潭、对接台湾、走向全国、接轨国际,推进国际食品产业园、聚龙国际创业小镇、国际深水大港、国际跨境电商平台、国际港湾城市"五个国际"建设。其中,国际食品产业园获批国家水果和肉类进境指定口岸,顺利引进 20 个产业项目,总投资 180 多亿元;聚龙国际创业小镇一期五星级酒店和企业中心已开工动建,对接 20 多家大中型企业入驻。

二是推进自贸区建设。深化自贸试验区体制机制改革,先后推出创新举措 20 项,有 4 项为全国首创。在全省率先启动"证照分离"试点,扩大"一照两址"政策效应。推出"微信平台预约查验""整车进口一体化便利措施"等创新举措,江阴整车进口口岸成为全国首个提供全方位 3C 认证(China Compulsory Certification,中国强制性产品认证)服务试点口岸,启用福州关区首个审像中心,车辆通关缩短至 1 个工作日,效率居全国前列。

三是深化融台交流。探索对台产业发展有效模式,建设国家(福清)显示器产业园、光电科技园、洪宽机电园、台湾农民企业园等

对台合作专业园区，强化与台湾电子信息、现代农业等产业对接。建立融台人文交流常态化机制，打造石竹山梦文化节、融台两岸宗鹤拳武术交流大会等品牌。与此同时，完善台商维权、台商台胞定期回访、台胞权益保障等制度，成立福清市台胞权益保障法官工作室，保障台胞合法权益。

四是用好侨力资源。立足侨的优势，建立与海外融籍华人华侨常态化联系机制，通过召开世界融商大会、福清异地商会交流会以及深化“融商回归工程”等，引导海内外乡亲回乡投资创业。以海外融籍华人华侨为纽带，融入“一带一路”，深化同“海丝”沿线国家和地区合作，推动与印尼玛琅市建立友好城市，设立福清市驻东盟招商联络处，打造“海丝”重要节点城市。

“十二五”期间（2011—2015），福清市地区生产总值年均增长10.4%；固定资产投资累计完成2800多亿元，增长2.12倍；综合经济实力和县域科学发展指标保持全省前列，在全国中小城市综合实力百强县市排名提升到第26位。经济结构持续优化，三个产业结构比例从2010年的13.5∶50.7∶35.8调整为2015年的12∶51.6∶36.4。

2018年，全市地区生产总值1078亿元，比增9.7%；农业总产值166.3亿元，比增4%；规模以上工业总产值1900亿元，比增10%；全社会消费品零售总额467亿元，比增12.8%；出口总额439.6亿元，比增9.8%；城镇居民人均可支配收入45080元，比增8.4%，农村居民人均可支配收入22930元，比增8.7%。全国综合实力百强县市排名再进3位，福清市从第22位提升到第19位，首次迈进全国20强。

二、创新战略，产业发展势头强劲

党的十八大以来，产业创新能力不断增强。2018年，新培育高新技术企业10家，福建省科技小巨人领军企业6家，入选首批国家创新型县（市）建设名单。捷联电子、福耀集团跻身2018年中国民营企业500强。祥兴集团、福清核电等4家企业入选2018年福建企业百强，天马科技入选2018年国家技术创新示范企业，宝利特获评2018年制造业单项冠军企业。产业集群效应日益凸显。京东方液晶面板、旭福光电等项目全面达产，京东方柔性面板项目进场，全年电子信息产业产值突破500亿元。

元洪国际食品产业园已入驻京东全球（元洪）食品数字经济产业中心等27个项目，总投资218亿元，御冠食品等19个项目已挂牌和动建，京东全球（元洪）食品展示交易公共服务平台投入运营，举办了首届元洪国际食品产业园美食文化节、2018年元洪食品数字经济产业发展峰会等系列活动，园区发展呈现点燃引爆、全面开花的良好态势。江阴化工新材料专区新引进产业链项目20个，总投资440亿元，康乃尔MDI等37个项目动工建设，福州危固废处置中心及资源化利用等18个项目竣工投产。

三峡海上风电产业园一期基本建成，蓝谷产业综合体、荣德铵家等项目动工建设。加快推进京东方二期配套、福清功能区创业服务中心、华侨公园、江阴港区6—9号码头、江阴小城市、蓝园"三横三纵"路网等58个总投资133.7亿元的园区基础设施和生活配套项目，进一步增强园区载体功能。

第三产业提质增速。2018年，深入开展"产业发展年"主题年活动，福清国际商贸批发城、银河国际汽车城等重点服务业项目建成运营，京东云、阿里巴巴农村电商等电商领军企业入驻，新零售、新业态蓬勃发展。旅游业发展有声有色，签约引进中央公园万国风情园等7个项目，总投资365亿元。南少林文化旅游园区、黄檗文化旅游园区建设扎实推进，弥勒岩景区成功创建国家AAA级旅游景区，后溪生态旅游区获评省级生态旅游示范区、全年接待游客总量达500万人次，年旅游收入突破100亿元。一般公共预算总收入131亿元，比增28%，总量跃居全省县市第二位；经济结构进一步优化，第三产业增加值占地区生产总值的比重首次突破四成。

现代农业步伐坚实。严格落实粮食安全省长责任制，坚决守住耕地红线。新培育省级现代农业智慧园1家、省级家庭农场示范场2家、福州市级现代农业产业园4个。星源农牧公司国家数字农业试点项目竣工投产。成功举办首届中国农民丰收节、2018 年福州(福清)枇杷文化旅游季等活动，荣获“全国农村创业创新典型县”“全国一二三产业融合发展先导区”“国家畜牧业绿色发展示范县”称号。

第二节 城乡统筹发展，创建文明宜居城市

改革开放以来，福清城乡开发实现了从农村小镇向城乡统筹的转变。特别是党的十八大以来，福清按照城乡一体化发展理念，探索推出财政投入、PPP(Public-Private-Partnership，公共私营合作制)融资等多元化运作模式，交通、学校、医院等公共事业基础设施不断完善，中心城区和东部新城、中部新城等组团开发全面铺开，小城镇和小城市试点建设稳步推进，从而催生了大量新农村和美丽乡村，城乡面貌焕然一新。

一、推进生态文明建设，推动城乡融合发展

在城乡建设领域，福清坚持城乡统筹发展的理念，建立完善城乡融合发展机制。在全省率先推进“多规合一”试点，整合国土、规划、环保、海洋生态红线等规划数据，建成“多规合一”数据和手机APP、公文电子会签等平台，实现规划体系、布局总图、基础数据、信息平台、运用成果、管理机制“六个统一”，实现互联共享。开展文明单位、村镇、社区、校园、家庭“五大创建”，实施市容环境整治、交通环境整治等“七大战役”，推出文明城市创建网格化管理系统和手机APP 软件，开展“步行查创城、骑行看文明”等活动，文明创建测评成绩位居全省前列。建成运营“智慧城市”管理中心，城市管理数字化、信息化、精细化水平大为提升。同时，创新城镇化模式，抓好小城镇机构改革，探索建立强镇扩权、执法机构整合、新型财政管理等制度，以第三批国家新型城镇化试点建设为契机，加快推进东部新城、中部新城等重点组团开发，抓好龙田、高山、渔溪小城镇试点和

江阴小城市试点建设，打造京东方小镇、国际贝壳博物馆等特色小镇。

2018年，生态环境更加美丽。围绕打好污染防治攻坚战，统筹全市资源和力量，推进全域综合治水，深入开展"湖库水系连通"建设、"百村万人"清渠、"污水零排河"百日攻坚等专项行动，完成清渠清河703公里，整治各类污染源1569处，实施18处23.9公里渠道环境美化提升工程。抓好中央和省环保督察整改交账销号工作，完成重大节能减排项目8个。深化"全民绿化·美丽福清"行动，营造林面积33417亩，完成湿地公园等15个项目建设，建成6条绿道，完成18条道路绿化，新增绿地45公顷，绿化覆盖率达46.25%。全面推进中央公园建设，五马联动道路工程全线贯通，玉融山环山栈道建成开放。开展高铁高速及大真线沿线人居环境整治，实施龙江两岸等6处夜景灯光改造工程，扮靓美丽融城。

二、持续提升城市品质，两个文明协调发展

传承弘扬先进文化，积极创建文明城市，城乡文化日趋繁荣。一是宣传引领持续强化。落实党管意识形态工作责任，社会主义核心价值观教育广泛开展，城市品牌挖掘、提炼、宣传工作扎实推进，传统媒体和新兴媒体逐步融合，舆论引导能力有效增强。二是文明创建取得实效。深化基层文明创建，未成年人思想道德建设成果明显，志愿服务、社会诚信等道德建设覆盖城乡，社会文明程度继续提高，向全国文明城市加快迈进。三是城乡文化加快发展。积极创建国家公共文化服务体系示范区，"四大文体惠民工程"普及城乡，"文化惠民乐万家"巡演等活动广泛开展，黄檗文化、梦文化等对外交流文化的影响力日益扩大。建成中国音协合唱联盟音乐创作、合唱培训基地，以及国家高水平体育后备人才基地、北师大国际写作中心福清基地，推出一批文化精品，文化产业发展迈出坚实步伐。

2015年，福清市成功承办首届中国青运会相关赛事，出版发行《文化福清》丛书，市图书馆、档案馆、科技馆通过竣工验收。

2016年，福清市图书馆、档案馆新馆正式启用。启动以东关寨

为重点和以塔为主题的一批重点文物修缮工程。成功举办中国女排联赛福清赛区、世界职业搏击王者争霸赛、中国汽车越野巡回公开赛、福建省城市合唱艺术节等赛事。

2018 年，城市品质持续提升。划定城镇开发边界线和生态控制线，完成中央公园、海绵城市等 17 项规划编制。滨海大通道建成通车 18.5 公里，长福高速全线路基基本形成，福厦高铁福清西站全线交地并动建。组建市城投集团，实施 81 条市政道路建设，新拓建改造道路 30 公里，2017 年以来拆通的 45 条“断头路”已建成通车 28 条，城区“一环四横八纵”主干路网基本贯通，道路畅通水平明显提升。新改建供水管网 30 公里、燃气管道 26.8 公里、污水管道 21.5 公里，新增天然气居民用户 16590 户。启动“电网建设三年行动计划”，完成 3 座 110 千伏变电站建设，新建改造电力线路 330 公里。福清市医院公交首末站建成投入使用，新投入 75 辆纯电动公交车。建成智慧停车管理系统，新增公共停车泊位 1060 个。

扎实开展新一轮创建文明城市的工作，强化城市管理综合执法，狠抓市容常态化长效化管理。建设“智慧化”便民农贸市场，完成城区 3 处农贸市场“农＋超”改造提升。加强社会主义核心价值观教育，开展“我们的节日”、“文明福清 · 书香玉融”、第一季《国学大课堂》等系列活动。推进公民思想道德建设，4 人入围中国好人榜候选，3 人当选“福建好人”。

第三节　决胜全面建成小康社会，建设美丽富庶新福清

中国共产党第十九次全国代表大会的主题是：不忘初心，牢记使命，高举中国特色社会主义伟大旗帜，决胜全面建成小康社会，夺取新时代中国特色社会主义伟大胜利，为实现中华民族伟大复兴的中国梦不懈奋斗。福清市深入推进社会民生领域体制机制改革，群众获得感、幸福感、安全感显著提升。

一、健全社会事业发展体制，着力建设宜居城市

一是健全教育发展体制。建立“名校＋新建学校”集团化办学、农村薄弱学校“委托管理”等机制，推行“小片区”管理模式，实施名师工程。深化校企业合作，开展“现代学徒制”试点，推出“创元班”“京东方班”等办学模式。推进“东南慧谷”建设，着力引进打造国际化学校。二是健全医疗卫生体制。推进公立医院综合改革试点，制定深化医药卫生体制改革试点实施方案等规范性文件，建立公立医院薪酬制度和考核评价体系，推动福清市医院升格为三级医院，促成与南方医科大学合作办医，城乡医疗卫生水平显著提升。三是健全社会治理体制。开展“平安福清”建设，构建综治“五不漏”责任体系，建立“以人管人”平安联络线和“以房管人”网格联络员体系，“平安三率”从全省倒数行列提升至全省第 26 位，历经 10 多年首次进入全省平安先进县市行列。探索推出“党建引领、多维治理”行动，深入实施治理架构优化、平安福清提升等“5＋N”工程，开展“党的书记说治理”等活动，基层治理体系不断优化。四是健全生态环保体制。建立生态红线管控、生态文明考核评价等机制，完善生态保护转移支付资金管理办法。完善“河长制”“湖(库)长制”，探索科技治水、制度治水、全民治水等机制，推进“湖库连通”原水保障、“两江八溪”生态河道整治等工作，推广“生态海绵河道”治理模式。多渠道筹集资金，推进总面积 31 平方公里的城市中央公园建设。

2018 年，完成 151 项为民办实事项目，全年市财政用于民生补短板的支出达 71.9 亿元，占一般公共预算支出的 72.7％。其一，教育基础更加夯实。投入 3.3 亿元推进校安工程建设，新建、改扩建公办幼儿园 8 所、中小学 13 所，新增学位 4800 个。福清一中新校区、滨江小学观溪校区等动工建设。开展无证幼儿园清理整顿专项行动，加强住宅小区配套幼儿园建设使用管理，新认定 107 所民办园为普惠性幼儿园，公办、民办普惠性幼儿园学额覆盖率达 85％以上，提前两年达标。其二，医疗服务更加便捷。实施市第三医院骨科病房大楼改造等 39 项医疗卫生“补短板”项目，提升医疗基础设

施建设水平。市妇幼保健院升格为三级医院，为全省首家县级三级妇幼保健院。加强医疗卫生人才队伍建设，新引进31名医学类硕士博士研究生。深化公立医院综合改革，探索推行“总院制”模式，福清市医院柔性引进彭志海教授团队，与创举医疗集团合作托管福清市第二医院。建立居民健康档案110万份，与福建医科大学联合开展自然人群前瞻性队列研究合作项目，为慢性病精准预防和治疗提供客观、可靠的科学依据。

二、完善文化发展体制，推动各项事业新进展

完善文化发展体制，制定文化改革发展专项规划，探索文化与旅游融合发展模式，是建设富庶、文明、开放、和谐的“新福清”的必由之路。

2008年10月8日，首届“中华梦乡福清石竹山梦文化节”在国家AAAA级景区石竹山隆重开幕，来自国家、省、福州市等各级相关领导、专家、学者、海外侨胞、港澳台同胞近千人出席了开幕式、学术研讨、民俗文化表演等活动。2010年1月2—9日，福清市石竹山道院举办了“海峡两岸道教圆梦之旅暨第二届石竹山梦文化节”系列活动。来自台湾无极三清总道院、台湾净明忠孝道教会等台湾宫观和道教团体的500余名道教信众，与大陆各地道教信众近千人，共集“中华梦乡”祈梦，梦圆海峡两岸。会上举行了石竹山道家文化养生村奠基仪式，“中华梦乡”授牌仪式，闽台经贸、旅游项目协议签订仪式，发表海峡两岸道教圆梦活动共同宣言等系列活动。国家宗教局副局长蒋坚永，全国政协常委、中国道教协会会长任法融，福建省民族宗教厅厅长王聚仁、纪检组长王志明等出席了开幕仪式。中国国民党主席马英九、荣誉主席吴伯雄，亲民党主席宋楚瑜，海峡交流基金会董事长江丙坤等知名人士为本届梦文化节发来贺词。上午10时50分，石竹山道院举行何氏九仙分炉台湾起驾仪式，恭送九仙分灵台湾9个宫观。1月5日下午，第二届梦文化节在台湾基隆市圆满落幕。至2018年，福清石竹山梦文化节已成功举行6届，为两岸同胞共圆中国梦搭建了跨越海峡的平台，向海内外展示了石

竹山梦文化的博大精深和迷人魅力。2004—2016年，融台宗鹤拳武术文化交流活动进行10次，其中“海峡两岸宗鹤武术文化节”及融台青少年武术文化交流活动举行7届，自2014年始，“海峡两岸宗鹤武术文化节”及融台青少年武术文化交流活动被国台办列入对台交流重点项目之一。

推进全民健身工程，改造提升100套体育健身路径，建成省级多功能体育运动场2个，市老年体育活动中心基本建成。举办福清市第15届运动会暨2018年全民健身运动会，成功承办2017—2018中国女排超级联赛等赛事。全民健身保障更加完善。

2018年，创新推进利桥街区保护整治和泛石竹山文化旅游区、南少林旅游文化园区、黄檗文化旅游园区等项目开发。积极创建国家公共文化服务体系示范区，健全落实政府购买公共文化服务机制，探索推出“菜单式”文化服务模式。推进县级市属新闻融媒体机制创新试点，推动媒体融合发展。推进“文化惠民乐万家”工程，开展主题文艺下乡巡演24场、优秀传统闽剧展演20场，举办“六月天·融情夏意文艺季”等公益文化演出近百场。成功举办“水墨融情海丝梦”首届全国中国画作品展、“海丝融情”文化展示周等活动，扩大城市影响力。融声合唱团获第14届中国国际合唱节金奖，侨乡少儿合唱团获2018年“一带一路”世界合唱节比赛7项大奖。

开展社区居家养老政府购买服务试点，建成39个居家养老服务站，完成5家养老机构设立许可，3个居家社区养老服务照料中心获星级评定。落实就业优先政策，新增城镇就业2.6万名，转移农村富余劳动力5330名。基本建成保障房480套，公租房分配率达91.88%。加强社会救助工作，建成市社会福利中心。国防动员、双拥共建、民兵预备役建设、军民融合、海防、人防、爱国卫生等工作持续加强。统计、科普、气象、防震、地方志、老龄、妇女儿童、残疾人、慈善等各项事业取得了新的进展。

三、全面推进新农村建设，乡村振兴老区村发展

2006年，福清市贯彻落实中央1号文件和省委《关于认真贯彻

中央一号文件精神，加强社会主义新农村建设工作意见》及《福州市社会主义新农村建设“双百工程”实施方案》精神，做出《福清市2006—2010年社会主义新农村建设规划》，启动社会主义新农村建设工作，围绕“生产发展、生活宽裕、乡风文明、村容整洁、管理民主”5大方面，从“发展新产业、建设新设施、塑造新生活、培育新农民、树立新风尚、构建新机制”6个方面入手，紧紧抓住农村经济发展和农村环境整治这两个关键环节，全面推进全市社会主义新农村建设。福清市103个老区村，有48个村参与社会主义新农村美丽乡村建设，其中25个村为福清市级示范村，3个老区村为福州市级精品村、样板村建设。

2007年4月，福清市正式启动新农村建设工作。按照福州市两年滚动建设一批试点村的工作推进原则，先后完成了两轮87个“双百工程”试点村的建设和迎检工作，其中：省级示范村4个、福州市综合示范村4个、福州市重点特色村8个、福清市重点示范村30个。2007年以来，市财政先后投入了400万元(2007)、800万元(2008)、800万元(2009)、800万元(2010)的新农村专项资金，调动社会资金配合投入建设的数据，据不完全统计超过1600万元(2007)、3500万元(2008)、5000万元(2009)、5300万元(2010)，极大地改善了试点村的生产生活基础设施，有力地改观了全市农村的环境面貌，建设了一批反映侨乡农村新貌、凸显农村建设与改观的精品试点村(如阳下溪头、新厝棉亭、镜洋波兰、宏路周店等)。

2009年，根据中央1号文件要求，及时启动和完成了60个试点村的村庄规划测绘和编制工作，推动和完成了省农村家园清洁行动，提出并实施了福清市家园清洁统一行动日活动。重点围绕建设四大“新家园”，即“富裕新家园、整洁新家园、欢乐新家园、和谐新家园”，抓好“三网”(水网、林网、路网)建设。水网建设方面，从2009年开始开展“千里水网畅通工程”，福清市财政每年安排500万元资金，以“七大洋”主要河道为重点，在全市范围内全面开展河网渠系清淤清障。林网建设方面，以绿化、美化为切入点，以改善农村生态环境为主题，累计完成环村林带建设175公里，完成示范路建设411

公里，完成非规划林地种植珍贵树种15.2万株，完成了31个绿色示范村建设，新建村庄公园28个。路网建设方面，加快实施以建制村为节点的“向上衔接、向下延伸”农村公路以及通自然村公路改造工程，加强农村公路安全保障设施建设，农村公路建设共完成100条103.3公里，完成投资5525万元。各级财政资金的投入引导带动了社会资金达3000多万元用于村道路建设。

广泛开展“家园清洁行动”。建立长效机制，将每月最后一周的星期五及重要节假日的前一天，作为全市“家园清洁行动日”。至2009年底，已有13个镇406个村完成整治任务并通过省、福州市验收，分别占任务总数的77%和88%。垃圾处理设施不断完善，17个镇已全面完成垃圾中转站、焖烧炉建设任务，投资3.1亿元的垃圾焚烧发电厂已动工建设。是年，福清市被省农村家园清洁领导小组评为“农村家园清洁行动先进市”。

同时大力发展农村文体事业。试点村村村有健身路径，重点村村村有休闲公园、老人活动中心、农家书屋。新建村庄公园28个，农家书屋39个，农村文化中心7个。

2010年，福清市全面完成省21个绿色村庄的创建和迎评任务，实施了13个农村物业管理试点和7个环村“三网”试点工作(如江镜岸兜、高山山后)，建设了两个农村示范性农民住宅小区(三山后林、江镜南宵)，完成了一个旧村改造试点的45亩“空心村”拆除工作(江阴屿礁)，有力地提升了福清市新农村建设的积极内涵和试点水平。

2011年，福清市按照省、福州市的部署要求，围绕新农村建设“20字”方针，以“思想大解放、能力大提升、推动大发展”为契机，全面推进“双百工程”试点村工作，公共设施得到完善，农村环境不断改善，农民收入持续增加。第三轮46个“双百工程”试点村中有2个村(东华、岸兜)被列为福建省新农村建设联系点，1个村(棉亭)被列为福州市新农村建设精品村综合示范村，4个村(溪头、波兰、屿礁、棉亭)被列为福州市新农村建设综合示范村。

2012年，参加新农村建设“百村竞赛”的18个村，有3个村(溪头村、东华村、后林村）为“百村竞赛”优胜村正选村，1 个村（溪头村）为福州市新农村建设样板村。同时，这 3 个村（溪头、后林、东华）为全省宜居示范创建村。阳下街道溪头村与洪宽工业村、福清台湾农民创业园核心区融为一体，实施村企联动、工业反哺农业策略，多方筹措资金，全力推进新农村建设。2013 年，精品村项目共 5 大项、58 小项，总投资达 650 万元，主要建设内容为“两高”沿线裸房整治立面改造，洪宽故居旧房拆除、修复，八角埕改造、雨污管道和消防管道改造以及环境整治等方面。同时，进一步推进福清台湾农民创业园核心区建设，加强对台农业合作，带动溪头村工业化、信息化、城镇化、农业现代化“四化”同步发展，并鼓励有条件的农户发展餐饮、娱乐、文化等服务业，全村共有 403 户直接从事服务业，年户增收 3.2 万～15 万元；通过有计划的免费对口培训，使 296 名劳力实现了家门口就业，年可增加全村务工农民收入 285 万元。

2015 年，全市共创建 7 个示范村，其中福州市级 2 个，福清市级 5 个；总投资 2453 万元，完成项目数 129 个，其中财政投入 1700 万元（福州市财政 500 万元，福清市财政 1200 万元）。

2016 年，全面落实创新、协调、绿色、开放、共享的发展理念，以发展特色现代农业为主方向，以产业转型升级为目标，以增加农民福祉为基本出发点，努力推动全市农业农村工作上新水平、新层次，全市新农村建设工作取得明显成效，农林牧渔业增加值增长 5.3%，农民人均可支配收入增长 7.8%，获得全国首批、福州市唯一一个国家农产品质量安全县荣誉称号；获得福州市新农村建设“幸福家园工程”年终验收考核第一名。在全省各县市中率先基本完成土地确权目标任务；全市现有省定扶贫标准建档立卡贫困户 500 户 1631 人均已实现全部脱贫，实现了“十三五”的良好开局。

2017 年，福清市新农村建设根据《福清市社会主义新农村建设（2016—2020 年）行动方案》（融委办发〔2016〕22 号）文件精神，以党建工作为引领，以规划先行为龙头，以“清沟、扫地、摆整齐”为基础，市、镇（街）、村三级联动，聚乡贤共谋划，按“十个标准”的要求，同创共建新农村，提升新时代农村人居环境，取得一定成效。建设村 110

个(5个精品村、5个精品提名村、24个示范村和76个创建村),项目1352个,总投资49732万元。年底已启动项目1316个,完成项目1142个,累计投资44336万元,占计划总投资的89.15%。2017年,福清荣获全国休闲农业、乡村旅游示范县(全省3个县市)称号,新厝镇、新厝镇江兜村、高山镇前王村获得全国文明村镇称号,新厝镇江兜村等10村获得农村社区建设省级示范单位称号。

四、推进农业现代化进程,打造福清特色农业经济

进入21世纪以来,福清继续推进农业产业结构调整,大力发展高效、生态、创汇农业,壮大水产、畜禽、水果、蔬菜、花卉等主导产业。建设完善中西部山区的名优水果和畜牧业产业集群、中部平原的淡水养殖产业集群、东部沿海地区的海水养殖产业集群。实施农业产业化"强龙带动"工程,着力培育和扶持农业产业化龙头企业,支持其进行新产品研发和自主科技创新,提高精深加工水平,延伸农业产业链,提高农副产品附加值。

2001年,福清开始建立现代农业示范园区,加大招商引资力度。新厝、海口、江镜3个万亩现代农业示范园区相继建成。其中新厝、海口两个园区被列为省级现代农业示范区。园区致力于引进具有先进生产与管理技术的企业落户。落户于示范园区的上海高格食品、福清嘉叶果蔬、三华现代农业、福建大拇指实业、福清天生、福建超大等农业企业,推行"公司加基地、基地带农户"生产模式,建立8个无公害蔬菜生产基地,面积1.8万亩。3个园区每年可带动周边农户增加收入2000万元以上。

在发展优质、高产、高效农业的同时,着力发展生态、安全农业,提高农产品市场竞争力。2007年,全市已有23家企业获得无公害生产基地认定,27个农产品获得无公害认证,3家企业的8个农产品获得绿色食品标志使用权,6家企业评为省级农业产业化龙头企业,26家企业评为福州市龙头企业。

此后,福清开始依托海峡两岸(福清)农业合作试验区、台湾农民创业园和南青屿台轮停泊点,进一步密切融台农业资金、技术、信

息、品种、管理、营销等方面的合作与交流，引进台湾农业先进生产技术、管理理念、加工设备和工艺流程，加速全市农业现代化发展步伐。

“十二五”期间，在稳定粮食生产的基础上，福清继续调整优化农业产业结构，推动水产、种植等主导产业不断发展壮大。同时，市委、市政府高度重视对涉农创新创业企业的扶持力度。2012 年，福清市人民政府专门出台《关于加快福清台湾农民创业园建设的实施意见》，从政策层面，对基础设施建设、企业用地、“五新”引进、品牌建设、融资服务、电价减免、服务体系等方面给予扶持和优惠，市财政每年还划拨专款 300 万元用于扶持园区企业改造、升级、建设，增强了台农创业信心。同时，资金层面的扶持力度逐年加大。2014 年、2015 年政府加大对涉农创新创业企业的财政扶持力度，两年共用于休闲农业基础设施、娱乐功能区等建设的财政补助资金达 1311 万元。

2016 年，福清市政府出台了《关于加快总部经济发展的八条措施》，对农业创新创业企业在税收、财政资金、土地使用、银行贷款等方面加大扶持力度。2017 年，市政府又出台了《福清市农村承包地的经营权抵押贷款暂行办法》，为推动农村“两权”抵押贷款工作，财政部门按照贷款量的 2%专门划出财政资金用于风险补偿，以减轻农村农业创新创业人员的资金压力，为进一步激发农村农业创新创业工作奠定坚实基础。是年，依托三华农业基地设立了福清台湾农民创业园三华园区，规划总面积 10950 亩，目前已建成 4380 亩(其中农产品种植基地 2280 亩、水产养殖基地 2100 亩)。三华园区立足于作为融台农业合作的示范园区，优化农业发展规划，开展对台农业招商，逐步形成优质台湾农产品种植养殖、台湾特色的休闲观光与精致农业共同发展的特色园区。截至 2018 年 12 月，共有台资独资、融台合资、融台合作农业企业 51 家，其中台资独资、融台合资 30 家，涉及种植、养殖、农产品加工、农业休闲观光等行业，总投资达 20.22 亿元，其中利用台资 5669 万美元。

至 2018 年，全市拥有省级示范性家庭农场 13 家、福州市级以上农业产业化龙头企业68家、县级以上示范性合作社63家,还拥有1家全国规模最大的花蛤垦区土池育苗基地、2家国家核心种猪场、5家国家级标准化畜牧养殖示范场、3家国家级猪伪犬病净化示范场、4家国家级大棚蔬菜生产标准园、12家省级畜禽养殖标准化创建场,渔溪龙眼、一都枇杷、福清高山羊、福清白对虾和福清花蛤分别获得国家地理标志证明商标。截至2018年,全市获评国家级示范点2个,省级示范点6个,福州市级示范点8个,休闲渔业基地2家,江镜镇南宵村获评全国最美休闲乡村。

新一届福清市委、市政府提出建设富庶、文明、开放、和谐、美丽的"新福清",积极抢抓"五区叠加、一区毗邻"优势,全力推动福清融入福州、联动平潭、对接台湾、走向全国、接轨国际,力促福清在更广空间、更大范围实施对外开放。积极搭建开放性平台,国际食品产业园、聚龙国际创业小镇、国际深水大港、国际跨境电商平台、国际港湾城市"五个国际"建设如火如荼展开。其中,国际食品产业园获批国家水果和肉类进境指定口岸。深化融台交流合作,强化与台湾电子信息、现代农业等产业对接,并建立融台人文交流常态化机制,打造石竹山梦文化节、融台宗鹤拳武术交流大会等品牌。主动融入"一带一路"发展倡议,深化同沿线国家和地区合作,打造21世纪海上丝绸之路重要节点城市。

站在新时代新的起跑点上,福清人必将在以习近平同志为核心的党中央坚强领导下,继续深化改革,扩大开放,以时不我待、勇于争先的精神,加快全面建成小康社会的坚实步伐,全面实施"新福清"建设总体战略,续写革命老区发展的新篇章。

第十二章　齐心协力攻坚战，老区旧貌换新颜

福清市是全省重点老区大县(市)之一。20世纪30年代，福清是我国南方三年游击战争时期闽中游击队根据地主要县份之一，全市共有一都、镜洋、沙埔、南岭4个老区镇，革命基点村33个，老区村103个，老区户6.2万户，人口25.9万人，占全市总人口21.03%；20世纪80年代，评定出革命"五老"2736人；2008年健在"五老"293人，遗偶524人；2018年，健在革命"五老"48人，遗偶232人；至2019年，健在"五老"39人，遗偶219人。

党和政府历来重视革命老区的建设和发展，关心革命五老和老区人民的生活，福清市老区建设委员会(老区办)、福清市老区建设促进会不忘初心，使命担当，为老区的建设发展殚精竭虑，做出应有的贡献。

第一节　福清市革命老区村的建设和发展

福清市共有革命基点村33个，老区村103个，大多数地处偏僻，主要分布在山区和沿海边缘，交通不便，山多地薄，自然条件差，经济基础相对薄弱，与发达地区对比，基础设施建设还相当落后，不能适应社会主义新农村建设的要求。因此，福清市委、市政府始终把老区村基础建设作为老区扶建工作的重点。2011年，福建省委、省政府下达闽委〔2011〕30号《关于支持和促进革命老区加快发展的若干意见》后，福清市委主要领导反复强调，老区工作"不仅是经

济工作,也是一项重要的政治工作”,要求全市各级各相关部门要不断强化“饮水思源、心系老区”意识,满怀对老区人民的深厚感情,强化加快革命老区发展的政治意识、责任意识和机遇意识,切实把老区工作“放在心上,抓在手上”,提升认识,多办实事,形成共建老区的工作合力,把老区建设融入全市新农村建设和经济发展大格局,为振兴乡村再立新功。

一、帮扶基础设施建设,实施造福工程

2011 年,福建省委、省政府下达闽委〔2011〕30 号《关于支持和促进革命老区加快发展的若干意见》。7 月,中共福清市第十二次党代会提出“支持革命老区村加快发展,继续实施造福工程,推动老区村与全市农村同步协调发展”的会议精神。福清市委、市政府组织力量,逐镇逐村进行调查摸底,了解 2012—2014 年全市老区村重点扶持和一般扶持老区村建设的项目规划,重点摆出老区各相关村待建的水、电、路、教育、卫生、通信、文化设施项目情况,积极筹措资金,争取各级财政支持,切实做到了老区发展资金专户管理,封闭运行,专款专用,扶持老区村基础设施建设。是年,在各级各部门的大力扶持下,老区人民依靠自己的双手,投工投劳、多方集资 3828.3 万元用于基础设施建设,改善民生工程 68 项,各级扶持 374 万元。其中,修建扩建水泥路 42 条长 43.4 公里,新建修复大桥 3 座,新建校舍 2 座、维修校舍 2 座,兴修、修复水利工程 7 处,拉路灯投入 148.8 万元、装灯 121 盏,新建村综合楼 2 座,新建卫生所 2 所,帮助 6 个村修建自来水管道,解决 4300 户群众饮水困难,扶持农业科技项目 2 个,发展优质林果 1560 亩。发放奖学金 5.9 万元,资助 112 名老区贫困学生就学。

2012 年,为深入贯彻落实中央、省和福州市扶贫工作会议精神和福州市《关于支持和促进革命老区加快发展的实施意见》(〔2012〕47 号文),福清市委、市政府成立福清市挂钩帮扶老区村活动领导小组,由市委副书记林中担任组长,安排交通运输局、林业局等 38 个市直部门与一都镇普礼村、东张镇金芝村等 13 个镇 38 个老区村

挂钩帮扶。帮扶活动开展以来初见成效，截至11月初，市直部门挂钩帮扶老区村各项基础设施、社会事业、农业发展等项目共26项，涉及交通、水利、电力、文化体育活动场所、卫生所、公厕、垃圾处理、新品种引进、农技培训等，扶持资金达135.55万元，到位资金124.55万元。交通局扶持30万元帮助东张镇双溪村修建一条3公里长、3米宽的水泥路，实现了山区老区人民祖辈无法实现的梦想；地税局扶持15万元帮助沙埔镇太武村修建一条长900米、宽9米的绕村道路，破解该村多年未能解决的交通瓶颈，消除安全隐患，并为周边村庄出行和数千亩养殖场运输提供便利，极大地促进当地的经济社会发展。科技局为一都镇善山村引进优质甜橄榄新品种100亩，为善山村乃至一都全镇调整农业产业结构，提高农业综合效益探索一条新路子。海洋与渔业局为江阴镇小麦岛解决多年未能解决的垃圾处理问题。市环保局、市农办、农业局、民政局等主要领导都亲临挂钩老区村调研，研究帮扶工作。

2013年，福清市委、市政府出台《关于支持和促进革命老区加快发展的实施意见》。提出“统筹优先、倾斜支持，分类推进、整体提升，民生为本、和谐发展，开拓创新、激发活力”，全面提升老区整体发展水平，到2015年老区村农民人均收入实现与全市农民人均纯收入同步增长，经济社会发展与全市同步实现全面建成小康社会的目标。根据“分类指导、先急后缓、项目带动、典型推动”的原则，突出抓好建设资金的筹措，实行市财政专项配套资金、部门扶持资金、镇村自筹资金“三个一点”的办法，进一步拓展资金来源渠道。其中，市财政专项配套资金逐步提高，从2008年50万元提高到2013年230万元。有关单位也认真实施“老区优先”行动，结合社会主义新农村建设的实际，在资金政策、工作力度、项目安排等方面进行倾斜，进一步形成了“八个优先”的良好工作机制。是年多方集资2741万元(其中自筹资金2146.5万元，相关部门扶持资金263.5万元，各级扶持331万元)用于基础设施建设、改善民生工程61项，其中修建扩建水泥路28条长22.3公里，新建修复大桥1座，维修校舍2座，修复水利工程3处，安装灯231盏，新建村综合楼3座，新建村文化活动中心6座，新建卫生所1所，帮助2个村修建自来水管道等民生项目，修缮重建遗址2处(投入59万元)。

2014年11月，市老区办和财政局联合发文制定《关于福清市革命老区扶贫(持)资金管理办法》，市财政专项配套资金提高到280万元。老区人民自筹资金2340万元，相关部门扶持资金382万元，各级扶持403万元，共集资3125万元用于基础设施建设、改善民生工程67项，其中修建扩建水泥路28条长29.3公里，维修校舍1座，修复水利工程4处，安装路灯50盏，新建村综合楼1座，新建村文化活动中心8座，新建卫生所4所，帮助4个村修建自来水管道等民生项目，修缮重建遗址5处(投入38万元)。

2015年，贯彻落实中共中央办公厅、国务院办公厅〔2015〕64号文件印发《关于加大脱贫攻坚力度支持革命老区开发建设的指导意见》的通知，制定了老区建设"十三五"规划，集中资金、重点扶持老区村基础设施建设。是年，在各级各部门的大力扶持下，老区人民自筹资金1483万元，相关部门扶持资金267万元，各级老区专项扶持463万元，共集资2213万元用于基础设施建设、改善民生工程66项，其中，修建扩建水泥路31条长19.5公里，维修校舍3座，修复水利工24处，安装路灯30盏，修建村综合楼3座，新建村文化活动中心6座，帮助6个村修建自来水管道等民生项目，修缮重建遗址4处(投入66万元)。

2016年，贯彻省委、省政府省闽委办〔2016〕24号《关于加大脱贫攻坚力度支持革命老区开发建设的实施意见》的通知精神和市委关于"支持革命老区村加快发展、继续实施'造福工程'，推动老区村与全市其他农村同步协调发展"的精神。按照区别对待、精准施策的原则，以重点老区村、贫困人口、重点领域为工作重点和突破口，加大脱贫攻坚力度，带动全市老区全面振兴发展。老区人民投工投劳、多方集资(相关部门扶持资金468万元，其中省办38万元、福州老区办80万元、本级350万元)，用于老区村基础设施、民生建设66个项目，另市财政追加老区资金280万元，用于一都罗汉里革命遗址道路拓宽建设。

2017 年，在各级各部门的大力扶持下，老区人民多方集资近千万元（相关部门扶持资金 473 万元，其中省办 23 万元、福州老区办 100 万元、本级 350 万元），用于老区村 55 个基础设施、民生建设项目。

至 2018 年，共扶持老区基础设施建设资金 3210 万元，完成五通等基础设施项目 5730 项。目前，全市老区行政村基本实现了通镇道路硬化，老区群众通过饮用自来水、山涧引水、打机井引水等方法，基本解决安全饮水问题，老区村基本实现通电、通电话、通有线电视的目标要求，并不断改善老区群众文化生活，帮助建村文化活动中心，老区群众的生活水平逐年提高。

二、实施乡村振兴战略，打造优势特色产业

福清市把老区村建设融入全市新农村建设和经济发展大格局，站在科学发展和执政为民的高度，在保护生态环境的前提下，大力发展老区村现代农业产业结构和布局，引导、扶持老区农民以市场为导向，做大做强福清市水产、水果、蔬菜、油茶、畜牧和食用菌等六大优势特色产业，为老区村经济发展注入新动力。

一是培育和壮大枇杷、油茶、龙眼等“一村一品”“一镇一业”的特色农产品及其加工业，形成一批特色明显的老区专业村、专业镇的发展格局。二是扶持培育老区农业科技示范基地和示范（专业）户，示范带动老区农民依靠科技致富。大力发展农产品加工业，促进农产品加工增值。三是发展壮大老区村生产、加工、流通龙头企业，辐射带动老区农民增收致富。鼓励、引导老区农民发展各类专业合作经济组织，提高老区农民生产、流通的组织化程度，解决农产品“卖难”问题。近几年来持续扶持一都镇善山村枇杷种植，王坑村红心地瓜干加工，东张镇香山村巨尾桉种植，沙埔镇蔬菜基地、牛峰村海产品养殖，南岭镇上岭村、梨洞村油茶种植等。2013 年以来，每村都种植 2100 多亩，预计两三年后村油茶进入盛产期，现一斤茶油 80 元，一亩可产 50 斤，亩产达 4000 元。

2017 年，有关部门组织老区村村干和村民参加福州市组织的 4 批葡萄、食用菌、甜柿和地瓜种植培训，参加培训人员 20 多人次，进

一步帮助老区村村民开展多种种植手段发家致富，早日脱贫奔小康。

2018年4月29日，福州市农业局、福清市政府在一都镇举办盛大的“2018福州（福清）枇杷文化节”活动，旨在贯彻落实福州市《关于实施乡村振兴战略的实施意见》，推广福清市原产地特色产品，促进农民持续增收，推进乡村振兴。革命老区一都镇近年来立足生态优势，持续推进农产品标准化生产，并与福清市供销社共同成立果蔬专业合作社，引导多产业交叉融合的现代农业不断发展，持续扶持的一都枇杷现为国家地理标志商标，一都镇为“全国绿色食品原料（枇杷）标准化生产基地”。

三、关爱革命“五老”，落实各项待遇

革命“五老”是中国革命功臣，是国家宝贵财富，他们参加革命工作时间早，现年事已高，身体状况不好，大部分人生活水平仍较低，关心爱护他们，帮助他们安度晚年生活，是党和政府义不容辞的责任。

福清市委、市政府领导历来十分重视“五老”和遗偶的生活。在经济总量不断增长的基础上，福清市委、市政府不断提高“五老”生活补助标准，关心改善“五老”生活。1994年，率先在全省实行“五老”及其遗偶的全面定补：市镇两级财政每年共拿出65万元资金，对1178位“五老”及遗偶分别每月安排30元、50元、80元定补。1996年，增加33万元定补金，1126位“五老”及遗偶再次提高定补，每人每月分别提高到50元、80元、110元。1999—2000年，又筹到资金35万元，为1078位健在“五老”及遗偶再次提高定补档次。有依有靠、有依无靠、无依无靠3种类型提高到每人每月80元、100元、150元。定补总额达135万元，由市、镇两级财政各负担50%。从2009年10月起，革命“五老”每人每月无依无靠调高到500元；有依无靠调高到460元；有依有靠调高到420元；革命“五老”遗偶每人无依无靠调高到210元；有依无靠调高到180元；有依有靠调高到150元。定补标准居福州市第一位、全省第二位，无依无靠的

定补标准超过了省定农村农民最低生活保障线标准。

从 1997 年起，每年元旦、春节期间，市镇两级拿出 25 万元慰问“五老”及遗偶。市财政每年安排 12 万元慰问临时特困户。与此同时，福清市还实行“五老”病故后一次性发给 8 个月定补费作为安葬补助费，从 1999 年起执行免二减三的“五老”医疗优惠制度。2007 年起，“五老”每年门诊费核发 180 元、住院享受新农合、“五老”门诊补偿、特困家庭医疗补助 3 种报销补偿。进一步扶持贫困的“五老”及“五老”遗偶，及时解决他们生产生活上的困难。2009 年，市财政安排 16 万元采取普遍、特殊困难对象慰问革命“五老”及遗偶。平时在下乡调研走访活动时，还对困难“五老”进行慰问。

2010 年 12 月 1 日，福清市委、市政府出台《关于进一步加快革命老区发展的实施意见》，指出要加大政策扶持力度和资金投入，加快老区基础设施建设、经济发展和革命老区社会事业的发展，实施安居工程、逐步解决“五老”住房问题，加强革命“五老”及其遗偶的服务管理工作。调整充实老区建设委员会，落实领导责任，充分发挥老区建设促进会的作用。

2011 年 7 月 1 日，省委、省政府决定统一调高革命“五老”生活补助标准为每人每月 500 元。福州市为 510 元，福清市在省定标准基础上再适当提高，2011 年、2012 年两度提高标准，革命“五老”生活补助每人每月提高到 690 元，比福州市标准高 140 元；革命“五老”遗偶每人无依无靠调高到 210 元；有依无靠调高到 180 元；有依有靠调高到 150 元。2013 年，省委、省政府决定从 10 月 1 日起统一调高革命“五老”生活补助标准为每人每月 590 元、福州市为 600 元，福清市在省定标准基础上再适当提高，革命“五老”每人每月提高到 740 元，比福州市标准高 140 元；革命“五老”遗偶也统一调整到福清农村低保补助标准每人每月 260 元。2014 年，省委、省政府又从 10 月 1 日起，统一调高革命“五老”人员生活补助标准（月增加 80 元），福清市革命“五老”生活补助标准为每人每月 820 元；遗偶生活补助标准为月 280 元，月增加 20 元。从 2015 年 10 月 1 日起，省委、省政府统一调高革命“五老”生活补助标准（月增加 200 元），福清市革命“五老”生活补助标准为月 1020 元；遗偶生活补助标准为月 360 元，月增加 80 元。2015 年 9 月下旬，还为健在的 18 位革命“五老”发放抗日战争纪念章和慰问金 1000 元。2016 年春节期间，市财政拿出 16 万元慰问“五老”和遗偶，安排 23 万元慰问临时特困户和 11 万元节日慰问金（春节期间慰问“五老”每人 1000 元、遗偶每人 500 元）。

2017 年，福清市革命“五老”67 人，遗偶 310 人。革命“五老”的补助标准从 2017 年 10 月 1 日起每月从 1120 元提高至 1220 元，遗偶补助每月 360 元。2018 年，福清市有革命“五老”48 人，遗偶 232 人。

2018 年 10 月 1 日起，革命“五老”的补助标准从每月 1220 元提高至 1320 元，遗偶补助仍为每月 360 元。根据我市老区“十三五”规划，还将逐步提高“五老”和遗偶生活补助金。2018 年春节慰问革命“五老”48 人，每人慰问金 1000 元，慰问“五老”遗偶 232 人，每人慰问金 500 元，福州市老区办慰问“五老”48 人，每人慰问金 500 元，合计慰问金 18.8 万元。

党和政府的关怀尊敬，更坚定了老区人民革命到底跟党走的初心，激起重建家园、建设社会主义新农村，实现全面小康社会的热情，福清老区面貌焕然一新。

第二节　福清市老促会助推老区建设大发展

福清市老区建设促进会成立于 1997 年 1 月，首任会长由福清市人大常委会原主任林学铿担任。林学铿会长连任 3 届，至 2013 年 12 月，由市人大常委会原副主任、第三届常务理事刘常平接任第四届会长至 2018 年 12 月；第五届会长由福清市委宣传部原常务副部长林珍担任。历届老促会在会长带领下，发挥“政治、经验、威望、感情”四个方面的独特优势，紧紧围绕市委、市政府中心工作，重调研、想实招、献良策、架桥梁、办实事，当好当地党委、政府的参谋助手，坚持“四个突出”（突出科学、突出发展、突出创新、突出自主），开展“五抓五促”活动（抓班子建设，促经济发展；抓新农村建设，促村容村貌变化；抓基础设施建设，促生活环境改善；抓“五老”待遇落实，促社会和谐发展；抓老区村全面规划，促全面落实老区工作），协助市委、市政府做好加快老区新农村建设、落实革命“五老”优待政策等，为促进老区经济社会发展和社会和谐做出了突出贡献，发挥了不可替代的作用。

2010 年，福清市老促会获评“全国先进老促会”；2011 年，原市人大常委会副主任、市老促会常务副会长刘常平获评福建省老促会系统捐资助学活动先进个人。

一、大力宣传，弘扬革命老区精神

宣传老区历来是老促会的一项重要工作。多年来，市老促会与各级、各相关部门充分运用多种形式，大力宣传革命老区和革命“五老”的历史贡献和突出地位，宣传革命老区建设发展的新成就，大力弘扬老区精神，为革命老区的建设发展鼓与呼，收到良好效果。

1999 年 8 月，福清市在城区清荣大道立交桥西建福清市革命纪念碑公园；2003 年，选址阳下街道漈头老区村建设 600 平方米的福清革命历史纪念馆；2008 年 6 月 26 日，在纪念建党 87 周年前夕，市委党史办、市老区办、老促会、一都镇党委在一都中心小学会议室，联合召开罗汉里游击根据地革命斗争座谈会，推动罗汉里搬迁造福工程。座谈会后，市财政拨出 10 万元修复闽中游击司令部所在地的罗汉里双福寺，并继续修建到罗汉里双福寺道路，使老区村的基础设施建设在原有基础上进一步发展。此后，为修建罗汉里革命遗址、道路设施等，市老促会创会会长林学铿多方奔走筹措资金，促成福清市政府陈伙金、林贤和许南吉三任市长接力，市财政共拨款 480 万元，各部门筹措 30 万元，老促会筹措近 200 万元，支持一都镇修建双福寺、革命英雄纪念碑、红军亭、革命纪念展览室、红军路遗址等爱国主义主题教育站点。2015 年，罗汉里闽中游击支队根据地遗址列为福清市爱国主义教育基地。

2010 年，在老促会和老区办的要求下，市财政拨款 38 万元左右为103个老区村和4个老区镇建立村标志路牌,使老区村群众更好地铭记村革命史。是年协助福州市老区建设促进会汇集福清市革命老区的历史资料,拍摄一批老区革命遗址等资料照片;并协助中国老区建设促进会编写《全国老促会工作年鉴》,及时完成省老促会下达的各种资料收集汇总上报任务,被评为全国先进老促会。

2011年,为纪念中国共产党建党90周年,福清市委宣传部、市老区办、市老促会联合福清电视台、福清侨乡报社,开展"老区新跨越,记者百村行"系列采访报道活动,广泛深入各老区村镇和革命"五老"家中,实地采访,报道革命老区的历史贡献和老区建设成就,《红土地》杂志、《福建日报》《福州日报》《福清侨乡报》等报纸也广泛宣传报道全市革命老区建设成果,革命"五老"安度晚年和各级党政领导慰问关怀革命"五老"等新闻报道38篇(次)。福清电视台连续6个月在重要时段播放革命老区的相关新闻报道,宣传力度之大、效果之好均超过历年。8月16日,是福清县城解放纪念日,市老促会、老区办召开工作会议,特邀市委党校高级讲师陈以文宣讲福清革命斗争史,一都镇善山村和南岭镇梨洞村两位主干介绍了加快老区发展的经验体会,传达了中央、省和福州市有关扶持老区加快发展的相关政策并总结、部署老区工作。

为纪念建党90周年,中国老促会编辑《在党旗指引下》大型资料专集。根据要求,福清市老促会认真撰写福清第一个党组织的诞生和第一个党领导下的革命武装资料供汇编,是年全集已顺利出版在全国发行。在加强宣传工作中,福清市老促会还尽力为老区人民做好事。市财政拨出专款,为一都、镜洋、南岭、沙埔4个重点老区镇和全市103个老区基点村树立永久性标志碑。

2012年,为迎接党的十八大胜利召开,福清电视台、《福清侨乡报》开辟专栏宣传报道各级党委、政府支持老区加快发展的建设成果。老区镇村广泛开展老区精神宣传活动。福州市新农村建设示范村——南岭镇梨洞老区村,在村路口树立了老区村标志碑,悬挂"老区人民欢迎您"大幅标牌,充分体现老区人民的情怀。各老区镇村在宣传活动中,重点突出老区的地位、贡献和发生的巨大变化,建设社会主义新农村的成就，展现革命老区的形象和风采。为了加大老区的宣传力度，市老区办、老促会共同创办《福清老区工作简报》，是年8月3日正式创刊。8月22日，福州市老区宣传工作现场会在福清召开，与会同志参观了福清市漈头革命历史纪念馆，听取了阳下街道漈头村在革命遗址保护、维修以及南岭镇梨洞村在开展老区宣传工作方面的做法和经验，实地观摩了这两个老区村设立的永久性村碑。

2014年，市老促会完成了福清市老区革命遗址资料和照片的征集和上报工作，并编印《福清罗汉里闽中游击支队根据地》宣传小册子1000份。市老促会积极推荐将福清革命遗址载入《福清市志(1989—2005)》，这部市志收录了福清市重要革命遗址：一都镇普礼村罗汉里闽中游击大队指挥部旧址、罗汉里双福寺和中共闽中特委会址——镜洋镇长征村掌溪自然村蔡三俤故宅两幅照片；并记述福清市漈头村革命历史纪念馆、漈阳书院、阳下镇漈头村陈氏支祠、海口镇斗垣村革命烈士纪念室、江镜镇泰山寺、高山革命烈士纪念碑、薛港堂等革命遗址及纪念场馆11处。

2015年是世界反法西斯暨中国人民抗日战争胜利70周年，又是闽中工农游击队创建80周年，福清市在一都镇普礼村罗汉里树立“闽中游击支队旧址”纪念碑，请福建省政协原副主席、省老促会原会长许集美题写碑铭，并修复罗汉里双福寺、红军学校、红军亭和5间革命斗争事迹陈列室以及1600多米红军运粮山路，市老促会、老区办全力配合收集资料等各项工作，加强与福清电视台、《福清侨乡报》等主流媒体联系沟通，加大老区宣传力度。福清电视台播出了《沧桑巨变革命老区换新貌》等老区专题新闻报道，《福清侨乡报》刊出了《风云激荡罗汉里》等老区专栏报道，省《红土地》杂志和市老促会、老区办的《福清老区工作简报》也广泛宣传革命老区建设成果，报道革命“五老”安度晚年和各级党政领导关怀革命“五老”等文章。

2016年是中国工农红军长征胜利80周年，市老促会、老区办以“开展纪念红军长征胜利80周年”宣传活动为契机，加强在各级主流媒体上宣传老区精神，并积极配合省、福州市老促会做好宣传工作,重点大篇幅报道福清市一都镇革命老区(如《烽烟散尽罗汉里,青山绿水神仙居》《红色一都:红军五战扬威名》《绿色一都:生态旅游好去处》)和阳下镇漈头村(如《一村十烈士,丹心照汗青》)等,收到良好效果。是年福清市财政增加投入老区扶建 280 万元,与一都镇共同完善罗汉里闽中游击队旧址道路拓宽修复,把革命老区旧址打造成红色旅游景点及爱国主义教育基地。"七一"期间,组织在一都镇罗汉里开展重走红军路、重温入党誓词、老区调研座谈、慰问等活动,在各老区镇、村建造 107 座永久性老区镇、村标志,至年底,完成 81 个老区村的村史编撰工作。是年,罗汉里闽中游击旧址被中共福州市委组织部确定为爱国主义红色教育示范基地。

2017 年 7 月 7 日是中国人民全面抗战 80 周年纪念日,市老促会、老区办赴永泰县官烈村参观中共福建省委旧址纪念馆,并积极配合省、市新闻媒体宣传革命老区,先后在《福清侨乡报》等刊出《赏千年古寺,品红色文化》《一门三烈士,浩气存人间》《红色景点罗汉里》等专题报道,在《红土地》刊出多篇报道并协助做好发行工作。中国老促会《关于编撰全国 1599 个革命老区县发展史的安排意见》下发后,争取市政府财政拨款 16 万元,是年,《福清市革命老区发展史》编撰工作正式启动。

2018 年 12 月,福清市老促会成功换届,新一届领导班子继续加大宣传革命老区工作力度,全力以赴完成《福清市革命老区发展史》编撰任务。

二、深入调研,促进老区建设融入全市发展大局

开展老区调研,积极建言献策,促进革命老区的建设和发展,是老促会的重要工作。1997—2006 年的 10 年中,老促会和老区办(老建委)班子成员的足迹,遍及全市 4 个老区基点镇和 103 个老区村。

2007 年初,会同福州市老促会、市老区办和南岭镇党委政府领导深入上岭村,专题调研如何发挥"三农书库"的积极作用,引导村民学习科学知识,立足发挥本村优势,走科学致富道路。4 月中旬,深入南岭镇梨洞村调研如何建设社会主义新农村,促进老区村村容

村貌的变化。该村全面规划、多方筹资200多万元，初步完善健全基础设施建设。他们重拉自来水，架设村内路灯，修建礼堂，健全1000多平方米的公园、篮球场、羽毛球场和门球场，安装健身的整套器材，全面铺设水泥路，村落整洁美化，一派欣欣向荣景象，社会主义新农村已粗具规模。9月，会同福州市老促会领导到一都镇善山村调研如何发挥山地种果优势，加强产业结构调整，团结带领全体村民发展山区经济，更好更快促进老区经济建设，为“海西”建设做出新贡献。

2008年1月，市老促会陪同市委主要领导赴地处边陲的革命老区沙埔镇目屿调研。经过全力跟踪协调，该岛建了码头，修了公路，拉了海底电缆，通了电，有了电视。9月，又会同市政府各科局有关领导深入一都镇东山村、普礼村现场办公，与干部群众一起探讨老区村新农村建设的新路子。是年，积极依托在基层党组织中开展“创五好评星级”活动载体，切实加强以村级党组织为龙头的老区村两委班子建设，为加快推进老区村新农村建设步伐提供坚强的组织保障，涌现出一批带领老区群众发展致富的先进基层党组织。全市老区村党支部获评五星级支部7个、四星级支部17个、三星级支部43个。

2010年4—7月，市老促会和老区办为了深入贯彻胡总书记来闽考察重要讲话精神和省、市委部署要求，围绕老区基点镇村基础设施建设等民生议题和加快经济发展方式转变这一主题，先后到一都、沙埔、南岭、江镜、镜洋等镇村调研，总结老区建设经济发展的经验加以推广，帮助解决实际困难促发展。调研中，发现老区经济发展方式转变有新进展。如一都镇老区在进一步壮大枇杷、茶叶等主导产业基础上，引进珍稀娃娃鱼养殖获得成功，娃娃鱼每公斤市场价3000多元，被国家发改委列为高技术产业化项目，利用东张水库引水工程隧洞养殖的一家企业已养殖2万多条。一都镇党委政府正积极帮助企业扩大规模，推进项目向养殖、休闲旅游观光方向发展。沙埔镇老区积极发展设施农业，加快农业结构调整步伐，促进农业增效，农民增收。西岭老区村已发展高科技大棚蔬菜1860亩，江南老区村发展1586亩，两村实现老区群众增收1000多万元；牛峰老区村引进鲍鱼和海参养殖都获得成功，两项每年产值5000多万元。南岭镇围绕“坚持科学发展，打造生态南岭”总体规划，发展绿色食品和生态农业；肉牛养殖实现规模化，年产值500多万元；上岭、梨洞等老区村引进油茶种植开始辐射全镇，种植规模将近3000多亩，形成新的产业亮点。江镜老区村加快劳动力转移，全村90%以上耕地连片出租给现代农业示范园区，50%以上劳动力赴国内外经营或务工，2010年全村人均纯收入8000多元。

调研中各镇村也提出需要协调解决的一些问题。如沙埔镇西岭村至赤礁村道路需要维修，总投资135万元，自筹50万元，缺85万元。调研后及时向市委、市政府主要领导反馈，市财政及时拨款支持修好这条道路。2010年6月，因连续暴雨冲毁了镜洋村和墩头村的水坝10多个，两村群众饮用水困难，调研发现后，及时向有关部门反馈，市水利局、老区办和镜洋镇及时协助修复，解决了两村群众的生产生活用水问题。

2011年4—5月，市老促会和老区办围绕老区基础设施和加快经济发展方式转变这一主题，先后到一都、沙埔、南岭等镇村调研，走访了南岭镇吉岚村，沙埔镇太武村、青屿村，一都镇善山村。每到一处，都与镇村干部座谈，一起研究老区经济的发展大计，了解老区群众的生活情况。调研情况显示，福清老区经济正融入全市的发展大局加快发展。

2012年，市老促会会长林学铿向市委、市政府主要领导及市发改委领导建议，把老区议题列入全市“十二五”规划，得到各级领导的重视支持，充实了老区建设的发展规划。

2014年4月，为深入贯彻省委、省政府《关于支持和促进革命老区加快发展的若干意见》和市委、市政府关于开展市直部门与老区村挂钩帮扶活动的实施意见，市老区建设促进会和市老区办先后到一都、镜洋、沙埔、南岭等老区镇村调研。调研中发现，老区镇村党政领导始终坚持党的光荣传统，重视老区发展和民生大计，一心一意服务群众，如沙埔镇西山村新上任的一位党支部女书记，多方集资180多万元，劈山开出一条连接邻村赤礁的道路，路程由原来5公里缩短至1.3公里，方便小孩往赤礁林英小学上学和村民通行。老区经济正融入全市的发展大局，加快老区发展摆上镇、村领导重要日程。一都镇的枇杷年产值上亿元，与生态旅游融为一体，打响了名牌，扩大了影响，取得很好成效；王坑村组织群众种红薯，年产地瓜干30吨，增加了群众收入。沙埔镇牛峰村鲍鱼、海参等珍稀水产养殖面积3035亩，占全镇53.8%，年收入1000多万元；西岭村积极进行土地流转，成立福建省圣禾现代农业有限公司，总投资2800多万元，拥有蔬菜种植面积2200余亩，其中大棚蔬菜种植面积1860余亩，年产尖椒、甜椒、茄子、丝瓜等18000吨，年产值达3500多万元，年利润680多万元，带动农户3200多户，增加农民收入800多万元。

2015年4月，市老促会、老区办先后深入老区镇沙埔镇和镜洋镇调研革命老区设施农业发展经营情况，了解老区人民在经济发展新常态下生产、生活情况。先后深入福建省圣禾现代农业有限公司、福清市绿叶农业发展有限公司、福清市绿丰农业开发有限公司和镜洋26度休闲农庄，和企业家、镇村干部座谈。圣禾公司和绿叶公司位于沙埔镇的西岭村和东盛村，两公司拥有蔬菜种植面积6000多亩；绿丰公司拥有阳下北林、西洽和镜洋东升3个基地，其中镜洋基地1300多亩，3个公司年产值均在1亿元以上。公司承租农民耕地同时，吸收周边农民在基地里当临时工，一年可增加农民收入4000多万元。镜洋26度休闲农庄位于镜洋长征、波兰、音西云中洋3个老区村接合部，拟建樱花道、桃花溪、莲花池、花海、油菜花海等景观，2014年被福州市评为休闲农庄示范点。

2016年、2017年、2018年，市老促会先后深入江镜镇江镜村、酒店村，沙埔镇牛峰村、东陈村，一都镇王坑村、普礼村、东山村，南岭镇梨洞村、上岭村，镜洋镇长征村、波兰村调研，和企业家、镇村干部座谈，并实地了解企业经营情况。同时，调研革命“五老”及遗偶生活情况、革命遗址修复保护、老区村党的组织建设。尤其是对老区村的党的建设工作，调研后形成报告，向福州市老促会做了汇报。

三、清正廉洁，为老区人民办实事做好事

（一）发放助学基金，培养老区人才

2001 年，爱国侨胞黄仲咸老先生为资助老区贫困子女受教育，设立助学基金，体现了黄老先生关怀老区后代成长的深厚情怀，福清市老促会认真做好黄仲咸助学基金发放工作。老促会与镇、村和学校紧密配合，认真做好宣传、发动、申报、审核、张榜公布和审批等环节，重点倾斜相对贫困的老区镇，至 2007 年，共资助学生达 323 人，每年每人 500 元，资助金额达 16 万多元。在受资助贫困学生中，有 29 人考上大专以上院校。还与教育部门联合开展帮困活动，共为 265 名老区贫困学生每人每年提供 300 元助学金，帮助 6 名家庭困难考上大学的革命“五老”后代如愿到校就读。并配合省高招办做好老区预科班招生工作，共录取 21 个革命“五老”后代到有关院校预科班读书深造，招收 19 名老区子弟到福州第一技师学院承志班读书，并从学费上予以照顾，就业上给予方便。

每年助学金发放时，老促会都给每位受助生写一封信，既宣传黄仲咸老先生的爱国之心、助教之情，又向受助学生提出具体要求，受助学生拿到 500 元助学金都及时向黄老写感谢信，表示要用好基金，勤奋学习，立志成才，报效祖国。黄老先生虽已逝世，但这项工作照常进行。2010 年、2011 年各落实受助学生共 100 名。2011 年，全市共发放老区子女奖学金 5.9 万元，资助 112 个老区贫困学生升学；市老促会继 2010 年获评全国老区工作先进单位之后，2011 年时任市老促会常务副会长刘常平获评省老促会系统捐资助学活动先进个人。

从 2011 年始，市老促会通过市慈善总会向企业家介绍福清老区情况，著名融籍慈善家福耀集团总裁曹德旺先生每年资助福清市革命老区 50 万元，用于老区村助学、村卫生所卫生员工资补贴及卫生所建设、革命遗址保护、慰问特困革命“五老”等。当年用于老区村 15 所卫生所卫生员工资补贴 15.6 万元，对黄仲咸资助的学生每人另资助 1000 元，对老促会和老区办资助的考上大学的 20 名学生

另资助每人 2000 元，对老区基础建设和遗址保护投入 15 万元。

2015 年，曹德旺先生资助的 50 万元，用于老区卫生员补贴 14.4 万元、老区村卫生所建设 10 万元、老区村卫生所医疗器械 1.0404 万元、资助生活困难高中学生就学 5.76 万元以及慰问革命"五老"及遗偶、老区村村史编撰等项目。是年，发放奖学金 5.7 万元，资助 57 名老区高中贫困学生就学每人 1000 元，资助 12 名高中毕业考上大学学生就读费用 2.4 万元。

2016 年，曹德旺河仁慈善基金会为老区事业资助的 50 万元，用于在读贫困高中学生、当年考上大学困难学生资助，春节慰问革命"五老"及遗偶、平时生活困难"五老"慰问，并对老区村 15 个医生每人年补助 6000 元，还用于卫生所建设、遗址保护等。推进实施革命老区村"农家书屋"工程，文体部门对筹建"农家书屋"、体育健身场所、篮球场等的老区村优先安排资金并适当给予倾斜补助。

2017 年，曹德旺河仁慈善基金会为老区事业资助 50 万元，用于 20 名在读高中贫困生助学金，每人 2000 元，计 4 万元；老区村卫生所卫生员工资补贴 17.4 万元，补助老区村卫生所建设 10 万元；江镜泰山寺革命遗址维修 10 万元，一都镇普礼村罗汉里革命遗址维修 5.6 万元；预留 30 名 2018 年老区在读高中贫困生助学金，每人 1000 元，计 3 万元。

2017 年之前，黄仲咸奖学金人数 50 名，每人 1000 元；2017 年人数 20 名，每人 1000 元。曹德旺先生助学金 30 人，每人每年 1000 元。发放程序严格、规范，每位受助学生都写了两封感谢信。

据不完全统计，2004—2018 年，福清老区办和老促会助学资助学生 1004 人，发放助学金 5602000 元。其中 2014 年，省妇女儿童基金会资助困难学生上大学 7 人，资助奖学金 1.3 万元。此外，福州外语外贸学院董事长吴钦明先生给 2017 年考入该校的 3 名福清籍老区贫困生，每人每年 4000 元，直至 4 年大学毕业，2017 年之前资助我市老区贫困大学生 2 名，每人每年 3000 元，直至他们大学毕业。

（二）开展为老区群众义务诊病活动

从 2000 年开始，市老促会、老区办每年开展为老区群众义务诊病活动，为周边群众免费送医送药，赠送药品，深受老区群众欢迎。

2007 年 12 月，市老促会、老区办、福清市医院联合到沙埔镇开展义诊活动，共为老区群众义诊 300 多人次，免费送去药品价值 5000 多元，深受老区人民欢迎。2008 年 12 月 16 日，老区办和老促会组织医务人员到海口镇斗垣村义诊，福清市医院派各科室主任医师 9 人参加，发放医疗保健知识宣传材料 200 多份，接诊 200 多人次，发放药品 5000 多元。这次义诊使群众防病、保健知识得到提高，他们希望上级多组织下乡义诊活动，解决看病吃药难问题。

2009 年 9 月 15 日，福清市老促会会长林学铿（市人大常委会原主任）、常务副会长刘常平（市人大常委会原副主任）、市老科协主席陈金明（市人大常委会原副主任）带领市医院内科、眼科、外科、妇产科、皮肤科、小儿科等科室主任 13 人，前往江阴镇小麦岛为老区群众义务诊病 150 多人次，免费赠送药品 7500 多元。该岛共 168 户 786 人，几乎每家都有人前往问诊。2010 年 7 月 1 日，福清市老促会开展义诊下乡活动，前往江镜镇江镜、酒店老区村，为群众义务诊病 210 多人次，赠送药品价值 8500 多元。

2011 年 10 月 20 日，老促会、老区办、卫生局联合组织义诊活动，福清市医院内科、眼科、外科、妇产科、皮肤科、小儿科等科室主任 10 人，赴东张镇开展为群众义务诊病 310 多人次，赠送药品 13200 多元；并看望了香山村 3 位革命“五老”，送去慰问金，每人 500 元。

2014 年 10 月，老促会、老区办、福清市医院联合到龙山街道塘头老区村开展义诊活动，为 200 多名群众送医送药；2015 年 11 月，到南岭镇开展义诊活动，为 100 多名群众送医送药；2016 年 10 月，到镜洋镇西边村开展义诊活动，为 80 多名群众送医送药。

据不完全统计，2004—2018 年，福清老区办和老促会组织义诊 12 次，诊治老区群众 3520 人次，共花费金额 86000 元。

（三）建立“三农书库”，实施安居工程

从 2007 年始，福清市老促会和老区办还在老区村建立“三农书库”，实施安居工程。

2007年，在一都镇善山村、镜洋镇镜洋村、南岭镇上岭村、沙埔镇牛峰村4个村建立革命老区村“三农书库”试点。根据建立“三农书库”要求，补助每个试点村经费1.1万元(其中福州市0.6万元，本市配套0.5万元)，购买基本设备和有关书籍，培训管理人员，并帮助他们建立各种规章制度。市老促会组织4个村的干部，专程前往福建省读书援助协会，挑选适合本村村民需求的书籍，共购买了5万多元的各类书籍。做到有专门场所、有专用书橱、有管理制度、有专人负责。上岭村还给书库配上电脑、彩电、录像机等，既丰富了老区人民文化生活，又增长了科学技术知识。

2008年11月，给一都镇善山村、沙埔镇牛峰村、镜洋镇镜洋村每村配一台29寸康佳彩电和一台DVD影像机。“三农书库”建立健全了管理制度，图书和电器有专人负责保管和维护。至2018年，103个老区村全部完成“三农书库”或“农家书屋”的建设配置。

实施安居工程，逐步解决部分“五老”人员住房问题。对革命“五老”无房居住和居住危房的采取修缮、重建等方法，保证他们晚年有一个宽舒的安全住所，真正为革命“五老”带来福祉。同时加强老区村新农村建设规划，深入开展“家园清洁行动”，逐步改善老区村人居环境。对那些环境恶劣、人口分散、建设投资大的老区村，结合区域整体开发(如沙埔镇牛峰村目屿自然村)，结合“造福工程”，分期分批予以整村搬迁，南岭梨洞，阳下北山、梨庄，音西文楼4个老区村实现“造福工程”的整村搬迁，沙埔牛峰、音西珠山、渔溪建新3个老区村实现部分自然村搬迁，极大地改善老区群众的生产生活环境。

福清市老促会、老区办不断加强自身建设，认真贯彻执行中央“八项规定”，严格各项规章制度，加强专项资金使用管理，严格财务制度，确保清正廉洁，为老区人民办实事。2014年，从节约的会务经费中拨出2万元支持镜洋镇长征村掌溪自然村蔡三俤故居(闽中特委会址)维修。2015年，拨出20万元，支持一都镇普礼村爱国主义教育基地建设，受到老区人民好评。

第三节　革命老区镇村旧貌换新颜

福清市是福建省重点老区大县(市)之一,目前全市103个老区行政村已基本实现了道路硬化、通电、通水,有线电视等已全面普及,各老区村都建有老人活动中心、休闲公园,小洋房比比皆是,私家车拥有率快速增长。村庄的绿化、美化工作全面铺开,因地制宜,专项资金,专门设计,专人管护,房前屋后鲜花飘香,道路两旁绿树成荫,构建花园式老区村的梦想正逐步变为现实。近年来,不少老区村引进设施农业,既增加了村民的收入,又改善了生态环境,美化了村容村貌,更增添乡村游的内涵,诸如丰收节、枇杷节、品尝鲜果、自由采摘、自做饭菜等旅游项目,吸引许许多多城里人到老区村休闲观光,进一步拓展了老区村农民增收的途径。

2007年4月,福清市正式启动新农村建设工作,48个老区村参与美丽乡村、幸福家园工程建设,在福清市开展的新农村建设"百十一工程"活动中,共有25个老区村列入福清市级新农村建设示范村,3个老区村列入福州市级精品村、样板村,进一步推动老区村的建设迈向辉煌的新时代。福清市老区村的新貌,更成为福清市新农村建设的一面旗帜。

一、一都老区镇脱胎换骨谱新篇

一都镇是具有光荣革命传统的省定老区镇。辖一都村、普礼村、善山村、王坑村、东山村、后溪村及山城居委会6个行政村1个居委会,2018年有128个自然村,户数3578户,人口11872人。辖区总面积108平方公里,是福清市地域面积第二大镇。一都溪(又称龙屿溪)横贯全镇,两岸龙屿山连绵起伏,旅游资源丰富,名胜古迹较多。

全镇6个行政村有5个是老区基点村,其中后溪村曾是第二次国内革命战争时期中共闽浙省委办公和活动地点;普礼罗汉里是闽中特委第一支游击队的根据地,也是闽中工农游击队与国民党开展三年游击战争的中心区域，在反“围剿”斗争中，打死打伤敌人150人左右，缴获轻机枪3挺、长短枪60多支、子弹近万发。老区人民也付出了巨大的牺牲，被烧毁房屋57座，被杀害群众达136人。一都又是抗日战争和解放战争时期闽中工农游击队的主要活动阵地之一。抗日战争时期，一都共有220多人参加中共福清县委领导的游击队，有2000多人参加第一次和第二次国内革命战争，并为抗日救亡和解放战争的胜利而浴血奋斗，为新中国的诞生做出了卓越的贡献。如今，一都镇是发展山地农业经济和生态旅游红色旅游的重要乡镇。

新中国成立后，一都革命老区建设，在党和政府的关怀支持下有了长足的进步，老区人民充分享受当家做主带来的幸福生活。尤其是改革开放后党的十八大以来，一都1万多名干部群众艰苦奋斗，谱写了一曲曲老区镇建设的新篇章。2000年，全镇实现工农业总产值1.846亿元，其中农业总产值5940万元；乡镇企业总产值2.40亿元；粮食总产量6260吨；地方财政收入725万元；农民人均纯收入达4.305元。2014年，农业总产值6910万元，比增4.54%；固定资产投资6825万元，比增5%；财政总收入253万元，比增16.59%；农民人均纯收入14127.67元，比增6.97%。2018年，全年完成固定资产投入17569万元，占总任务的86.96%，比增91.9%；财税收入506万元，占总任务的102.20%，比增87.9%。两大经济指标形势向好，均提前完成年度任务，达到预期目标。

（一）农业产业结构调整迈出新步伐

一都镇积极调整优化产业结构，改变过去分散、零星、粗放型的农业开发模式，走规模化、集约化发展道路，又引导果农走农业产业化道路，分别在善山、普礼、东山建立3个千亩水果生产基地，带动一都水果向基地化生产、规模化管理、市场化经营的方向发展，并着力延伸产业链，成立一都果品开发公司，建设水果批发市场，并加大水果深加工和保鲜工程筹资力度，形成产供销一条龙，走市场、产业、科技一体化道路，促进农业增产、农民增收。2014年，“融都”牌枇杷取得绿色食品标志和国家地理标志商标，一都被列入全国绿色食品原料(枇杷)标准化生产基地。一都镇已成为福清市水果生产主要基地,现有水果面积2.3万亩,年产量达15万吨,水果品种主要有枇杷、柑橘、青梅、桃、李等,特别是优质“解放钟”“早钟6号”“大红袍”枇杷等成为一都主要水果品牌,在北京、上海、昆明、广东、厦门等省市享有盛誉。此外,还种植油茶5000亩,有枇杷膏、地瓜干、青红酒、甜橄榄、茶籽油、蜂蜜等“名、特、优”农副产品,其中王坑村融祥红薯种植农民专业合作社生产的“融逸”牌地瓜干,产值200万元。

枇杷丰收果农欢笑(郭成辉摄)

2018年,致力推进农业产业结构调整,以农业技术推广、农业品质提升、农业品牌创建等为抓手,力促农业产业转型升级。一是在全省率先试点推行枇杷保险。与气象局合作,在全镇新设立4个气象观测站,率先启动特色农业气象指数保险,一棵枇杷树只需缴纳1元保费即可获得一亩最高2000元的赔付,有效降低了农户因灾致贫、因灾返贫的风险。二是聘请科技特派员协同推进农技推广工作,建设农民田间学校1所、枇杷示范田园1处,培育新型农民30余名,遴选农业科技示范户24户,主动邀请土肥植保专家开展业务培训3次,推广有机肥施用面积3000余亩,与省农科院研究所合作,推进枇杷品种改良。三是努力提升农产品品质,通过举办一都土特产全球交易订购会,依托“逸都惠农”农产品展示交易平台等途径,大力推广美垄脐橙、红心地瓜、甜橄榄等农业新品种培育种植,积极推动有机蔬菜栽培种植,不断产出绿色生态农产品,并引入福建融台一都农业科技有限公司项目,加强闽台农业合作,已创建省级家庭农场2家、省级示范合作社1家。

(二)基础设施建设日臻完善

改革开放十几年来,一都老区镇的“五通”建设和镇区的住宅及街容镇貌建设发生了翻天覆地的变化。至2000年，已完成村村通沥青公路；引资建设邮政大楼、电信大楼、电视差转台，安装程控电话1000余部；建成一座蓄水量15万吨的红底坑水库和日供水千吨的自来水厂，铺设安装了镇区自来水管道，建设了东山村、后溪村自来水蓄水池3座，铺设管道总长4公里，全镇自来水普及率达60%；加强新区建设和旧街改造力度，进一步完善居民生活区的配套工程，实施住宅规范建设，铺设新区下水道，建设镇区厕所，种植沿街绿化树，铺设水泥砖，架设高压路灯等，大力提高了镇区的综合服务功能；全镇7个村(居)进行了低压电网整改，架设了罗汉老区6.5公里长高压线路。2014年，投资350万元，完成镇区路网硬化工程和旧街改造；投资100万元，完成镇文化综合服务中心建设；投入150万元，进行环境卫生整治，并实施普礼、东山、后溪"百十一"示范村建设；投入100万元，兴建善山村农民公园；投入120万元，兴建占地面积400平方米的善山村农民文化体育活动中心。2018年，完成集中式污水处理设施2个，新建污水管网约2000米，生活污水有效处理覆盖率达91.2%；推进厕所革命，新建改造厕所4座；完成道路硬化800米，硬化面积2800平方米；并完成2个村的红色领航党建工程示范点建设。

(三)挖掘新的经济增长点

一都镇碧水青山，人杰地灵，名胜古迹颇多，著名的旅游景点有清乾隆元年(1736)为防御盗匪而建造的城堡式山寨——东关寨；建于宋乾道九年(1173)规模宏大、造工精致的协济庙，是南宋状元黄定小时候读书吟诗的书斋，此外还有黄定状元厝；人称"小武夷"的石门坑，有宋代大文豪欧阳修题刻"遗照台""三生石"，以及万利湖景区和上生寺等。一都镇按照发展"山水景观并重、人文古迹并茂、环境美化皆优"的旅游度假胜地总构想，以丰富的自然景观和人文景观资源为依托，以开发"山、湖、果、林、石、物"特色旅游景点为重点，加强旅游服务体系基础配套建设规划，为福清开发西部旅游业奠定基础。2000年后，重点建设以东关寨、欧阳修题刻为主题的环东关寨人文古迹旅游线路，以后溪漂流、温泉开发为主题的后溪生态旅游线路，以罗汉里双福寺红色教育基地为主题的普礼红色旅游线路。2014 年，投入 200 万元修建罗汉里游击队革命根据地道路，恢复重建游击队司令部旧址，建立罗汉里双福寺红色教育基地。

2018 年，一都镇紧盯“山地慢城 · 天下逸都”的旅游发展目标，瞄准契机、抢抓机遇，扎实推进旅游项目建设，形成了以点促面、全域提升的发展格局。先后举办了“畅游传奇古寨 · 乐享山地慢城”东关寨乡村文化旅游节、“枇杷映黄 · 慢城一都”2018 福州（福清）枇杷文化节、后溪漂流旅游文化节、“古街传千年 · 惠民乐万家”中秋庙会、“天下逸都 · 橙邀共享”脐橙文化旅游节等节庆活动，每一场活动都举办得非常成功，吸引了近 12 万人前来参观游玩，既形成了轰动的宣传效应，也带来了巨大的经济效益。后溪旅游景区加速提升，启动并推进温泉酒店、慢谷民宿及后溪公社食堂等旅游项目建设。状元文化街区加快推进，聘请福州市规划设计研究院形成了《福清一都镇龙屿特色文化街区规划设计方案》，深入挖掘状元文化，将状元古街、状元厝、碇步桥、龙屿溪等资源有机整合，努力打造一都全域旅游集散中心和商业服务中心。目前，已基本完成 18.48 亩的征地任务和 2500 平方米的征迁任务，力争在 2019 年上半年形成初步成效。

修缮一新的革命遗址省级文物保护单位东关寨

二、中国美丽休闲乡村——南宵村

中国美丽休闲乡村江镜镇南宵村（郭成辉摄）

南宵村地处江镜镇北大门，交通便利，毗邻省级小城镇龙田镇与闽台（福州）蓝色经济产业园。面积6.5平方公里，是下辖13个自然村，共3086户11699人的大村，先后获得中国美丽休闲乡村、福建美丽休闲乡村、福州市文明村、福州市生态村等荣誉称号。福建省委副书记、福州市委书记王宁称赞南宵村是福州市乡村振兴的样板。

南宵村原名步云村，是革命老区村。早在1917年，就有人进行反压迫斗争，举行了农民起义。1931年，100多名青壮年积极参加著名的龙高暴动。1934年，部分村民参加了南西亭暴动。1938年，革命地下组织江德自卫队成立，村民踊跃参加，南宵游击队编为第三中队。1941年，日军侵占福清。江镜镇建立抗日自救会，村民纷纷加入该组织。1948年，中共南区区委以南宵为据点，开展革命斗争活动。1949年，解放战争进入全面反攻阶段，为了支援解放军，早日取得胜利，南宵村民克服种种困难，千方百计支持革命，迎来新中国的成立。

2007年，经村民代表大会表决通过，村里将南宵村西部耕地全部纳入江镜土地整理（三期）范围，1000多亩土地集中流转给利农集团进行大棚蔬菜种植，涉及村民500余户。通过土地整理流转，村民不仅可以收取稳定的租金，还可到农业企业务工，带动了全村300人就业，增加收入150万元。

近年来，南宵村建成新农村住宅小区。该村新农村住宅小区不仅被列为福建省第十六批省级住宅小区建设试点，还是福建最大的新农村住宅小区。南宵村新农村住宅小区注重绿化美化亮化工程，在道路两边、房前屋后种满了树木花草，花园式的小区更让农民享受到城里人小区的生活环境。

目前，该项目已全部竣工，总投资达1.2亿元，建成151幢住宅或别墅，成为全省规模最大的新农村住宅小区。用80亩地就能解决1500人建房子的问题，高效地利用了土地，解决了当前农村建房的"杂、乱、吵"等问题，还有效地改善了村容村貌。

南宵村主导开发了我省最大的新农村住宅小区，不仅规范农村住宅建设，提升村民居住环境，也彻底改变了农村面貌。老中青均愿意回乡居住，乡村不再为空心化而发愁，人气也带来乡村发展的元气和活力。

村里还引进通达机械有限公司、福清文杰机械有限公司等企业。一方面有效盘活了村里的资产，增加村民务工机会，另一方面村财有了源源不断的进账。南宵村村财收入也由原先不足5万元，增加到52万元。

南宵村还有历史文化资源，即下和洋古民居群落。下和洋片区，明清时期就有人去南洋谋生。番客（当地人称下南洋的华侨）赚了钱大多寄回家里建新房。桃形屋脊，红墙红瓦，典型的福清古民居风格。下和洋小学是福清较早设立的学校之一，最早可以追溯到1923年，早期有传教士授课，中国科学院院士高由禧正是从这里走出去，成为我国著名的气象专家。为了保护好村里的侨脉、文脉，村里多方筹资，花了600多万元修缮了步云堂、高由禧祖厝、医学之家等15栋古民居，成为福清"华侨厝"保留最完好的地方之一。如今，进入下和洋，小广场上一棵大榕树青翠欲滴，学堂、古厝修缮一新，下和洋不仅保留了历史，也成为村里建设的亮点、游人入村必去的景点。

南宵村下和洋 217 号，门牌上挂着“共产党员之家”。推门进去，满眼绿意盎然，鲜花怡人。主楼不高，只有 3 层。主楼后面是水池、过桥、廊亭组成的庭院。男主人高正，福清市颇有名气的书画家，爱人陈灵，中国摄影家协会会员。退休后，两口子在厦门的女儿处待了一段时间，最终还是觉得故土难忘，于是花了 50 多万元，把这座建于 20 世纪 70 年代的房子重新修葺一番，庭院内见缝插针，栽培奇花异卉，构筑迷你小桥流水，变成雅致的安居养老之地，也成为好友怡情欢聚的场所。村里积极支持，把这里建成“共产党员之家”之一，成为村里开展党建活动的一个热点，也变成游人进村参观的景点。

乡风文明构建宜居人文环境，村里办了幸福院，村民自愿参加，互帮互助，相互照顾。在这里，饭有人煮、衣服有人洗、有人陪伴，有点头痛脑热，有人陪你去村卫生保健站。每天，一位老人只要缴纳 7 元。每天三餐伙食标准是 17 元，多出的 10 元由市、镇、村分担补贴。

目前，南宵村正在做好一、二、三产业融合的项目，利用西埔溪整治，结合下和洋古民居、海水温泉资源，准备打造花海田园综合体，建成集温泉体验和古民居文化于一体的乡村旅游资源项目。

2018 年，南宵村被农业农村部办公厅评为“中国美丽休闲乡村”。一年一个新面貌，一年一个新气象。在党和政府的关心支持下，南宵老区村的明天一定会更加美好。

三、省级生态村——波兰村

革命老区村波兰村位于镜洋镇北部，面积 5.84 平方公里，耕地面积 1339 亩。辖 13 个自然村，总人口 2530 人。历史上的波兰村是个农业种植村，过去村民主要靠种地为生，因地点偏僻、土地贫瘠，生产水平低下，村集体经济极其薄弱，村民日子过得很贫困。

改革开放后，镜洋工业区蓬勃发展，波兰村被纳入工业区规划区域。村两委抓住机遇，积极招商引资，实施“企业兴村”，先后引进

15 家企业在村里落地，规模以上企业 10 家，其中亚通塑胶、煌上煌食品 2 家成功上市。企业带来大量的用工需求，也促进了波兰村房屋出租业和商业的繁荣。700 多个村民在家门口上班了。另有 100 多户农户出租房屋，每年可带来约 100 万元的房屋收入。全村的商铺也从原先的 2 家发展到 30 多家。

波兰村产业发展定位明确，近年来依托本村农业自然资源，挖掘农耕文化底蕴，致力打造“一村一品”特色产业，成功引进云中部落森林人家项目、绿丰现代农业项目、26 度休闲农庄项目，大力发展乡村旅游、农家乐项目，促进农业经济又快又好发展。26 度休闲农庄总面积约 1100 亩，是一个集旅游观光、休闲度假、野营聚会、农耕体验、绿色美食、商务会议于一体的原生态新型农庄。2018 年 10 月 23 日，首届“中国农民丰收节”福州（福清）会场在镜洋镇 26 度休闲农庄举行。本场活动还被农业农村部纳入国家级丰收系列活动。

波兰村 26 度休闲农庄举办第一届（福州福清）农民丰收节（林秋明摄）

绿丰公司先后获授“福建无公害农产品蔬菜基地”“福建省城市副食品调控基地”“福建省农业产业化重点龙头企业”“全国设施农业装备与技术示范单位”等称号，并成为福建省农科院蔬菜研究中心合作单位、福建农林大学园艺学院教学科技实践基地。台湾地区农学专家、荷兰农业专家、以色列肥料专家等也慕名来访参观交流。特色农业给村民开辟了新的增收途径，如今有不少村民在这3个农业基地里上班，除了领工资，还能收取出租土地的资金，村民的日子越过越红火。

近年来，在村企业家和知名人士的带动下，波兰村民齐心协力，投入社会主义新农村建设。从2008年起至今，波兰村共募集各项资金1300多万元，加强基础设施建设，新建成了村委办公大楼、体育广场、篮球场、健身公园等活动场所，实现了自然村的道路拓宽、水泥硬化工程等。同时，实施“幸福家园工程”建设，完成了主导产业乡村旅游环村路、东洋新村配套工程、河道景观整治、波兰大道立面改造、老人会活动场所配套设施、道路绿化美化等项目。村里还按照修旧如旧、体现乡村特色的原则，对曾是游击队粮站的何氏祠堂、古人进京赶考的古驿道叶相桥、始建于1915年的张桥头古民居、榕庵寺和下北郭古民居等古建筑民居进行修复，既美化了村容村貌，又留住了乡愁，打造出乡村旅游新景点。

新建了体育广场、篮球场、健身公园等一批惠民工程，全面提升了村庄形象，改善了村居环境。先后获评“福州市文明村”“福州市新农村建设特色重点示范村”“省级生态村”，成为村民富、生态美的幸福宜居家园。

四、省级美丽乡村示范村——普礼村

一都镇普礼村是福清市革命老区村之一，该村的罗汉里凭借得天独厚的地理优势，从1935年2月起成为闽中游击支队根据地，是中国共产党领导南方三年游击战争的15个战略支点之一。

普礼村山地面积29531亩，耕地面积1298亩，生态面积8575亩。全村现有22个村民小组。全村总户数625户，总人口2055人，人均收入6586元。男女比例105∶100，人口增长率为10‰，50岁以上老年人为620人，占总人口30.1%，其中60周岁以上386人，占总人口18%。有共产党员63人。村党总支部被评为“四星级”党支部。

近年来，普礼村不断加强美丽乡村建设，成为省级美丽乡村示范村之一。开展美丽乡村建设以来，普礼村便立足长远，坚持规划先行，按照“重点推进、打造精品”的要求，因地制宜实施改造，经过不断打造提升，如今的村庄面貌焕然一新，村民幸福感大幅提高。

该村十分重视村庄绿化美化工作，充分利用村内闲置空间，在主次干道沿线及村民房前屋后空地上用本地鹅卵石围成绿化池、花圃等，实现户户庭院植绿，促进庭院绿化深入人心，全村庭院越建越美。绿化美化工作，就地取材，从流经村庄的普礼溪中采集鹅卵石用于村主次干道及花圃的建设，充分利用破路后废弃的水泥块，砌筑成埕边护坡等，不仅美观大方，还节约成本。同时，将开挖出的肥沃土壤用于村内花草树木的种植，并将村内一些杂乱生长、有碍观瞻的竹子砍下，经加工后扎成村民房前屋后田地边的竹篱笆。

积极发展生态产业，共建绿色家园，根据当地水土特点，引导村民种植枇杷、橄榄、橙子等果树。同时，在村内大面积栽种各类乡土树种，既提高存活率，又增加乡土味道。

美丽乡村示范村普礼村远眺（林文捷摄）

由于该村依山傍水，风景秀丽，因此在规划中注重保留生态林地，保持田园风光，减少城市元素。同时，在美丽乡村建设过程中坚持生态文明理念，在充分尊重自然、保护自然的基础上实施项目建设。对溪流进行全面清淤，对溪旁护坡进行改造，并采集鹅卵石等本土材料对河床进行原生态改造，让原先流经的浑浊溪水变得干净、清澈，这条溪流让普礼村充满了灵气。

积极开展土地流转整合工作，并分包给专业户进行成片成规模耕作，逐步打造成有普礼特色的休闲观光农业产业。建设综合休闲服务区等配套设施，积极打造延伸农业产业链，实现农业经济和第三产业服务共赢，带动村民共同发家致富。

五、福清市首个使用太阳能路灯的村庄——梨洞村

梨洞村地处南岭镇东北部山地，与长乐交界，是省定老区基点村。总户数 428 户，总人口 1433 人。全村土地总面积 2300 亩，其中山林地 1800 亩，耕地 500 亩。1993 年，为了支持政府建造梨洞水库，举村迁移到塔仔门山坡地安家落户。

走进南岭镇梨洞村，只见一条宽阔干净的水泥路向前延伸，一幢幢房子错落有致，到处透出一股浓浓的现代气息。这个当年的革命老区村如今已成为福清市新农村建设先进村和福州市新农村建设重点示范村。

在梨洞村村部，一面记录村史、村情的巨大宣传墙上，记录着当年作为革命老区的历史事迹。今年 90 岁高龄的陈钿老人是老地下党员，1945 年，他参加了共产党，经常给党组织传递消息，成为联络员。说起当年的地下党工作，老人兴奋地从箱里翻出一枚勋章，自豪地说："这是我们打湄洲岛胜利后获得的嘉奖。"说起现在的生活，陈老伯满脸笑容，他说市、镇、村一直对他们这些革命老人特别照顾，市委组织部每年都发给他 500 元慰问金，镇村也以不同的方式关心他们。

1993 年，为支持元洪投资区建设，福清市决定在梨洞村建设水库，为此梨洞村举村迁移到塔仔门。刚搬迁的时候，有很多困难，村

里的基础设施极不完善。为了改变这种状况，村支书卢圣文和几个亲戚凑钱买了一台挖掘机，用于承包土方工程。也就是靠着这台挖掘机，梨洞村打开了脱贫致富的道路。卢圣文说："当时看到长乐正在修建机场，觉得这是个机会，就和几位村民把土方工程接了下来，之后不少村民也跟着去长乐机场打工，就这样慢慢发展起来了。"目前，梨洞村有80%以上的农户直接或间接参与购买工程机械设备，共有挖掘机86台、工程运输车186台、装载机车76台、风钻机65台。仅此一项，全村年产值就高达8000多万元。

2009年，村里还通过整合山地资源，组织剩余劳动力种植油茶500亩，并成立了福清市文华油榨种植专业合作社，为村民增收开辟了一条新渠道。

凭借工程机械户协会和油茶合作社，梨洞村走出了一条独具特色的致富路。富裕起来的村民越来越注重生活质量，开始着手完善公共配套设施。改革开放以来，梨洞村以库区移民、市老区办扶助项目为支撑，先后投入资金1000多万元，进行环境综合整治，全村实现道路硬化、绿化，完成了生活污水净化处理工程，建了农家书屋、休闲公园、健身步道、灯光篮球场。

南岭老区镇梨洞老区村新貌

在梨洞村，路两旁安装的是太阳能路灯，梨洞村也因此成为福清市首个使用太阳能路灯的村庄。此外，占地面积 850 平方米、总投资 92.3 万元的村文化中心落成，也给村民的文化娱乐生活提供了一个好去处。在各级各部门的大力支持下，近年来村民生活水平有了很大提高，2010 年村里开始有了物业管理，2011 年又投入 100 多万元建了文化博物大楼。2013 年，梨洞村被列入福州市库区环境综合整治试点村，投入扶助资金 110 万元，对村主干道两旁 37 栋房屋实行立面改造，对房前屋后进行绿化、美化、亮化，逐步使村子变得干净整洁、宜居宜业、富裕和谐。2018 年，全村人均收入 26530 元，村财收入 46 万元，比上年增 16 万元。

从困守一方到致富一方，梨洞村民用勤劳和智慧为自身发展写下了精彩的一章。

六、革命的摇篮——阳下街道漈头村

阳下街道漈头村是福清重点的老区革命基点村，这里随处都烙着红色革命的印记。走进位于村中的福清市漈头革命历史纪念馆，一件件革命时期的文物、一幅幅革命烈士的遗像，仿佛在述说着昨日的峥嵘岁月。

漈头村三面环溪，在国民党统治时期，自然灾害连绵不断，苛捐杂税层出不穷，加上抓壮丁、高利贷，村民生活在水深火热之中。

红色摇篮漈头村

1933年9月,出生于漈头村的陈炳奎等进步青年以北西亭小学教员的身份为掩护,开展革命宣传工作,在北西亭、漈头等村开办农民夜校,组织秘密农会,开展抗租抗税斗争,漈头村群众的觉悟不断提高,很多青年人走上了革命道路。由于群众基础好,1934年1月,中共福清特支的领导人和部分骨干党员集中在漈头祠堂开会,组建了中共福清县委。从此,福清革命重心由城镇转向农村,掀起了农民革命热潮。1934年6月举行的南西亭暴动,有力地打击了国民党反动派的嚣张气焰。

1941年4月,福平沿海抗日游击队第八中队在漈头村组建,驻扎在漈头祠堂。从土地革命战争时期到抗日战争,再到解放战争时期,漈头村群众始终跟随着共产党干革命,前仆后继,村里先后涌现出10位革命烈士,还有28位离休干部和"五老"人员。

"这是指南针,还能用,是游击队员参加八路军后留下的珍品。"漈头村支部书记陈齐章说,革命先辈的优良传统一直在村里延续。2005年,在已审批好的漈头村村部用地上,建起了福清市漈头革命历史纪念馆。2009年,在全社会发起收集革命先烈文物活动中,村民更是主动把家中先辈留下的革命文物捐献出来,纪念馆中有1/3的革命文物都来自漈头村民的捐赠。

如今,福清市漈头革命历史纪念馆已成为省级党史教育基地、福州市和福清市爱国主义教育基地,年接待各级参观团体和群众达近万人次。为方便受教育团体和群众通行,漈头村支部党员和村民自发捐款,建起一座长27.2米、宽7米的桥梁和一条长350米的水泥路,直通纪念馆。

近年来,漈头村千方百计挖掘优势资源,加快农村经济发展,在有关部门的支持下,对全村耕地进行土地平整,种植台湾名优水果,创立休闲农业基地,既促进了耕地有序流转承包和农业产业化进程,又增加了村民收入。

村民收入提高了,漈头村开始逐步完善各项基础设施,在村中心建起了一个占地7亩多的小公园,全村2000多米长的道路也实现了百分百硬化。村里还建起了两座无害化公厕,村民生活水平和生活质量有了很大提升。

“我们在打响老区品牌，发展第三产业的同时，要让更多人了解福清人民的革命斗争史。”陈齐章说，漈头村将陆续修葺村里多处革命遗址，形成以纪念馆、纪念碑、革命遗址为主的“红色经典”旅游线路，让革命老区村焕发出新的光彩。

七、四季瓜果飘香的村庄——江南村

江南村是福清革命老区基点村，是沙埔镇北部的一个村子，辖14个村民小组，总户数508户，总人口2036人。全村总面积1.896平方公里，耕地面积1420亩，山地面积750亩。2017年末，人均总收入20676元。

2010年，村里引进省级龙头企业福清市绿叶农业发展有限公司，建立国家现代农业（福清）示范区，出让土地1700亩，加上村民到绿叶公司打工，每年村里增加收入100多万元。绿叶公司是一家专业的大棚蔬菜企业，种植福建省名牌产品甜椒、尖椒，还种植黄瓜、西红柿等瓜果，一年四季瓜果飘香，使村容村貌得到大幅度提升。

绿叶公司江南基地

近年来，该村整修了路肩，栽种了300多棵香樟、榕树、杧果树。整治了河道，修建了护坡，安装了污水管道。农家院子的围墙顶部改镶嵌碎玻璃为瓦片贴护，彰显和谐，突出古色古香。村中的河道，修了几座小桥，鸟语花香、小桥流水的景观已在江南这个小村庄呈现。旧房拆迁是进行美丽乡村建设最大的“硬骨头”工程。在乡贤的大力帮助下，这项工作突破重重难关，圆满结束。2018年12月22日，福州市委常委、福清市委书记王进足带领相关部门负责人前往江南村调研空心村改造等美丽乡村建设工作，提出具体的指导性意见和建议。一个美丽的社会主义新农村，正在旧村的土地上崛起。

结 语

1927年底，东张进步知识青年倪朝龙在上海加入中国共产党，成为福清加入中国共产党的第一人，至今已过去了90年。90年间，福清革命老区的沧桑巨变，让人感慨，令人鼓舞，催人奋进。

革命战争时期，福清人民与国内外敌人进行了艰苦卓绝、不屈不挠的斗争，有许许多多革命先烈抛头颅、洒热血，他们的勇气，他们的精神，惊天地、泣鬼神。他们让后人永远缅怀，永远感佩，永远敬仰。新中国成立以后，福清老区人民满怀豪情地投身到社会主义革命和社会主义建设的大潮中，克服了重重艰难险阻，承受了一次又一次的挫折，直到党的十一届三中全会后，终于朝着正确的航道乘风破浪，一往无前，取得一个又一个辉煌的胜利。2019年，福清市在全国综合实力百强县(市)中排名跃居第18位，全国县域经济百强县亦居第18位。

2016年7月21—23日召开的中国共产党福清市第十三次代表大会指出福清今后5年发展的主要目标是：力争主要指标实现“六个突破”，即到2020年，出口总额突破80亿美元，一般公共预算总收入突破120亿元，社会消费品零售总额突破600亿元，地区生产总值突破1200亿元，规模以上工业产值突破2500亿元，固定资产投资累计突破5000亿元。我们相信，福清老区人民有信心、有勇气、有能力通过顽强拼搏，以踏石留印的坚韧，以抓铁有痕的强劲，以破关抢滩的刚健，蹄疾步稳，勇毅笃行，奋力实施“新福清”的战略构想，实现建设我国东南滨海港口城市的宏伟目标。

附　录

福清县(市)革命老根据地建设委员会(领导小组)成员表

任职时间	顾问	主任委员（组长）	副主任委员（副组长）	委员（成员）	办公室主任
1981年12月至1984年5月		陈元春	任文兴	县直各有关单位领导11人组成	毛厚枝 王伟海(副)
1984年5月至1986年3月		陈元春	任文兴 陈木水	县直各有关单位领导12人组成	傅祚安 陈大光(副)
1986年3月至1991年11月		郭有从	陈木水 傅祚安	县直各有关单位领导13人组成	林民团(副)
1991年11月至1994年8月	洪家声 沈祖夏 曾焕章 陈木水	宋克宁	蔡萍萍 池　宁 林民团	县直各有关单位领导12人组成	林民团
1994年8月至2001年12月	沈祖夏 曾焕章 陈木水	宋克宁	高绍炳 沈和明	县直各有关单位领导17人组成	沈和明

福清市老区建设促进会组成人员名单

任职时间	顾问	会长	副会长	秘书长	常务副秘书长	副秘书长	常务理事
第一届（1997 年 1 月 7 日至 2002 年 9 月 29 日）	陈春炎 沈祖夏 张　宏 陈宝举 曾焕章 陈泽顺 陈其雄 吴绍光	林学铿	陈木水 高绍炳 陈代朝 陈性美 沈和明	沈和明（兼）		俞建泉 陈良凯 翁芳明 吕世立	林学铿 陈木水 高绍炳 陈代朝 陈性美 沈和明 俞建泉 陈良凯 翁芳明 吕世立 4 个老区镇老区工作分管领导
第二届（2002 年 9 月 29 日至 2008 年 12 月 2 日）	陈春炎 沈祖夏 张　宏 陈宝举 曾焕章 陈泽顺 陈其雄 吴绍光	林学铿	陈代朝 陈明兴 林玉水	何秋金		俞建泉 陈良凯 陈道乾	林学铿 陈代朝 陈明兴 林玉水 何秋金 俞建泉 陈良凯 陈道乾 4 个老区镇老区工作分管领导

续表

任职时间	顾问	会长	副会长	秘书长	常务副秘书长	副秘书长	常务理事
第三届（2008年12月2日至2013年12月10日）	张　宏 曾焕章 陈木水 吴绍光 俞建泉	林学铿	陈代朝 方朝钦 陈明兴 林玉水	何秋金		李树仁 翁其孝	林学铿 刘常平 陈代朝 方朝钦 林玉水 陈秋华 何秋金 陈明兴 李树仁 翁其孝 卢瑞敏 陈　静 陈钦明 林德庸
第四届（2013年12月10日至2018年12月27日）	陈木水 吴绍光 俞建泉	林学铿（名誉） 刘常平	陈国安 林玉水 陈　强	何秋金		李树仁 翁其孝	林学铿 刘常平 陈国安 林玉水 何德信 何秋金 陈晓娟 陈明兴 李树仁 翁其孝 卢瑞敏 郑玉辉 吕吓强 方德安
第五届（2018年12月27日至今）		林学铿（名誉） 刘常平（名誉） 林　珍	严金荣 严国平 陈国安 李树仁	严金荣			林　珍 严金荣 严国平 陈国安 李树仁 陈永烨 王朝珠 郑妍慧 刘常兴

福清市老区乡(镇)划分审定表

(1983 年划定)

序号	重点老区乡镇	行政村	老区村	比例%	老区乡镇	行政村	老区村	比例%	一般老区乡镇	行政村	老区村	比例%	老区分布乡镇	行政村	老区村	比例%
1					一都	6	5	83	音西	24	5	21	三山	35	3	9
2					南岭	8	4	50	阳下	24	7	29	高山	24	2	8
3					镜洋	17	11	65	海口	28	6	21	东瀚	17	1	6
4					沙埔	22	12	55	城头	26	7	27	江阴	23	2	7
5									东张	19	4	21	新厝	16	1	6
6									宏路	22	3	14				
7									渔溪	21	4	19				
8									上径	16	2	13				
9									龙田	41	6	15				
10									江镜	26	12	46				
11									港头	31	6	19				
合计					4	53	32		11	278	62		5	115	9	

福清市老区行政镇(村)分布情况表

序号	镇(街)	老区村名	数量(个)
1	龙江街道	小南洋、观音埔	2
2	龙山街道	塘头、北店	2
3	阳下街道	溁头、梨庄、北山、上亭、新局、阳下、玉岭	7
4	音西街道	龙溪、云中洋、文楼、音西、珠山	5

续表

序号	镇(街)	老区村名	数量(个)
5	石竹街道	跃进	1
6	镜洋老区镇	西边、镜洋、磨石、红星、墩头、东升、长征、波兰、上店、梨洋、齐云	11
7	东张镇	金芝、双溪、岭下、香山	4
8	一都老区镇	后溪、王坑、善山、东山、普礼	5
9	渔溪镇	南屿、双墩、建新、联华	4
10	新厝镇	硋灶	1
11	江阴镇	小麦、下垄	2
12	上迳镇	梧岗、南湾	2
13	海口镇	海口、东阁、斗垣、岭兜果林场	4
14	城头镇	南田、南冲、溪边、大厝、彭洋、东垣、港西	7
15	南岭老区镇	梨洞、上岭、吉岚、西溪	4
16	龙田镇	西华、玉瑶、北庄、树下、三村、南西亭	6
17	江镜镇	江镜、酒店、谢塘、吴塘、玉仑、玉桂、南宵、南华、南城、城坂、前华、柏陈	12
18	港头镇	玉田、东元、汕头、占阳、高东、沁塘	6
19	三山镇	东埔、嘉儒、楼下	3
20	高山镇	北垞、后安	2
21	沙埔老区镇	牛峰、青屿、太武、沙埔、和联、东陈、江夏、江南、西岭、西叶、西山、文场	12
22	东瀚镇	陈庄	1
合计			103

参考文献

1.宋克宁主编:《福清革命史》,福州:福建教育出版社,1997 年。

2.中共福清市委党史研究室、福清市民政局编:《玉融英烈》,福州:福建教育出版社,1994 年。

3.中共福清市委党史研究室编:《中共福清地方史大事记(1920.1—2000.12)》,内部发行,2001 年。

4.中共福清市委党史研究室编:《中共福清历史大事记(1977.7—2012.6)》,北京:中共党史出版社,2012 年。

5.中共福清市委党史研究室编:《中共福清历史》第二卷,北京:中共党史出版社,2013 年。

6.中共福清市委党史研究室编:《中共福清历史》第三卷,稿本。

7.福清市志编纂委员会编:《福清市志》,厦门:厦门大学出版社,1994 年。

8.福清市志编纂委员会编:《福清市志(1989—2005)》,北京:中国文史出版社,2017 年。

9.福州市革命老根据地建设委员会办公室编:《福州革命老区》,福州:福州海潮摄影艺术出版社,2001 年。

10.福清市政协文史委编:《福清文史资料》1～35 辑,内部资料。

11.林强主编:《中共福建地方史(新民主主义时期)》,北京:中央文献出版社,1993 年。

12.《中共闽浙赣边区史》编写组:《中共闽浙赣边区史》,厦门:厦门大学出版社,1993 年。

13.梁灵光:《梁灵光回忆录》,北京:中共党史出版社,1996 年。

14.《第二十九军第八十五师战史》,内部资料。

15.《福清党史资料》第三辑,内部资料。

16.中共福清市委宣传部、市委党史和地方志研究室、市委党校、社科联编:《奋进四十年——福清市纪念改革开放四十年理论研讨文集》,内部资料。

17.历届福清市(县)政府工作报告。

后　记

2017年6月2日，中国老区建设促进会向各省（区、市）老区建设促进会下发中老促〔2017〕15号文，要求各老区县（市）编写《革命老区县发展史》，献礼新中国成立70周年。6月5日，福建省老区建设促进会向各设区市、老区县老促会转发了中国老促会《关于编纂全国1599个革命老区县发展史的安排意见》（闽老促〔2017〕11号文件），要求各老区县老促会要作为“一把手工程”，举全会之力，着手策划运作，组织编委会，制订出编纂要求与进度计划。

福清市老促会接到闽老促〔2017〕11号文件后，即向福清市委、市政府汇报。福清市领导高度重视这项工作，下拨专项经费，要求市老促会以高度的责任感与使命感，编纂好这部史书，编纂工作随即展开。市老促会从福清侨乡报社退休人员中，选聘一位原总编辑、两位编辑，组成编写组，认真学习文件精神，并在广泛收集有关资料的基础上，2018年初根据福清革命老区发展实际，编写了《福清市革命老区发展史编纂提纲》，正式启动编纂工作。

我们本着对福清老区革命史高度负责的原则，对先烈英模无比崇敬的情怀，坚持以习近平总书记关于革命老区的讲话精神为指导，坚持以党史、军史、中国革命史为依据，坚持以福清革命老区和老区人民的奋斗史为重点，坚持以党的十八大以来革命老区取得的巨大成就和发展变化为亮点，依据《福清革命史》《福清军事志》《中共福清历史》《福州革命老区》《福清市志》等相关史籍文献，参阅政协《福清文史资料》第1～36辑有关革命史和革命英烈的文章以及《福清侨乡报》等新闻媒体关于老区建设的有关报道，并根据福建省、福州市老促会召开的多次编纂工作会议精神来进行，编写内容突出发展史重在发展的特点，史料使用真、准、实，对敏感时期的历史事件、历史人物慎重对待，努力打造精品史书。我们紧紧围绕“发展”这一主题，凝神聚力，拟定提纲，收集资料，去伪存真，安排进度，扎实推进本书的编纂工作。本书数易其稿，原计划于2019年9月即中华人民共和国成立70周年前夕完成出版，后因福州市老促会统一出版时间，延至2020年。我们又根据省和福州市老促会编纂培训会议精神，吸收已出版的兄弟县市的先进经验，反复修改完成书稿并付梓。

编纂过程中，相关部门单位提供了翔实资料。福清市委党史和地方志研究室对《福清市革命老区发展史》送审稿高度重视，及时组织了专门的审稿小组，对本书进行了全面审核修改，使本书基本达到内容丰富、史料翔实、布局合理、表述清楚等方面的要求。在此，谨对所有关心、支持本书编撰的单位和个人，及封面、彩页图片提供作者卢胜富、郭成辉、林秋明、何高光、陈标、陈上旭、王承国、郑小映等，表示诚挚的谢意！

《福清市革命老区发展史》是在福建省、福州市和福清市老区建设促进会历届领导的直接指导和关心、支持下完成的。由于我们的编纂水平有限，本书会有一些不足和讹误，敬请读者批评指正。

编　者

2020年4月8日